DIREITOS HUMANOS E VIDA COTIDIANA

Oscar Vilhena Vieira
José Garcez Ghirardi
Marina Feferbaum
Akemi Kamimura
Cleide Lugarini de Andrade
Fabia Veçoso
Henrique Moraes Prata

Copyright© 2017 os autores.

Direitos desta edição reservados à Editora FGV
Rua Jornalista Orlando Dantas, 37
22231-0101 Rio de Janeiro, RJ |Brasil
Tels.: 0800-021-7777 | 21-3799-4427

editora@fgv.br | pedidoseditora@fgv.br
www.fgv.br/editora

Impresso no Brasil | Printed in Brazil

Todos os direitos reservados. A reprodução não autorizada desta publicação, no todo ou em parte, constitui violação do copyright (Lei nº 9.610/98).

Os conceitos emitidos neste livro são de inteira responsabilidade do(s) autor(es).

1ª edição – 2017

Presidência: Carlos Ivan Simonsen Leal.
Direção executiva: Marieta de Moraes Ferreira.
Coordenadora editorial: Gabriela Delgado Klam.
Assistente editorial: Mariana Gonçalves Guglielmo.
Preparação de Originais: Ronald Polito
Assistente administrativo: Helberth Santos Fagundes, Gabriela Visconti, Clarissa Dias.
Produção Gráfica e digital: Michele Lima dos Santos.
Licenciamento de texto: Tempo composto Col. De Dados Ltda.

Produção editorial: Triolet Editorial & Mídias Digitais.
Coordenação editorial: Denise Pizzutto, Tatiana Gregório.
Preparação/Revisão: Érika Finati, Patrícia Rocco.
Iconografia: Pamela Rosa.
Projeto gráfico: Ana Onofri, Beatriz Marassi, Daniela Fogaça Salvador.
Edição de arte e diagramação: Ana Onofri, Beatriz Marassi, Daniela Fogaça Salvador, Felipe Frade.
Imagem de capa: Chad Ehlers/Getty Images.

Ficha catalográfica elaborada pela
Biblioteca Maria Henrique Simonsen/FGV

Direitos humanos e vida cotidiana / Akemi Kamimura ... [et al.] ; Oscar Vilhena Vieira, José Garcez Ghirardi, Marina Feferbaum (Coordenação). – Rio de Janeiro: Editora FGV, 2017. 240 p.: il. Em colaboração com Cleide Lugarini de Andrade, Fabia Veçoso, Henrique Moraes Prata.

Inclui bibliografia
ISBN: 978-85-225-1935-4

1.Direitos humanos. I. Kamimura, Akemi. II. Andrade, Cleide Lugarini de. III. Veçoso, Fabia. IV. Prata, Henrique Moraes. V. Vieira, Oscar Vilhena. VI. Ghirardi, José Garcez. VII. Feferbaum, Marina. VIII. Fundação Getulio Vargas.

CDD-341.27

Sumário

Prefácio... 4
Nota dos coordenadores.. 7

Parte 1

Capítulo 1 – O que é ter direitos?.. 12
Capítulo 2 – Como faço valer os meus direitos?...................... 22
Capítulo 3 – O que são direitos humanos?.............................. 33
Capítulo 4 – Como faço valer os direitos humanos?................ 50

Parte 2

Capítulo 5 – Gênero.. 66
Capítulo 6 – Igualdade étnico-racial.. 82
Capítulo 7 – Liberdade de expressão e de crença................... 95
Capítulo 8 – Informação.. 105
Capítulo 9 – Segurança... 115
Capítulo 10 – Saúde.. 125
Capítulo 11 – Educação... 137
Capítulo 12 – Moradia... 150
Capítulo 13 – Participação política... 161
Capítulo 14 – Meio ambiente.. 167
Capítulo 15 – Lazer... 182

Parte 3

Capítulo 16 – Direitos humanos, o caminho percorrido........... 192
Referências... 211
Glossário... 215

Prefácio

Com muita esperança, tenho a honra de apresentar o livro *Direitos Humanos e Vida Cotidiana*. Trata-se de uma obra destinada a professores e estudantes do Ensino Médio (e poderá ser lida e aproveitada por estudantes universitários e pelo público em geral), que chega em um momento muito propício para alimentar a reflexão sobre tão importante problemática.

Apesar de o Brasil ter mudado muito nos últimos 50 anos, vivemos em uma sociedade ainda marcada pelas desigualdades e pelo desrespeito à dignidade que está presente em cada ser humano. Além disso, é profundamente preocupante, no atual contexto social brasileiro, a ampliação crescente da intolerância para com as crenças e as opiniões alheias, acompanhada pelo aumento do conservadorismo que resiste a alterações em profundidade, tanto das estruturas sociais como dos usos e costumes.

Em nosso cotidiano nos deparamos frequentemente com graves violações desses direitos, como a miséria, a fome, a prisão arbitrária, os presídios em condições sub-humanas, o preconceito racial e de gênero, as crianças abandonadas e sem a devida proteção do Estado, as desigualdades presentes na área da educação, enfim, os mais diversos atentados contra a dignidade da pessoa humana.

Nesse cenário com tantas contradições, tem lugar de destaque a presente proposta, do Núcleo de Metodologia de Ensino da FGV Direito-SP, de elaborar um livro que ofereça um curso sobre direitos humanos.

Para salientar a importância dessa iniciativa, recorremos ao entendimento apresentado pelo parecer nº 8/2012, elaborado pelo Conselho Nacional de Educação, que fixou as Diretrizes Nacionais para a Educação em Direitos Humanos e para o qual a Escola de Direito-SP, da Fundação Getulio Vargas, muito colaborou:

> Nesse processo, a educação vem sendo entendida como uma das mediações fundamentais tanto para o acesso ao legado histórico dos Direitos Humanos quanto para a compreensão de que a cultura dos Direitos Humanos é um dos alicerces para a mudança social. Assim sendo, a educação é reconhecida como um dos Direitos Humanos e a Educação em Direitos Humanos é parte fundamental do conjunto desses direitos, inclusive do próprio direito à educação.[1]"

---

[1] BRASIL. Ministério da Educação. Conselho Nacional de Educação. Parecer CNE/CP nº 8/2012. Institui diretrizes nacionais para a educação em direitos humanos. Diário Oficial da União, Brasília, DF, 2012. p. 2.

Dessa forma, inserindo-se numa perspectiva de educação em direitos humanos, os autores buscam auxiliar o professor do Ensino Médio a exercer seu papel de mediador com os alunos, para que esses possam observar as contradições sociais e compreender criticamente a realidade em que vivem.

Assim procedendo, o educador chega ao âmago do que é educação: ajudar o estudante a passar da consciência ingênua para a consciência crítica.

Devo ressaltar, também, a proposta pedagógica do livro e os fundamentos que a sustentam. Trata-se de uma obra que apresenta uma intencionalidade para facilitar a aprendizagem do aluno. Ou seja, não se trata de mais um compêndio sobre direitos humanos, mas, ao lado de uma excelente parte teórica, que compreende a explicitação dos conceitos que deverão ser trabalhados em cada unidade, alunos e professores encontrarão um itinerário pedagógico com inúmeras sugestões de estratégias de ensino que poderão ser vivenciadas em sala de aula.

Segundo os autores, a educação em direitos humanos exige metodologias de ensino que incentivem a participação dos estudantes, permitam a percepção das contradições, estimulem a capacidade de pensar e fortaleçam os vínculos dos alunos com os grupos de pares, com a escola, com a comunidade, com o país e com o mundo.

Além disso, percebe-se com nitidez que, ao lado de uma coerente proposta pedagógica, esta obra contém pressupostos psicológicos que orientam a prática a ser desenvolvida em sala de aula pelo professor.

Ao longo dos 17 capítulos do livro, os conceitos fundamentais para a educação em direitos humanos são apresentados em duas grandes vertentes: análise e síntese. As ideias são expostas em profundidade e, posteriormente, exige-se do professor e dos alunos que trabalhem numa dinâmica de síntese.

Ainda em cada capítulo, após a vivência das categorias de análise e síntese, há previsão de inúmeras situações-problema para os alunos aplicarem os conceitos assimilados.

Uma vez estudados os conceitos e princípios básicos em cada unidade, os professores do Ensino Médio e os educadores que fizerem uso deste livro encontrarão recursos para contextualizar o conteúdo estudado, principalmente por meio de notícias atuais publicadas na grande imprensa, textos complementares, manifestações artísticas (como literatura, poemas, filmes, charges etc.). Com essa contextualização, busca-se articular o conhecimento específico da área com valores, atitudes e práticas sociais. Assim procedendo, contribui-se decisivamente para o desenvolvimento de uma cultura de direitos humanos, o que é indispensável para o fortalecimento da democracia.

A democratização da sociedade impõe que, cada vez mais, todos os indivíduos possam ter acesso a um conjunto de informações que lhes permita situar-se num mundo em constante transformação e possibilite garantir todos os direitos inerentes à sua condição de seres humanos e que, dessa forma, possam viver como atores sociais, protagonistas de suas histórias.

No entanto, se o acesso à informação se constitui em condição indispensável para a vida neste mundo cada vez mais globalizado, ele não é suficiente para que a pessoa se desenvolva. A concepção de educação apresentada pelos autores vai além da simples transmissão de conhecimentos sobre direitos humanos. Para eles, a transmissão de conteúdos é um meio e não um fim em si mesmo. O objetivo pretendido com este livro é que o adolescente, estudante do Ensino Médio, possa crescer e se desenvolver como pessoa tendo consciência do seu inacabamento, do que lhe falta. Percebendo-se inconcluso, deverá instalar-se nele um movimento de busca, de autorrealização permanente.

Para tanto, a noção de educação que deve sustentar a prática da consolidação de uma cultura de direitos humanos está voltada para a formação de valores, para a ética, para o enfrentamento da desigualdade e para a busca da garantia da diversidade. Valores como a tolerância, a solidariedade e o despojamento do egoísmo e do preconceito estão na base de uma cultura de direitos humanos.

É preciso não esquecer que, ao nascer, o ser humano não traz consigo sentimentos de raiva, ou preconceitos contra qualquer pessoa por causa de sua posição social ou em função de sua cor de pele ou religião. À medida que crescem e vão se defrontando com os mais diversos modelos, as crianças e os adolescentes aprendem a manifestar atitudes e comportamentos discriminatórios diante de determinado conjunto de pessoas.

Ao exercer seu papel de mediação, a escola constitui-se em espaço social privilegiado para a formação de valores e crenças que possam se opor a todo tipo de preconceito ou discriminação contra qualquer segmento da sociedade.

A educação em direitos humanos vai despertar ou desenvolver nos alunos da Educação Básica a noção de que, individual e coletivamente, somos capazes de crescer e de reinventar o mundo e não apenas repeti-lo.

Saint-Exupéry, na parte final da obra *Terra dos homens*, nos ajuda a entender o mais profundo e mais real significado da proposta do livro *Direitos Humanos e Vida Cotidiana*. Ao contemplar os pobres que recebem um prato de sopa quente no inverno europeu, ao olhar para a miséria e para a fome, Saint-Exupéry afirma que o que o atormenta não é a miséria, a sujeira ou a fome. O que mais o angustia, e as sopas populares não remedeiam, é ver em cada um daqueles seres humanos um Mozart assassinado.

Estes são os maiores méritos do livro *Direitos Humanos e Vida Cotidiana*: contribuir para que os seres humanos consigam realizar todas as suas possibilidades e, ao mesmo tempo, propiciar a professores, pais e estudantes a compreensão de que podemos usar a nossa liberdade contra todas as formas de opressão à dignidade humana.

Antonio Carlos Caruso Ronca
Professor titular da PUC-SP
Conselheiro do Conselho Nacional de Educação

Nota dos coordenadores

Todos os dias presenciamos coisas que não são certas: a violência, a discriminação e a miséria nos lembram que muitas pessoas são cotidianamente humilhadas e tratadas como se fossem meros objetos. Quando ouvimos as notícias no rádio, assistimos aos telejornais ou navegamos na internet e nas redes sociais, somos confrontados com casos absurdos de pedofilia, racismo, fraudes eleitorais ou massacres de populações civis que nos deixam indignados.

A ideia de direitos humanos está intimamente associada com a nossa capacidade de nos indignarmos. Se a noção de que as pessoas são merecedoras de respeito e por isso devem estar protegidas por um conjunto de direitos é bastante antiga, a ideia de direitos humanos, tal como a empregamos hoje, é fruto da indignação da comunidade internacional com a barbárie que assolou a humanidade no século XX.

É verdade que a história da humanidade sempre foi pautada pela violência e pela escravidão, que certamente constitui uma das formas mais abjetas de violação da dignidade humana. No entanto, doutrinas totalitárias, como o nazismo e o stalinismo que vitimaram mais de 40 milhões de civis nos anos 1930 e 1940, ao mesmo tempo provocaram o renascimento do conceito de direitos humanos, agora um imperativo ético universal.

De acordo com a Declaração Universal dos Direitos Humanos, aprovada pela Assembleia Geral das Nações Unidas em 1948, "todas as pessoas nascem livres e iguais em dignidade e direitos". Como sabemos, por nossa experiência diária, essa não é uma constatação de fato, mas sim uma proposição sobre como o mundo deveria se organizar para que pudéssemos chamá-lo de justo, ou, pelo menos, de mais justo.

Nesse sentido, os direitos humanos não são uma espécie de dádiva da natureza ou presente dos céus, mas uma construção da humanidade, que, após presenciar tanta desgraça e sofrimento, buscou estabelecer parâmetros pelos quais cada um de nós, independentemente de nossa condição social, nacionalidade, gênero, raça, ou outras características, deve ser tratado, tanto pelos governos como dentro de nossas comunidades e/ou famílias.

Nessas últimas seis décadas que sucederam à adoção da Declaração Universal de Direitos Humanos, bem como de inúmeros outros tratados internacionais que buscam proteger esses direitos, houve muita violação, mas também muito progresso associado à noção de que as pessoas são iguais e, por isso, não podem ser submetidas ao poder e ao arbítrio de outras. A descolonização do continente africano e de boa parte da Ásia é sinal desse processo de emancipação da humanidade associado com a lógica dos direitos humanos. Da mesma maneira, o fim de regimes de segregação racial no sul dos Estados Unidos, nos anos 1950, e na África do Sul, nos anos 1990, demonstra que a ideia de supremacia racial não mais se sustenta no mundo de hoje. A mudança do papel da mulher talvez tenha sido a maior revolução que ocorreu no seio da sociedade e da família. Evidentemente, há sempre contraexemplos. O fato, no entanto, é que hoje temos padrões nos quais podemos nos basear para, com segurança, julgar regimes políticos ou práticas sociais, culturais e mesmo religiosas que atentem contra a dignidade humana.

A própria realidade brasileira vem sendo fortemente impactada pela lógica dos direitos humanos. A luta contra o regime militar que se instalou no Brasil em 1964 foi em grande medida pautada em denúncias de violações aos direitos daqueles que militavam contra o regime.

A transição para a democracia foi pautada pela realização de um novo pacto constitucional, em 1988, que reconheceu uma detalhada carta de direitos humanos. Desde os primeiros artigos da Constituição de 1988 fica claro que, fundamentando-se no conceito de "dignidade humana", constituem objetivos fundamentais da nossa República a construção de uma sociedade "livre, justa e solidária", a erradicação da "pobreza e marginalização" e a promoção do bem de todos, sem "preconceito" e "discriminação".

A Constituição reconhece direitos de liberdade, de igualdade, assim como uma longa lista de direitos sociais, como educação, saúde, previdência e assistência social, além de novos direitos, como ao meio ambiente e à cultura. Talvez, num passo mais lento do que muitos de nós gostaríamos, o Brasil também vem mudando. A democracia se consolidou, o acesso à educação foi ampliado, o direito à saúde, ainda que com um padrão abaixo do desejado, vem sendo expandido.

Há ainda muito, muito mesmo, a ser feito. Para que esse processo de emancipação, colocado em marcha pela ideia de direitos humanos, possa seguir avançando, é indispensável que cada um de nós compreenda seu significado, compreenda seus direitos e tenha consciência de suas obrigações. É essencial que saibamos quais são as obrigações do Estado, assim como os limites de nossas próprias ações. Mais do que conhecimento e consciência desses direitos, é necessário que estejamos dispostos a levá-los a sério no nosso cotidiano, bem como a nos lançarmos em sua defesa, não apenas quando são os nossos direitos que estão em risco, mas especialmente quando os direitos dos grupos mais vulneráveis são ameaçados. As sociedades não se tornam mais justas pelo movimento natural das coisas. É indispensável que cada um, dentro de suas múltiplas esferas de atuação, mantenha-se alerta e disposto a fazer o que é correto.

Embora os direitos humanos não devam ser confundidos com um conceito absoluto de justiça, até porque eles são fruto de nosso tempo e das lutas que travamos, certamente constituem uma bússola bastante segura para que nossa sociedade possa progredir socialmente, rever e corrigir seus erros, favorecendo a igualdade, a liberdade e a autonomia das novas gerações.

Nesse sentido, é fundamental que os direitos humanos se tornem parte essencial do processo educacional. Como disposto no artigo 26 da Declaração Universal de 1948, a educação constitui um direito de todas as pessoas e deve orientar-se para a plena expansão da personalidade humana, das liberdades fundamentais e para o favorecimento da compreensão, da tolerância e da amizade entre as nações, os grupos raciais ou religiosos.

A educação, portanto, não é um mero instrumento pelo qual uma geração transfere a outra a tecnologia e os conhecimentos herdados das gerações passadas, mas é um instrumento pelo qual devemos contribuir para que as novas gerações possam expandir sua autonomia, para que sejam mais habilitadas do que as gerações passadas para enfrentar os desafios de conviver com a diferença e construir uma sociedade mais justa.

A educação em direitos humanos, portanto, não deve ser vista como uma nova disciplina que se aduz ao currículo, como um conjunto de saberes que pode ser simples ou abstratamente transmitido em aulas e livros, e eventualmente apreendido pelas novas gerações. Em se tratando de uma esfera de conhecimento intimamente relacionada com a ética, é essencial que a educação em direitos humanos busque articular a reflexão com problemas de natureza prática. Muitos dos dilemas éticos de nosso dia a dia estão regulados pelos direitos humanos ou poderiam ser mais bem enfrentados se os olhássemos com as lentes que os direitos humanos nos oferecem.

Nesse sentido, a opção feita pelos autores e coordenadores deste livro, busca provocar a reflexão dos jovens com base nos conflitos e nas situações difíceis que enfrentam no cotidiano. Assim, esta obra está dividida em três partes. Na primeira, a atenção foi dada à discussão sobre o que significa um direito e, em especial, o que significam os direitos humanos. Essa expressão tem sido objeto de muito debate e desgaste em nossa sociedade. Assim, buscou-se apresentar ao leitor as origens dessa ideia, bem como a consequência de se proteger um valor por intermédio de um direito. Na segunda parte do livro os autores apresentam aos leitores uma série de questões recorrentes de direitos humanos, que afetam o cotidiano de milhões de pessoas. Evidente que muitas outras questões poderiam e deveriam ser abordadas. Ao escolhermos questões como igualdade, liberdade e alguns direitos sociais, nosso objetivo foi apresentar a estrutura de funcionamento dessas "famílias" de direitos, de forma que o leitor possa, a partir daí, compreender outros problemas de direitos humanos igualmente importantes. A parte final do livro é dedicada a uma discussão sobre os desafios ao discurso dos direitos humanos num mundo em profunda transformação. Nessa parte, buscamos inserir a discussão num horizonte mais amplo do que o brasileiro, afinal os direitos humanos têm uma dimensão intrinsecamente universal.

Como dito anteriormente, os direitos humanos são fruto de uma construção histórica e de um conjunto de deliberações políticas tomadas nas últimas décadas com a finalidade de salvaguardar a dignidade e a autonomia de cada pessoa, a quem se deve dar igual valor e tratar com igual consideração, independentemente de sua condição, posição ou situação. Para favorecer esse processo emancipatório foram acordadas diversas normas jurídicas. Daí os direitos humanos terem uma natureza normativa. São regras e princípios aceitos pelas sociedades democráticas com o objetivo de ajudar a solucionar, da maneira mais justa possível, problemas práticos, muitos deles graves e complexos, que surgem em qualquer sociedade.

Muitas pessoas participaram da elaboração deste livro. E a todas somos muito gratos. Gostaríamos, no entanto, de fazer um agradecimento especial ao Professor Carlos Ivan Simonsen Leal, presidente da FGV, por todo apoio e entusiasmo com este projeto. Também queremos reconhecer o empenho e dedicação da professora Marieta de Moraes Ferreira, diretora da Editora da FGV, na publicação deste livro didático.

Fica aqui o agradecimento pela visão, generosidade e pelo entusiasmo com que cada um contribuiu para este projeto.

Oscar Vilhena Vieira
José Garcez Ghirardi
Marina Feferbaum

Parte 1

O que é ter direitos?

O artigo 6º da Constituição fala em direitos sociais, como a educação, a saúde, a alimentação, o trabalho, a moradia, o lazer, a segurança, entre outros. O artigo 5º estabelece que "todos são iguais perante a lei, sem distinção de qualquer natureza, garantindo-se aos brasileiros e aos estrangeiros residentes no País a inviolabilidade do direito à vida, à liberdade, à igualdade, à segurança e à propriedade", adicionando uma extensa lista de direitos em 78 itens.

Mas, afinal, o que significa ser portador de tantos direitos? A Constituição é, de fato, apenas um belo texto, ou pode representar algo concreto em nossa realidade? O que significa ter "direito à educação" ou "direito à saúde"? Toda e qualquer coisa ou questão pode ser traduzida para a linguagem de direitos do mesmo modo como se diz "direito à beleza", "direito à amizade", "direito a um computador"?

 Porque há o direito ao grito. Então eu grito."
LISPECTOR, Clarice. *A hora da estrela*. Rio de Janeiro: Rocco, 1998. p.13.

Os direitos humanos, tal como os conhecemos atualmente, são fruto de uma longa caminhada histórica, apesar de só terem sido consolidados no imaginário da população nas últimas décadas. Mesmo que seja possível identificar já na Antiguidade Clássica a concepção de que pessoas possuem direitos em decorrência de sua condição humana, foi na Idade Moderna que se verificou a universalização dessa ideia. É no contexto das revoluções liberais do final do século XVIII que se afirma que todos os seres humanos são livres e iguais em direitos, independentemente de diferenças de gênero, raça, condições econômicas e sociais, e, ao menos do ponto de vista abstrato, tais diferenças não limitariam o acesso aos direitos fundamentais.

Esse movimento de universalização dos direitos foi marcado por batalhas políticas intensas, que buscaram alterar as estruturas de poder existentes, colocando em xeque os privilégios então em vigor. Assim, buscou-se romper com um contexto político marcado por relações de dominação e rígida hierarquia para se afirmar a possibilidade do controle do poder pela maioria e a existência de uma esfera de direitos de cada indivíduo que não poderia ser objeto de manipulação pelos governantes.

Por mais que se vejam limites nesse momento moderno de afirmação e universalização dos direitos humanos — afinal, a classe burguesa liderou as revoluções liberais em interesse próprio e não em defesa dos interesses dos mais pobres, lutando contra o regime feudal de privilégios e contra a irresponsabilidade dos governos —, é preciso sublinhar a importância das ideias afirmadas naquele momento: todo indivíduo, pelo fato de ser pessoa humana, possui uma esfera de direitos que deve permanecer a salvo da atuação do governante.

Esse foi o sentido das declarações de direitos do final do século XVIII, proclamadas na França e nos Estados Unidos da América – a *Declaração dos direitos do homem e do cidadão*, votada pela Assembleia Nacional francesa em 1789, e a *Declaração de direitos do bom povo da Virgínia*, de 1776. Nesses documentos, declararam-se a liberdade e a igualdade de direitos de todas as pessoas, afirmando-se como direitos naturais e imprescritíveis do ser humano: a liberdade, a propriedade, a segurança e a resistência à opressão.

Sessão de 4 de agosto de 1789 da Assembleia Nacional — França.

No sentido de construção moderna, os direitos humanos compreendem a ideia de que ser portador de direitos equivale a dizer que cada um de nós é beneficiário de deveres de outras pessoas ou do Estado. Se tenho direito à liberdade de expressão, os demais não poderão restringir a manifestação das minhas ideias. Se tenho direito à saúde, alguém possui a obrigação de construir hospitais, contratar médicos e adquirir material hospitalar para que eu possa ser devidamente atendido em caso de doença. E, diante do meu direito à educação, alguém terá o dever de contratar professores, construir escolas e garantir um ensino de qualidade. Assim como temos direitos a coisas distintas, para a realização de cada um desses direitos haverá deveres específicos, o que traz à tona a ideia de obrigação quando pensamos no significado de ter direitos.

Os direitos envolvem pessoas e instituições diferentes com a obrigação de respeitá-los. Um contrato de compra e venda de um carro obriga somente o comprador e o vendedor. Já o direito à saúde, no caso brasileiro, envolve obrigações do Estado em concretizá-lo.

Pode-se perceber que o uso do termo "direitos" relaciona-se a situações bastante diversas, o que pode causar confusões quanto à sua compreensão. Considerando a prática daqueles que operam o direito, como juízes, advogados e promotores, esse termo é empregado algumas vezes como uma reivindicação legal, como poder, e em outros momentos como imunidade ou mesmo como liberdade. Em todas essas possibilidades, haverá sempre aquele que detém o direito (o chamado "sujeito de direito"), o interesse ou o valor protegido e o responsável pela concretização do direito, isto é, aquele que possui a obrigação de realizar o direito.

Vale ponderar que ser sujeito de direito não equivale a afirmar que a pessoa possui direitos absolutos, os quais teriam o condão de gerar obrigações para outras pessoas ou para o Estado, automaticamente. Como todos nós somos portadores de direitos e vivemos em sociedade, há a necessidade de compatibilizar as realizações dos direitos de cada indivíduo, assim como compatibilizar os direitos individuais com os interesses coletivos.

Pode-se dizer que a tradução de determinado interesse ou valor, como a proteção da propriedade ou a liberdade de expressão, para a linguagem dos direitos equivale a alçar esse interesse ou valor a uma posição superior em face de outros interesses ou valores que não são protegidos por direitos. Essa decisão de alçar um interesse ou valor ao nível de direitos não "cai do céu" nem é tomada de forma abstrata. É a própria sociedade quem decide quais valores ou interesses poderão ser considerados uma força superior, protegendo-os por um direito.

Reduzir os gastos públicos do Estado, por exemplo, pode ser um interesse legítimo do governo, mas essa redução de gastos não pode ser feita com o fechamento de escolas e com a demissão de professores, pois estabelecemos que todos devem ter respeitado o direito à educação. Da mesma forma, pode-se pensar no combate à criminalidade, um objetivo desejável, mas que não pode ser concretizado por meio de tortura e eliminação de suspeitos, já que todos temos direito à integridade física e moral.

Os direitos estabelecem, assim, prioridades entre valores, interesses, recursos, oportunidades ou liberdades. Mas não se trata de prevalência absoluta desses valores, interesses etc., uma vez que os direitos podem ser objeto de ponderação em situações concretas. Isto é, a preservação de valores ou interesses por meio de direitos, dessa proteção especial, não teria o condão de ganhar automaticamente quando confrontada com outros interesses ou valores presentes na sociedade. Os direitos não geram obrigações diretas para as outras pessoas, mas sim razões para que as outras pessoas se vejam obrigadas a respeitá-los. Se determinado interesse se mostrar mais relevante do que certo direito em um caso concreto, existe a possibilidade de compatibilizar esse direito com o interesse em questão. Um bom exemplo desse tipo de situação seriam as limitações ao direito de propriedade que são impostas em casos de reforma agrária no Brasil: o direito à propriedade é respeitado pelo direito brasileiro, mas em situações em que o imóvel rural não cumpra sua função social ele poderá ser desapropriado, mediante pagamento de indenização, para concretizar o interesse de uma melhor distribuição de terras em nosso país. Esse é o conteúdo do artigo 184 da Constituição brasileira.

Para finalizar, por mais que acreditemos fortemente que todos temos o direito a ter um computador, ou que temos o direito de ter acesso livre e gratuito à internet, por exemplo, o simples querer das pessoas não transforma um interesse ou valor em direito. Essa não é uma decisão do indivíduo, mas da sociedade, e pode ser objeto de intensos debates políticos a respeito de qual deve ser o conteúdo ideal dos direitos para certa comunidade.

Dimensão político-jurídica

Como dito anteriormente, ter um direito significa ser beneficiário de deveres de outras pessoas ou do Estado em seus níveis federal, estadual e municipal. Quando falamos em direito, temos de pensar na obrigação ou no dever que este gera em outra pessoa para enxergarmos seu modo de efetivação. Ou seja, ter um direito significa, de maneira mais explicada, ter uma razão ou uma justificativa suficientemente importante para exigir algo; ter liberdade, em alguns casos em que pode ser ameaçada; ter poder para fazer algo ou ter garantia de proteção em determinadas situações. Na outra ponta de nossos direitos estão as obrigações das outras pessoas de respeitá-los — obrigações que podem ser resumidas com base no direito que tivermos no caso concreto —, como um dever, um não direito, uma sujeição ou uma impossibilidade de ação.

Naturalmente, as pessoas que têm direitos estão em posição mais confortável do que aquelas que têm a obrigação de respeitar esses direitos, mas é importante lembrarmo-nos de que na vida diária estamos a todo momento lidando com direitos e deveres que nos dizem respeito. Daí a importância de uma postura ativa como cidadão que exige seus direitos e cumpre seus deveres com relação aos direitos dos outros.

Além dos direitos em geral, há direitos que são chamados de direitos humanos por protegerem valores fundamentais para a realização da condição de humanidade de todas as pessoas. Esses direitos são mais "fortes" do que os outros. Por exemplo, o direito humano à liberdade de expressão ou a não ser torturado é mais forte do que um direito qualquer.

Essa característica de ser especial que está presente nos direitos chamados de direitos humanos nos faz pensar que eles trazem consigo uma ideia de ética, de princípios e de valores do comportamento humano de uma sociedade e que nos remete à ideia de justiça.

Ora, se os direitos humanos são tão especiais e exigem deveres ainda maiores daqueles que estão obrigados a respeitá-los, com certeza, podemos pensar que demoraram mais tempo para serem garantidos, pois a luta pela garantia de direitos atravessou muitos séculos e não foi fácil.

Foi somente no século XVIII, a partir das revoluções liberais na Europa, que o valor moral do ser humano passou a ocupar o centro do sistema político e social. Desde então, as instituições que produzem e garantem o direito vêm se aperfeiçoando também na questão dos direitos humanos, por exemplo, com a criação de leis nacionais e internacionais que estabeleçam regras para sua efetivação.

Muitos pensadores da organização de um Estado e de um governo ajudaram a estabelecer princípios próprios para que os Estados criassem suas leis não mais baseadas em dogmas religiosos e privilégios, que durante séculos marcaram o direito e geraram situações de desigualdade entre as pessoas. Talvez vocês já tenham ouvido alguns desses nomes nas aulas de História: Maquiavel, Hobbes, Locke, Rousseau. Existem ainda vários outros pensadores que, nos últimos séculos, ajudaram a construir a noção de direito e de direitos humanos que temos hoje. Kant é um dos autores que merecem ser conhecidos. Além da noção de direito, o desenvolvimento do conceito de dignidade humana foi uma preocupação da maioria desses autores.

Da mesma forma, não devemos esquecer que alguns pensadores criticaram as ideias que estavam ganhando força naquelas épocas. Quando são sérias, porém, as críticas ajudam a enriquecer o debate e merecem ser conhecidas por quem quiser estudar melhor o assunto, e foi isso o que aconteceu muitas vezes no desenvolvimento desses direitos.

Depois de quase 200 anos de discussão, o século XX e suas duas guerras mundiais geraram violações tão graves à pessoa humana que tornaram urgentes o reconhecimento e o desenvolvimento de garantias para a proteção dos direitos humanos. A lista de atrocidades cometidas nessa época, sobretudo pelo nacional-socialismo alemão e pelo regime da antiga União Soviética, é quase infinita, e o fato de as violações terem partido muitas vezes do próprio Estado no qual a pessoa vivia levou à necessidade de criar mecanismos que protegessem o indivíduo também de seu Estado. Foi aí que surgiram os tratados internacionais hoje muito conhecidos e que em vários países têm força de lei.

O fundamento do sistema global de proteção aos direitos humanos é a Carta Internacional de Direitos Humanos, que, na realidade, não é um documento único, mas uma referência à Declaração Universal dos Direitos Humanos, de 1948, ao Pacto Internacional de Direitos Civis e Políticos e ao Pacto Internacional de Direitos Econômicos, Sociais e Culturais, ambos de 1966. Na América Latina há outro acordo entre os países que tem sido utilizado cada vez mais para a garantia dos direitos humanos, a Convenção Americana de Direitos Humanos, de 1969.

Vale lembrar que nossa Constituição Federal, que é de 1988 e foi redigida após décadas de regime militar, reflete muitas inovações de garantias de direitos trazidas pelos documentos internacionais do pós-guerra e aspirações próprias do povo brasileiro. É importante saber que os direitos humanos não são apenas aqueles escritos na Constituição, que por estarem ali são chamados de fundamentais, mas são também diversos outros que o Brasil reconheceu ao assinar tratados internacionais, e outros ainda, que sequer estão nesses tratados, mas podem ser enunciados com base em princípios como a dignidade humana.

Dimensão cultural

Novos contextos trazem novas demandas por direitos. É nesse sentido que se pode compreender a dimensão histórica e cultural dos direitos humanos, pois a eles são constantemente acrescidos novos conteúdos em face do que se apresenta como o ideal capaz de promover a igualdade ou garantir a dignidade humana, base fundamental sobre a qual eles se assentam.

Nos dias atuais, assume força, por exemplo, a defesa de direitos associados ao bem-estar e à proteção da vida em diálogo com as questões ambientais. Destacam-se também as lutas envolvendo as desigualdades entre homens e mulheres, outro tema de grande repercussão internacional. As lutas pela igualdade de gênero não se concentram hoje apenas nas relações desiguais de trabalho ou na luta pela redução das violências contra a mulher. Embora essas lutas sejam justas e necessárias, mulheres e homens têm encontrado também na Declaração Universal dos Direitos Humanos, os fundamentos para defender o direito à diferença. No Brasil, intensificam-se as demandas pela garantia de licenças-maternidade ampliadas que garantam a amamentação exclusiva de seis meses, tão necessária ao desenvolvimento das crianças. A realização de partos humanizados nos hospitais públicos figura como outro interessante foco de busca por igualdade em face das especificidades de gênero. Circulam ações e documentos que solicitam maior respaldo legal para que se respeitem as diretrizes da Organização Mundial de Saúde, que têm por base a busca pelo respeito dos desejos e das possibilidades da mãe, bem como a presença do pai do bebê no momento de seu nascimento. Esses são alguns exemplos que revelam como pessoas, instituições e mesmo Estados nacionais se apropriam dos direitos humanos e os mobilizam em face de novos contextos e novas necessidades socioculturais.

É, pois, justamente pelo fato de que os direitos humanos não se referem a direitos adquiridos, mas a direitos a serem constantemente conquistados, reconquistados e promovidos, que muitos estudiosos os compreendem como uma gramática. A analogia parece oportuna. Uma gramática organiza, por meio de descrições e prescrições, uma língua comum, compartilhada entre concidadãos e com falantes de outros territórios.

A gramática rege, orienta, mas não impede os múltiplos usos dessa língua. Daí, por exemplo, a existência de variados padrões de linguagem que vão da norma culta até flexíveis padrões informais e regionais. Assim, a gramática não aprisiona ou constrange seus usuários, apenas fornece subsídios para que possam tomar parte na comunidade de falantes e escritores dessa língua comum. Ela pode, pois, ser compreendida como uma carta de princípios que sustenta as práticas de comunicação das pessoas em um dado território e em uma dada cultura.

Tal como a gramática que rege a língua portuguesa, os direitos humanos descrevem e prescrevem uma série de direitos — e suas correlatas obrigações —, compreendidos como fundamentais para a convivência entre pessoas, instituições e até mesmo Estados nacionais. Muitos países procuram analisar se seus regimes políticos são democráticos considerando o quanto se aproximam ou se distanciam da promoção desses direitos. Trata-se, pois, de mobilizá-los também como parâmetros na organização social e política das coletividades nacionais.

A compreensão dos direitos humanos como uma gramática transcende seu apelo formal. Eles tornam-se, então, uma espécie de guia de valores e condutas para os mais diversos falantes: pessoas, instituições e Estados nacionais deles se apropriam e os mobilizam em torno de variados interesses e, nessa medida, concorrem para seu fortalecimento.

RECAPITULANDO

Este capítulo buscou expor ao leitor uma primeira aproximação com a noção de ter direitos. Para que se possa entender o que isso significa, é preciso considerar o contexto histórico das lutas por direitos e compreender o caráter especial dos valores e interesses considerados direitos humanos. Valores, interesses etc., à medida que são protegidos por direitos, passam a gozar de uma prevalência relativa diante de outros interesses e valores existentes nas sociedades que não são assim protegidos.

Testando seus conhecimentos

Atividades

Monitorando a aprendizagem

1) O trecho a seguir introduz o texto "O que são direitos humanos?", de Eduardo R. Rabenhorst. Leia-o atentamente:

> Uma das características mais marcantes da nossa vida social e política é que estamos sempre a falar sobre direitos. De fato, raros são os dias em que não dizemos ou ouvimos alguém dizer frases do tipo "Você não tem o direito de fazer isso comigo!"; "Eu tenho o direito de ser feliz!"; "Temos o direito de ir e vir livremente"; e assim por diante.
>
> Viver em um mundo no qual as pessoas são vistas como detentoras de direitos é uma grande conquista, senão vejamos. Durante séculos, milhões de seres humanos, nos mais diversos lugares do mundo, inclusive no nosso país, foram reduzidos à condição de escravos e submetidos aos tratamentos mais cruéis e degradantes que podemos imaginar. Até bem pouco tempo, a violência contra a mulher e o abuso sexual de crianças despertavam apenas indignação moral. Hoje acarretam punições jurídicas. Há duas décadas, os trabalhadores que não pagavam contribuições previdenciárias em nosso país eram tratados como indigentes nos hospitais ou postos de saúde. Hoje dispomos de um Sistema Único de Saúde que, apesar de todas as dificuldades, presta serviços a todos cidadãos brasileiros. É bem verdade que o mundo continua sendo profundamente perverso e injusto, sobretudo com relação aos mais vulneráveis. No Brasil, parte significativa da população sofre com a falta de emprego, saúde, alimentação, água potável etc. Mas, ao menos diante destes absurdos, hoje podemos dizer: isso não está direito! E, mais importante, podemos nos dirigir ao Estado como cidadãos e exigir que nossas demandas sejam atendidas, não a título de favor, mas exatamente porque e elas são direitos!
>
> Disponível em: <www.redhbrasil.net/documentos/biblioteca_on_line/modulo1/1.o_q_sao_dh_eduardo.pdf>.

Utilizando-se de suas palavras e de sua experiência cotidiana, apresente exemplos de direitos e exemplos de "favores" seguindo a distinção explicada pelo autor. Entre os favores que você listou, haveria algum que, na sua opinião, deveria ser elevado à categoria de direito? Por quê?

2) Após a leitura do capítulo 1, analise as frases seguintes, da escritora Clarice Lispector, e responda às questões:

> Porque há o direito ao grito. Então eu grito.
>
> LISPECTOR, Clarice. *A hora da estrela*. Rio de Janeiro: Rocco, 1998. p. 13.

a) De que maneira a palavra "grito" é utilizada na primeira frase? E na segunda? (Ou, ainda, qual é a categoria gramatical de grito na primeira frase? E na segunda?)

b) Interprete as frases de Clarice Lispector considerando os últimos parágrafos do texto-base deste capítulo.

Assimilando conceitos

Eduardo R. Rabenhorst segue com sua explicação sobre direitos mencionando o caso seguinte:

> No dia 8 de março de 1957, por exemplo, na cidade norte-americana de Nova Iorque, operárias tecelãs fizeram uma greve, ocupando a fábrica de tecidos na qual trabalhavam. Reivindicavam melhores condições de trabalho e a equiparação de salários com os homens, que ganhavam três vezes mais pelo mesmo trabalho. A manifestação foi reprimida com uma brutal violência. As mulheres foram trancadas dentro da fábrica, que foi incendiada. Cerca de 130 tecelãs morreram carbonizadas.
>
> Disponível em: <www.redhbrasil.net/documentos/biblioteca_on_line/modulo1/1.o_q_sao_dh_eduardo.pdf>.

As operárias tecelãs poderiam ter feito uma greve por melhores condições de trabalho ou deveriam ter esperado por uma legislação que definisse direitos trabalhistas? Justifique sua resposta.

Olhares sobre a sociedade

Texto 1

Leia o texto a seguir:

No discurso contemporâneo sobre desenvolvimento, o crescimento econômico é percebido como "o principal instrumento para promover o bem-estar do povo" (SENGUPTA, 2008:40). Portanto, o advento do crescimento econômico em um país é seguido pela expectativa de que o padrão de vida das pessoas melhore. No entanto, em vários países, o crescimento econômico não chega até as massas na forma de acesso aos direitos. Nesses países, pobreza, analfabetismo, fome, falta de cuidados de saúde e outras necessidades básicas caracterizam a vida cotidiana de milhões de pessoas. O desenvolvimento (entendido em termos de crescimento econômico) não é acompanhado pelo gozo do direito ao desenvolvimento (DaD), que envolve a concretização de direitos civis e políticos, além dos direitos econômicos (SENGUPTA, 2006).

KAMGA, Serges Alain Djoyou; HELEBA, Siyambonga. Crescimento econômico pode traduzir-se em acesso aos direitos? Desafios das instituições da África do Sul para que o crescimento conduza a melhores padrões de vida. *Sur Revista Internacional de Direitos Humanos*, v. 9, n. 17, dez. 2012. Disponível em: <www.surjournal.org/conteudos/pdf/17/miolo.pdf>.

Segundo seu entendimento, o crescimento econômico de um país deve refletir-se em uma maior proteção aos direitos dos indivíduos? Justifique sua resposta.

Texto 2

O ministro de finanças do Japão, Taro Aso, disse na segunda-feira (dia 21) que os velhos deveriam "apressar-se a morrer", para aliviar a pressão que suas despesas médicas exercem sobre o Estado.

"Deus nos livre de uma situação em que você é forçado a viver quando você quer morrer. Eu acordaria me sentindo cada vez pior se soubesse que o tratamento é todo pago pelo governo", disse ele durante uma reunião do conselho nacional a respeito das reformas na seguridade social. "O problema não será resolvido, a menos que você permita que eles se apressem a morrer."

Os comentários de Aso são suscetíveis de causar ofensa no Japão, onde quase um quarto da população, de 128 milhões, tem mais de 60 anos. A proporção deve atingir 40% nos próximos 50 anos.

Aso, de 72 anos de idade, que tem funções de vice-primeiro-ministro, disse que iria recusar os cuidados de fim de vida. "Eu não preciso desse tipo de atendimento", declarou ele em comentário citado pela imprensa local, acrescentando que havia redigido uma nota instruindo sua família a negar-lhe tratamento médico para prolongar a vida.

Para maior agravo, ele chamou de "pessoas-tubo" os pacientes idosos que já não conseguem se alimentar sozinhos. O Ministério da Saúde e do Bem-Estar, acrescentou, está "bem consciente de que custa várias dezenas de milhões de ienes", por mês, o tratamento de um único doente em fase final de vida.

Mais tarde, Aso tentou explicar seus comentários. Ele reconheceu que sua linguagem fora "inapropriada" em um fórum público e insistiu que expressara apenas sua preferência pessoal. "Eu disse o que eu, pessoalmente, penso, não o que o sistema de assistência médica a idosos deve ser", declarou ele a jornalistas.

Não foi a primeira vez que Aso, um dos mais ricos políticos do Japão, questionou o dever do Estado para com sua grande população idosa. Anteriormente, em um encontro de economistas, ele já dissera: "Por que eu deveria pagar por pessoas que apenas comem e bebem e não fazem nenhum esforço? Eu faço caminhadas todos os dias, além de muitas outras coisas, e estou pagando mais impostos".

Disponível em: <www.theguardian.com>, 22 jan. 2013. Traduzido e adaptado.

Qual é sua opinião sobre a obrigação de o Estado custear a saúde de pessoas de idade avançada gravemente enfermas?

Outros textos

- Constituição da República Federativa do Brasil. Versão *on-line* disponível em: <www.planalto.gov.br/ccivil_03/constituicao/constituicao.htm>.
- Biblioteca Virtual de Direitos Humanos da Universidade de São Paulo. Disponível em: <www.direitoshumanos.usp.br>.
- Conselho Nacional de Justiça. *O que são direitos humanos?* Disponível em: <www.cnj.jus.br/programas-de-a-a-z/eficiencia-modernizacao-e-transparencia/pj-numeracao-unica/documentos/356-geral/130-direitos-humanos>.

 Exercitando a imaginação em direitos humanos

Em 2013, a Constituição de 1988 completou 25 anos. Desde sua promulgação, diversos direitos anteriormente relegados foram elevados à categoria de direitos fundamentais, como é o caso do direito à saúde, com a criação do Sistema Único de Saúde (SUS). Discuta com os colegas a situação dos postos de saúde e dos hospitais que você conhece e reflita sobre a efetivação desse direito na sua vida.

 Sessão de cinema

- *Constituição cidadã*. Partes de 1 a 7, Brasil (2009) produção: TV Senado.

2

Como faço valer os meus direitos?

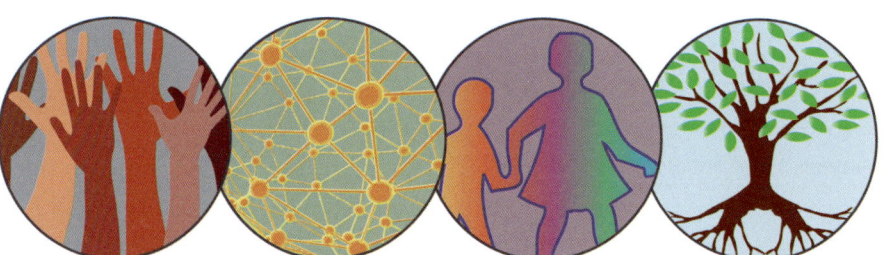

Para começar, vamos imaginar uma situação concreta. Uma pessoa comete um crime brutal: o violento assassinato de uma criança. Após uma perseguição, a polícia captura o criminoso. Em meio à revolta da comunidade, muitas pessoas indignadas lamentam que a polícia não tenha matado o bandido, sob o eco de que "bandido bom é bandido morto" e, uma vez morto, "ele teve o que mereceu". Os mais exaltados tentam se aproximar do criminoso quanto ele está sendo encaminhado à delegacia, esperançosos de atingi-lo de alguma maneira mais contundente do que apenas com palavras, mas são contidos pela força policial. A hipótese não é incomum: a violência gratuita do crime desperta em vários membros da comunidade um sentimento de vingança como manifestação de um desejo primordial de justiça. Contudo, precisamente por ser uma questão de justiça, o policial precisa proteger o criminoso da multidão enraivecida. Para entender melhor o que significa essa proteção, lembremos o que significa "ter direitos": se somos "iguais perante a lei", temos direito a "igual proteção da lei". O direito a ser tratado de acordo com a lei, sob sua proteção, exige que a punição seja tarefa exclusiva do Estado para que todos os membros da sociedade possam conviver (minimamente) em harmonia.

Consideremos mais um exemplo. Um casal contrata uma babá para cuidar do seu filho, pois precisa se ausentar do lar em razão de trabalho. Após meses, os pais descobrem que a babá maltrata o bebê toda vez que ele chora. O casal prepara uma armadilha e surpreendendo a babá no ato da agressão, passa a espancá-la, chamando-a de "covarde" a cada golpe. O caso chega à justiça e, como resultado, a babá, o pai e a mãe respondem a processo criminal: a babá pelos maus-tratos ao bebê; o casal pela agressão à babá.

A justiça da punição

Por que proteger aquele que não pensou duas vezes antes de atacar o inocente? E por que processar aqueles que reagiram à injusta agressão?

A sugestão de que essas intervenções seriam injustas distorce o entendimento contemporâneo de justiça, pautando-a na ideia de "olho por olho, dente por dente": a agressão sofrida deve ser devolvida na mesma medida e proporção. Acontece que essa ideia não serve como medida de justiça, e, por diversas razões, a começar por eleger como medida de punição precisamente aquilo que é considerado reprovável ou inadmissível: punir uma lesão corporal com outra lesão corporal. Outra razão é que a "justiça pelas próprias mãos" tende mais à injustiça do que à justiça, por carecer de critérios em relação à retribuição da ofensa. E, mais importante, porque o "contra-ataque" não pode ser considerado pena.

A questão da justiça deve ser analisada por outro ponto de vista. Não se trata de proteger o bandido, cujos atos o sistema jurídico desaprova, mas de o Estado aplicar uma punição pelo ato praticado, se for o caso. E não se trata de punir o "inocente". No caso do bebê maltratado, as circunstâncias em que a agressão se deram não são ignoradas pelo direito. A rigor, a retaliação ao criminoso e a "devolução" da agressão à babá sequer seriam consideradas penas, mas crimes cometidos em resposta a outros crimes, pois carecem de requisitos de justiça, ainda que fosse desconsiderada a inadmissibilidade da "justiça pelas próprias mãos". Em ambos os casos, a justiça requer a realização de um processo com regras previamente estabelecidas com o fim de garantir a correta aplicação de medidas punitivas — estas também previamente estabelecidas —, sem as quais o direito se converteria em arbitrariedade, por sua vez incompatível com a ideia de justiça.

Mas isso não é tudo. Não se trata apenas de celebrar uma solenidade de punição com formalidades, presidida por autoridades vestidas de togas, realizada com atos ritualísticos e até mesmo teatrais. A realização de um processo como maneira de justificar a pena decorre da necessidade de apurar o que realmente ocorreu e, com isso, dizer se houve crime e qual é a pena aplicável e em que quantidade. É a justiça como medida razoável e proporcional ao crime, realizada a partir da análise dos fatos, das circunstâncias e das diferentes versões do ocorrido, com a garantia de iguais oportunidades de acusação e defesa. Em outras palavras, justiça é a aplicação de uma pena justa, por motivos justos, após um justo processo de apuração.

A justiça além da punição

Os exemplos que acabamos de citar competem à justiça criminal. Mas o direito não diz respeito somente a crimes e penas. A justiça penal compõe um sistema mais amplo, que também contempla questões de outras naturezas, isto é, de naturezas não penais, denominadas justiça cível, subdividida em diversos ramos especializados.

Em outras palavras, todo descumprimento da lei pode ou deve ser apurado pela justiça, mas nem todo descumprimento da lei constitui crime. Tratando-se de crime, quem julga é a justiça penal; nos outros casos, quem julga é a justiça cível. Matar alguém é crime, mas deixar de pagar uma dívida, não.

> **Você sabia...**
>
> ... que no Brasil existem a justiça federal e as justiças estaduais?
> ... que a estrutura da justiça também se divide em justiça comum e em justiças especializadas?
> ... que as justiças especializadas, a trabalhista, a eleitoral e a militar julgam esses temas?
> ... que os demais assentos cíveis e penais são julgados pela justiça comum?

Em linhas gerais, a justiça cível lida com conflitos em que os envolvidos não conseguem resolver um problema por conta própria: uma colisão de veículos, em que se discute quem foi o causador do acidente; a pensão alimentícia atrasada, que o ex-cônjuge se recusa a pagar; a conta de celular indevida, em que a operadora insiste em cobrar por serviços que não prestou; as horas extras que o empregador não pagou ao empregado; a disputa pela guarda dos filhos entre pais recém-separados etc. O direito vem em socorro desses casos, funcionando como instrumento para a solução de litígios.

Embora as questões cíveis sejam diferentes das penais, os pressupostos de justiça são os mesmos. É preciso que haja a apuração dos fatos, com igual oportunidade de produzir provas, e essas provas devem ser analisadas imparcialmente, para que se possa chegar a uma decisão justa. Todas essas ações seguem um itinerário de atividades, instalado especialmente para um litígio específico: o processo.

Justiça e processo

O processo é a forma concreta da busca pela justiça. É um "ambiente controlado", no qual as partes se pronunciam e produzem provas, e em que o juiz profere sua decisão. O processo se desenvolve seguindo um rito predefinido de atos "controlados" por diversas normas, estabelecidas para garantir a manutenção da ordem dos trabalhos. A especialização do processo é tamanha que compõe uma disciplina própria, denominada direito processual.

Mais que uma formalidade, o processo é um verdadeiro instituto do direito e da justiça. Do direito, pois tem o objetivo de dar força às normas legais estabelecidas, reparando os casos em que haja descumprimento da lei; da justiça, pois visa a garantir que o conflito seja resolvido da maneira mais justa possível, ouvindo o que os envolvidos têm a dizer, de modo que a decisão não extrapole os limites do direito violado, ou seja, visa a evitar a arbitrariedade do Estado, pois é ele o responsável por aplicar o direito.

Nesse sentido, o processo é uma condição para garantir a justiça da solução do conflito, exatamente por estabelecer o "ambiente controlado", o qual costuma ser denominado processo legal. Como condição, porém, é insuficiente. A consecução da justiça depende de oferecer às partes oportunidades iguais e ampla possibilidade de demonstração das alegações, respectivamente denominadas contraditório e ampla defesa.

O processo e seus atores

De maneira simplificada, a composição básica ou mínima de um processo envolve três posições, ocupadas por quatro ou cinco atores: a posição de julgador, ocupada normalmente pelo juiz; a da acusação (no caso de crime) ou do requerente (nos demais casos), ocupada pelo autor e por seu advogado (ou apenas pelo promotor, quando o caso for proposto pelo Ministério Público); e a posição de defesa (no caso de crime) ou de requerido (nos demais casos), ocupada pelo réu e por seu advogado. Isto é, as disputas não são resolvidas diretamente pelas pessoas envolvidas (você se lembra da "justiça pelas próprias mãos?"), mas por uma estrutura do Estado que busca, imparcialmente, proteger os diferentes direitos dos envolvidos. Dizer "imparcialmente" ajuda a lembrar que o julgador não é parte no processo.

  Você sabia...

... que a denominação dos atores do processo muda conforme o local de atuação e/ou a carreira?

JULGADORES

Juiz: 1ª instância (fóruns); *desembargador*: 2ª instância (tribunais estaduais e federais); *ministro*: tribunais superiores (Superior Tribunal de Justiça, Tribunal Superior Eleitoral, Tribunal Superior do Trabalho, Superior Tribunal Militar) e Supremo Tribunal Federal.

MINISTÉRIO PÚBLICO

Promotor de Justiça: 1ª instância estadual; *procurador de Justiça*: 2ª instância estadual; *procurador da República*: justiça federal; *procurador do trabalho*: justiça trabalhista; *procurador militar*: justiça militar.

ADVOGADOS, DEFENSORES E PROCURADORES

Advogado: membro da Ordem dos Advogados do Brasil (OAB); *defensor público*: membro da defensoria pública; *procurador do município*: atua pelos municípios; *procurador do estado*: atua pelos estados; *advogado da União*: defende a União Federal nas causas não fiscais; *procurador da Fazenda Nacional*: atua pela União Federal nas causas fiscais; *procurador federal*: atua pelas **autarquias** e fundações federais.

Como você poderá observar no esquema apresentado a seguir, essas três posições correspondem a mais de três personagens:

- do lado de quem entra com a ação estão os atores que podem exercer a função de acusação (em um caso penal, essa função é exercida pelo promotor), ou de requerente (em um caso não penal, é um advogado que assume essa função junto com o autor);
- do lado de quem responde à ação estão os atores que podem exercer a defesa do réu — por exemplo, o acusado pelo assassinato de uma criança (penal) —, ou do requerido, que é o representante da operadora de celular que requer um advogado (cível);
- o julgador, que tem por função decidir.

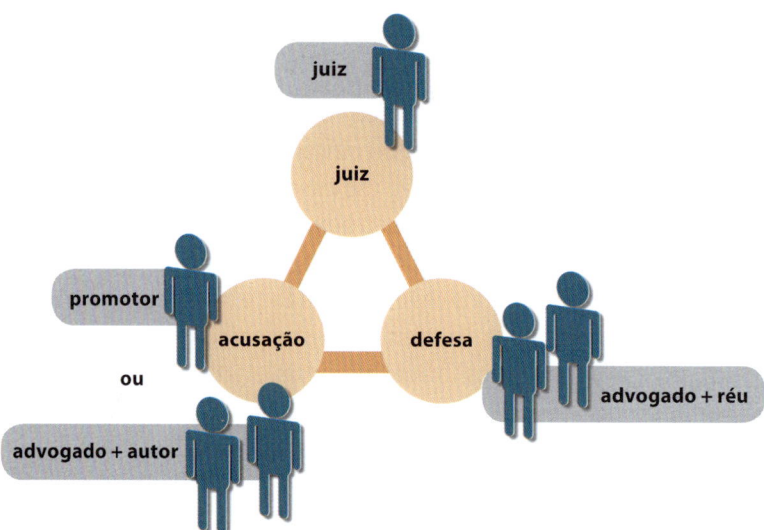

O fato de as três posições não corresponderem matematicamente a três personagens mostra a complexidade do funcionamento de um processo. Vejamos agora, de forma bem detalhada, a relação de cada ator com as posições que ocupam e as funções que exercem:

- **Partes:** são os litigantes de um processo (no caso sobre os direitos do consumidor, é o dono do celular que está sendo cobrado por serviços que não usou e a operadora que os está cobrando). A parte que entra com a ação é denominada autor; a parte que responde à ação é denominada réu.

- **Procurador:** é aquele que representa a parte. O advogado, por exemplo, é o procurador contratado pelo particular (o autor, dono do celular, por exemplo).

- **Promotor:** é o membro do Ministério Público que propõe ações públicas, como é o caso da maioria das ações criminais. No caso do assassinato da criança, o promotor exerce, em nome da sociedade, a função de acusador do suspeito.

- **Julgador:** é quem decide o processo. Nos casos submetidos ao tribunal do júri (por exemplo, no caso do assassinato da criança), quem decide é o conselho de sentença, formado por cidadãos comuns sorteados entre membros da sociedade. Nos demais casos, como no processo contra a operadora de celular, quem decide é o juiz.

A justiça além do processo

Embora o processo judicial seja um meio de fazer justiça, ele não é sinônimo dela. Algumas vezes, pode ser até mesmo injusto, como os inúmeros casos que aguardam há dezenas de anos pela decisão do juiz. O processo, como justiça, encontra-se em sua feição de garantia do cidadão, isto é, de um serviço que pode ser utilizado caso se mostre necessário. Processos demorados ou decisões judiciais injustas estão longe da ideia de justiça. Daí dizer que o processo não é sinônimo de justiça.

O que torna o processo justo é o mesmo que torna qualquer coisa justa: o respeito aos direitos. Nesse sentido, a justiça não se encontra no processo, mas nos atos das pessoas, nos resultados, na sociedade etc. O processo é uma ferramenta para a busca pela justiça, que pode ou não ser alcançada por meio dele. O processo é uma garantia, pois pode ser invocado quando nada mais foi capaz de resolver uma injustiça. É uma espécie de último caminho na busca pela justiça.

A existência de outros caminhos, contudo, não deve ser confundida com a justiça pelas próprias mãos, que, como foi mencionado, também não leva à justiça. A justiça além do processo é aquela que se faz pela preservação de direitos e não pela sua supressão. Por exemplo, aquele que agride o criminoso desrespeita o direito deste a um julgamento justo.

A consecução da justiça pode ainda ser feita sem qualquer necessidade de processo. Um professor que percebe ou toma conhecimento de *bullying* sofrido por um de seus alunos e se engaja em um diálogo com os alunos responsáveis e/ou com os pais destes, dando um fim a essa agressão, acaba, ao final, por fazer justiça.

Como faço valer meus direitos?

A primeira coisa que vem à cabeça quando se pensa em "buscar meus direitos" é procurar o Judiciário, embora este não seja o único local possível para resolver problemas jurídicos (existem outras formas, como a mediação, a conciliação e a arbitragem). Mas o Judiciário é o principal e o mais procurado local para resolver questões de todas as naturezas, embora soluções pelo diálogo que evitem o Judiciário possam encurtar o caminho da justiça, pois evitam o desgaste do processo judicial. Isso sem contar os custos envolvidos nessas soluções, que podem ser menores que os de um processo no Judiciário. Mas, se o caminho do processo judicial se mostra necessário, como fazê-lo?

Procurar o Judiciário não é tarefa simples. Como vimos, não existe uma, mas várias "justiças". Além disso, mesmo em determinada justiça (comum estadual, comum federal, trabalhista, eleitoral ou militar) não existe nem um local nem um caminho único para ingressar com uma ação. Em primeiro lugar, é preciso considerar a jurisdição, o que significa identificar a justiça, o respectivo foro (local) e, quando for o caso, o órgão específico. Em segundo lugar, é preciso saber qual é o tipo de ação cabível. Nesse labirinto processual — que confunde até os profissionais do Direito —, entrar com uma ação não é, certamente, tarefa para leigos. Felizmente, a parte ou a vítima raramente tem de se preocupar com esses detalhes, que ficam a cargo do advogado, do defensor público, do promotor ou do procurador. Mas, mesmo assim, há necessidade de algum encaminhamento prévio, pois o Direito e a Justiça, como a Medicina, constituem um universo de especialidades: um advogado criminalista talvez não consiga orientar adequadamente um problema de família, um defensor público estadual não poderá atuar se o caso se referir à justiça federal, e assim por diante.

Qualquer que seja o caso, porém, um advogado pode sempre ser consultado, ainda que não seja da área pertinente a esse caso. Ele pode direcionar o cliente a buscar determinada especialidade, ou, dependendo da complexidade do caso, assumir ele mesmo a representação. Alternativamente, pode-se procurar a Defensoria Pública ou, na ausência desta, a Ordem dos Advogados do Brasil (OAB), que mantém convênios de assistência judiciária gratuita com a justiça e possuiu uma extensa rede de estabelecimentos. Pode-se, ainda, buscar ajuda em locais que ofereçam assistência jurídica e/ou social, como a Defensoria Pública ou mesmo organizações não governamentais (ONGs).

De todo modo, nenhuma pessoa pode **ingressar em juízo** sem a representação de um profissional habilitado (advogado, defensor público, promotor, procurador), salvo no caso de o advogado estar litigando em nome próprio (caso em que o autor ou o réu é um advogado e representa a si mesmo), ou em alguns dos casos de juizados especiais. Ou seja, em regra, para uma pessoa acessar a justiça, precisa estar acompanhada por um advogado ou defensor.

No caso de crime ou **contravenção penal**, há outras questões a considerar:

- Em regra, as ações penais são públicas, ou seja, são ações propostas pelo Ministério Público em nome de toda a sociedade. Uma vez iniciadas, seu prosseguimento não depende da vontade da vítima.
- Os casos penais envolvem outro ator: a polícia, a quem cumpre, entre outras funções, investigar os fatos. Com base neles, o Ministério Público poderá oferecer a denúncia, expressão técnica que significa ajuizar (submeter a juízo) a ação penal pública. Por meio do inquérito policial, a polícia investiga o crime ou a notícia de um crime (vulgarmente denominada "queixa"), encaminhando suas conclusões ao Ministério Público para que ele dê início ao processo criminal. Caso disponha de elementos suficientes de indícios de autoria, o próprio Ministério Público pode oferecer a denúncia na ausência de inquérito policial e até mesmo por meio de investigação própria. Consequentemente, qualquer pessoa que tenha conhecimento de um crime — seja ou não ela mesma a vítima —, pode procurar a polícia ou o Ministério Público. Para que a ação seja efetivamente submetida a juízo (ajuizada), é preciso que existam provas que indiquem que houve crime (provas indiciárias), não bastando a simples notícia.

RECAPITULANDO

Quando um direito é violado, gerando uma injustiça, a reparação desse direito torna-se uma busca por justiça. Há diversos caminhos que podem levar à justiça, que podem ou não envolver o Judiciário e o processo judicial. Há casos em que o processo é necessário para garantir um julgamento justo. Em outros, o processo é uma alternativa, preferencialmente se outros caminhos se mostrarem incapazes de resolver a situação.

Quando a busca por justiça depende de um processo, o caminho se mostra um verdadeiro labirinto para o leigo. Surgem diferentes "justiças" com diferentes atores, que se posicionam em um "jogo" organizado em três posições: acusação ou requerente; defesa ou requerido; e julgador. Para entrar nesse jogo, a pessoa que teve seu direito lesado precisa de um profissional que a conduza pelo caminho do processo, genericamente denominado procurador, que pode ser um advogado ou um defensor público. Em casos especiais, o autor da ação será o Ministério Público.

Testando seus conhecimentos

Atividades

Monitorando a aprendizagem

Leia os textos a seguir.

Texto 1

Combater pobreza requer melhoria do acesso à Justiça para pobres, afirma especialista da ONU

17 de outubro de 2012

[...]

A Relatora Especial da ONU sobre a pobreza extrema, Magdalena Sepúlveda, pediu aos Estados que tomem medidas imediatas para garantir o acesso à Justiça pelos segmentos mais pobres da sociedade, no Dia Internacional para a Erradicação da Pobreza.

"O acesso à Justiça é um direito humano em si mesmo, e essencial para resolver as causas profundas da pobreza", disse Sepúlveda hoje (17), instando os Estados a melhorar esse acesso para os pobres como parte central de seus esforços para combater a pobreza.

"Sem acesso à Justiça, as pessoas que vivem na pobreza são incapazes de reivindicar e perceber toda uma gama de direitos humanos, ou contestar crimes, abusos ou violações cometidos contra elas", observou Sepúlveda.

As pessoas que vivem na pobreza enfrentam sérios obstáculos para acessar os sistemas de Justiça — incluindo as barreiras financeiras, sociais e físicas —, que perpetuam e agravam sua desvantagem.

"As pessoas que vivem na pobreza são muitas vezes impedidas de buscar a Justiça, devido ao custo e tempo de viagem para um tribunal distante, taxas cobradas para pedidos de isenção para a assistência jurídica de qualidade", disse a Relatora Especial. "Ao pobre pode ser negada legitimidade para registrar uma reivindicação, porque ele não tem uma certidão de nascimento oficial."

"A falta de informação sobre os seus direitos, o analfabetismo ou as barreiras linguísticas, juntamente com o estigma enraizado ligado à pobreza, também tornam mais difícil para os pobres se envolver com o sistema de justiça. Em tais circunstâncias, uma pessoa que vive em situação de pobreza não pode defender os seus direitos ou contestar a injustiça", ressaltou.

Sepúlveda observou que mesmo democracias maduras lutam para garantir de fato a igualdade de acesso à Justiça por aqueles que vivem na pobreza. "É fundamental construir um sistema de justiça inclusivo que esteja próximo das pessoas, tanto socialmente quanto geograficamente", disse a perita independente.

"Garantir o acesso à Justiça para os pobres exige sistemas judiciais funcionais e leis que não apenas reflitam os interesses dos grupos mais ricos e mais poderosos, mas também levem em conta a renda e os desequilíbrios de poder", disse ela. "As reformas devem ser implementadas com a participação efetiva e significativa de pessoas que vivem na pobreza."

Sepúlveda enfatizou que as mulheres que vivem na pobreza enfrentam particulares dificuldades de acesso à Justiça, e esta é uma das principais causas de sua maior vulnerabilidade à pobreza. Em sua opinião, "os esforços para combater a pobreza devem incluir o empoderamento das mulheres em busca de justiça, assegurando que o sistema de justiça não as discrimine".

"No Dia Internacional para a Erradicação da Pobreza, gostaria de lembrar os Estados e outros que o esforço para acabar com a pobreza deve ser multidimensional e sustentável. Melhorar o acesso à Justiça é uma parte crucial de qualquer estratégia", concluiu.

O relatório de 2012 da Relatora Especial para a Assembleia Geral [...] analisa os obstáculos que as pessoas que vivem na pobreza enfrentam no acesso à Justiça.

Disponível em: <http://nacoesunidas.org/combater-pobreza-requer-melhoria-do-acesso-a-justica-para-pobres-afirma-especialista-da-onu>.

Texto 2

Maranhão tem o pior acesso à Justiça e DF o melhor, aponta estudo

Dados regionais fazem parte do Índice Nacional de Acesso à Justiça (Inaj). Indicador foi criado pelo Ministério da Justiça em parceria com instituições.

A população do Maranhão tem o pior acesso à Justiça no país e a do Distrito Federal (DF), o melhor, apontou o Índice Nacional de Acesso à Justiça (Inaj), disponível no portal do Atlas do Acesso à Justiça, lançado nesta segunda-feira (16).

O estudo foi elaborado pelo Ministério da Justiça em parceria com universidades, instituições públicas e entidades. Um banco de dados administrado pelo Executivo federal consolida, em uma mesma ferramenta, informações como número de profissionais e de unidades da Justiça — entre as quais Defensoria Pública, Ministério Público, Procons e instâncias do Judiciário —, para quantificar o grau de dificuldade que a população enfrenta ao tentar usar serviços públicos judiciais.

O portal do Atlas do Acesso à Justiça também traz informações sobre os serviços extrajudiciais, como cartórios, delegacias e Procons, e utiliza dados sobre o total da população e o Índice de Desenvolvimento Humano (IDH) de cada localidade.

Na versão que considera equipamentos judiciais e extrajudiciais, o Maranhão tem o pior índice entre as 27 unidades da federação. O estado da Região Nordeste somou apenas 0,06. Na sequência, aparece o Pará, com 0,07, e o Amazonas, com 0,08.

O melhor índice de acesso à Justiça está no Distrito Federal, com 0,41. A capital federal é seguida nas primeiras posições do *ranking* por Rio de Janeiro (0,31) e São Paulo (0,25). Na média nacional, o Brasil registra índice de 0,16 — 12 unidades da federação têm indicadores superiores à média nacional.

O governo afirma que o indicador é uma "proposta inicial" que ainda será melhorada com a ajuda da "comunidade científica" e dos órgãos do Sistema de Justiça. [...]

Desigualdade

Segundo o secretário de Reforma do Judiciário Flávio Caetano, responsável por apresentar o portal em evento na tarde desta segunda-feira no Ministério da Justiça, o governo federal tem o papel de ajudar no acesso aos serviços de Justiça.

O secretário avaliou que os dados do indicador mostram que há desigualdade em relação ao atendimento no Norte e Nordeste em comparação com o Sudeste e Centro-Oeste.

"Ainda temos muita dificuldade de que direitos sejam garantidos pela Justiça. O sistema está congestionado, com mais de 90 milhões de processos. E, por incrível que pareça, ainda falta acesso à Justiça porque não temos uma rede nacional de atendimento ao nosso país", disse Flávio Caetano.

[...]

Ao final do evento, o então ministro da Justiça José Eduardo Cardozo destacou que o portal ajuda a consolidar os direitos previstos na Constituição.

"Efetivamente, nós temos um instrumental que permitirá a juízes, membros do Ministério Público e operadores do Direito participar mais ativamente dessa construção. É nossa missão fazer com que a Constituição de 1988 saia do mundo das normas e entre no mundo dos fatos", afirmou Cardozo. [...]

Disponível em: <http://g1.globo.com/brasil/noticia/2013/12/maranhao-tem-o-pior-acesso-justica-e-df-o-melhor-aponta-estudo.html>.

Com base nos dois textos apresentados, responda às seguintes questões:

a) O que é o princípio do acesso à justiça e por que ele é tão importante?

b) Por que é necessário que as pessoas mais pobres possam ter acesso à justiça? Cite exemplos de situações nas quais isso pode ser necessário.

c) Como é possível aumentar o acesso à justiça das pessoas mais pobres? Existem meios que permitem isso?

Assimilando conceitos

1) Leia a charge.

DOIS PRESOS, DUAS MEDIDAS

A charge retrata um problema frequentemente apontado no Brasil: em questões criminais, as pessoas mais pobres ficam presas enquanto as pessoas mais ricas aguardam o julgamento em liberdade. Por que se pode dizer que esse é um problema de acesso à Justiça? Você concorda com a situação descrita na charge? Por quê? Isto continua a ser verdade no Brasil mesmo depois da prisão de empresários e políticos nos últimos anos?

2) Leia o texto a seguir:

Redução do estoque de ações foi mais lenta em seis TJs

[...]

Tribunais abarrotados

O desequilíbrio entre a capacidade de produção e a demanda é, segundo o relatório, o principal motivo para o congestionamento da Justiça. Entre 2011 e 2012, a quantidade de processos julgados passou de 17,045 milhões para 18,528 milhões — aumento de 8,69%. Em contrapartida, a demanda cresceu em maior proporção. Ao longo de 2011, 18,526 milhões de novas ações chegaram ao Judiciário enquanto, no ano seguinte, a quantidade foi de 20,575 milhões — 11,06% a mais.

O excesso de processos por juiz preocupa o CNJ. Em média, a produção anual é de 1 095 ações por magistrado. A entrada, porém, é de 1,2 mil novos casos para cada um dos juízes. De acordo com o artigo 93 da Constituição, o número de juízes na unidade jurisdicional deve ser proporcional à efetiva demanda judicial e à respectiva população. O Brasil tem cerca de 17 mil juízes.

De acordo com o último relatório Justiça em Números, o Tribunal de Justiça do Rio de Janeiro é o que teve em 2011 maior número de sentenças por juiz: 2 913. A corte fluminense é seguida pelos TJs do Rio Grande do Sul (2 427), de São Paulo (1 779) e de Santa Catarina (1 451). Já o TJ piauiense, naquele ano, foi o que teve quantidade mais baixa de ações analisadas por juiz: 396. Na Justiça do Trabalho, a média foi de 1 172 sentenças por magistrado, e na Justiça Federal, de 1 734. [...]

VIEIRA, Victor. Redução do estoque de ações foi mais lenta em seisTJs. *Consultor Jurídico*. São Paulo, 8 abr. 2013. Disponível em: <www.conjur.com.br/2013-abr-08/seis-tribunais-nao-cumprem-meta-cnj-reduzir-estoque-processos>.

De que forma o excesso de processos pode dificultar a garantia do direito das pessoas? Discuta com os colegas possíveis formas de solucionar o problema de abarrotamento dos tribunais com processos.

Olhares sobre a sociedade

Existem diversas instituições responsáveis por garantir os direitos das pessoas. Veja alguns exemplos:

- Justiça (Estadual, Federal, do Trabalho, Militar etc.);
- Ministério Público (Estadual, Federal etc.);
- Defensoria Pública (Estadual, da União);
- Procons;
- Polícia (Estadual, Federal);
- Conselho Tutelar;
- Sindicatos;
- Organizações não governamentais (ONGs).

Em grupos, escolham uma das instituições (ou outra que não esteja na lista) e procurem saber:

a) qual é a função dessa instituição e quais são os direitos que ela ajuda a garantir;

b) como é o dia a dia do trabalho na instituição. Para isso, organizem-se para descobrir o endereço da instituição, combinar uma visita e observar o que é feito num dia de trabalho nesse local;

c) quem são as pessoas que procuram essas instituições, quais são os seus problemas e o que elas acham desses organismos. Para isso, tentem conversar com pessoas que procuram atendimento nessas instituições.

Exercitando a imaginação em direitos humanos

A seguir são apresentados alguns conflitos comuns no dia a dia das pessoas. Em grupos, discuta quais são as possíveis soluções que você daria a estes conflitos:

1) Um homem que não gosta do barulho que o bar do vizinho faz depois das 10 horas da noite.

2) Uma mulher que deseja cancelar um contrato de celular com a operadora, mas não consegue falar com a atendente.

3) Um homem cujo veículo bateu no carro de uma mulher e se recusa a pagar pelo conserto.

4) Uma empregada que foi despedida depois de o dono da empresa descobrir que ela estava grávida.

5) Um grupo de moradores que não possuem esgoto nem água encanada em seu bairro.

6) Uma mãe que não está recebendo a pensão do ex-marido para sustentar o filho.

Sessão de cinema

- *Justiça*. Brasil (2004), direção: Maria Augusta Ramos.

- *A vida de David Gale*. Estados Unidos (2003), direção: Alan Parker.

O que são direitos humanos?

Alyne da Silva Pimentel — casada, mãe de uma menina de cinco anos, afrodescendente, moradora da cidade de Belford Roxo, no Rio de Janeiro —, estava no sexto mês de gestação quando começou a sentir forte náusea e dores abdominais. Procurou uma clínica de saúde e no atendimento médico foram prescritos um remédio para náusea e vitaminas, e foi marcada outra consulta dali a dois dias para realizar exames de sangue e urina. Mas a situação de Alyne piorou, e quando ela retornou à clínica foi atendida por outro médico, que fez um exame de ultrassom e detectou que o feto estava morto. Alyne foi submetida ao parto induzido e, muitas horas depois, a uma cirurgia para retirada dos restos da placenta. Sua condição de saúde piorou muito: ela começou a ter hemorragia e a vomitar sangue, sua pressão baixou, apresentou fraqueza e dificuldade para comer.

No dia seguinte, com a condição de saúde ainda pior, Alyne teve que aguardar oito horas por uma ambulância para ser transferida para um hospital. Quando chegou ao hospital sua pressão estava a zero e ela teve que ser ressuscitada. Ela foi colocada provisoriamente no corredor da sala de emergência porque não havia leitos disponíveis. Alyne morreu no dia seguinte, em razão de hemorragia digestiva resultante do parto do feto morto. Uma morte materna evitável.

Alyne morreu em novembro de 2002 e, em fevereiro de 2003, sua família iniciou uma ação judicial para reparação de danos. Até 2008, essa ação ainda estava pendente de decisão judicial. O caso foi levado ao Comitê sobre a Eliminação da Discriminação contra Mulheres (Cedaw), que concluiu que o Brasil havia violado os direitos humanos de Alyne e os direitos de grávidas em geral com base em casos semelhantes de mortalidade materna. Assim, o país foi condenado porque não cumpriu suas obrigações de assegurar o pleno exercício dos direitos de acesso à saúde, de acesso à justiça e por não regular com a devida diligência as atividades dos serviços privados de saúde, o que constitui uma discriminação contra a mulher.

Assim como Alyne, muitas outras mulheres morrem em decorrência de gestação e parto. O caso de Alyne não foi uma fatalidade nem um caso isolado: trata-se de uma entre milhares de mortes evitáveis de mulheres em decorrência de gestação e parto que ocorrem no Brasil e no mundo. De acordo com a Organização Mundial de Saúde (OMS), o Brasil é responsável por cerca de 20% das mortes maternas na América Latina, e no Caribe, na América Central. Na última década, houve redução significativa da taxa de mortalidade materna, mas as estatísticas apontam grande disparidade no acesso a serviços básicos de saúde quando se tomam por base raça, situação econômica, região e localização rural e urbana dessas mulheres. Em outras palavras, a falta de acesso à atenção médica de qualidade durante a gestação e o parto no Brasil atinge especialmente mulheres de setores mais vulneráveis da sociedade, como as mulheres afrodescendentes e pobres. Foi nesse contexto que o comitê analisou o caso e a responsabilidade do Estado brasileiro.

A decisão do Comitê Cedaw, no caso Alyne, destaca que o Estado tem os deveres de dar pleno cumprimento aos direitos humanos e garantir que todas as mulheres, sem distinção alguma, tenham condições de acessar serviços de pré-natal de qualidade. Ainda que os serviços de saúde sejam terceirizados, os governos continuam responsáveis por eventuais violações e devem regular e fiscalizar essas instituições. Tendo em vista que a gestação se dá no corpo das mulheres (e não dos homens), a ausência de serviços adequados de saúde materna viola as necessidades específicas de saúde das mulheres, o que constitui discriminação de gênero e impacta o direito à vida dessas pessoas. Levando em consideração que o acesso a serviços de saúde reprodutiva pode ser afetado por fatores como raça, origem étnica, condição jurídica e social, idade etc., o comitê considerou que a raça/etnia de Alyne e sua condição social e econômica podem ter contribuído, em certa medida, ainda que não decisivamente, para a falta do serviço de atenção emergencial necessário e para a má prestação do serviço de saúde materna, que resultaram em sua morte. Além disso, o comitê entendeu que o Brasil não ofereceu proteção judicial efetiva nem recursos jurídicos adequados diante da violação de direitos sofrida por Alyne Pimentel.

Em sua decisão, o comitê recomendou ao Brasil o pagamento de indenização para a mãe e a filha de Alyne Pimentel, em razão da gravidade das violações suportadas, e a adoção de medidas de caráter geral, para garantir os direitos humanos das mulheres em relação à saúde reprodutiva e evitar que outras "Alynes" tenham um destino parecido no Brasil e no mundo, como assegurar às mulheres o direito à maternidade segura e o acesso fácil e adequado aos cuidados obstétricos; fornecer capacitação e treinamento profissional adequado aos trabalhadores da área da saúde; assegurar acesso a recursos jurídicos efetivos nos casos em que haja violação dos direitos à saúde reprodutiva das mulheres; reduzir a mortalidade materna evitável; entre outras medidas.

"Direitos" e "direitos humanos"

No caso Alyne, o Brasil foi condenado porque violou direitos humanos. Mas os direitos não são todos humanos? Não. No senso comum pode haver a impressão de que todos os direitos são humanos, na medida em que todos os direitos regulam a vida humana em suas variadas formas. Mas, na realidade, há diferenças, e nem todos os direitos são considerados direitos humanos.

Quando pensamos em direitos, estamos nos referindo a uma relação entre titular de direito e titular de dever, relacionados por um ou mais objetos (diferentes interesses protegidos). Em outras palavras, para todo direito há um dever correspondente. Nas relações de consumo, por exemplo, tem-se, de um lado, o vendedor ou prestador de serviço, e, do outro, o comprador ou tomador do serviço, relacionados pelo dinheiro (o interesse do vendedor ou prestador) e pela qualidade do bem ou do serviço (o interesse do comprador ou contratador).

No caso dos direitos humanos, a estrutura é semelhante: tem-se um titular do direito, um titular do dever e uma relação entre esses titulares em torno de interesses protegidos. A diferença é que eles se referem a valores fundamentais, superiores em importância a outros valores concorrentes. Entre esses valores, destacam-se três: a dignidade, a liberdade e a igualdade. Falaremos de cada um deles mais adiante.

Assim, ser titular de direito equivale a dizer que cada um de nós é beneficiário de deveres de outras pessoas ou do Estado. Assim, se tenho direito à liberdade de expressão, os demais não poderão restringir a manifestação das minhas ideias; se tenho direito à saúde, alguém possui a obrigação de construir hospitais, contratar médicos e adquirir material hospitalar para que eu possa ser devidamente atendido em caso de doença ou de prevenção de doença. E, diante de meu direito à educação, alguém terá o dever de contratar professores e construir escolas. Assim, aos nossos direitos correspondem formas distintas de obrigações para que eles se realizem. No caso dos direitos humanos, os titulares desses direitos são todas as pessoas, pelo simples fato de serem todas seres humanos.

Os direitos humanos de uma pessoa devem ser respeitados por todos, inclusive pelo Estado. Além disso, cabe ao Estado outros deveres: proteger os direitos humanos (impedir que esses direitos sejam violados) e implementar os direitos (tomar medidas para que esses direitos possam ser exercidos). Mas, muitas vezes, o exercício de um direito depende de medidas a serem adotadas pelo Estado, como no caso da saúde e da educação (como exercer o direito à saúde se não existirem hospitais e serviços de atenção à saúde?). Por isso, o titular de dever é primordialmente o Estado, mas, de acordo com a relação analisada, o titular de dever pode ser também uma pessoa, um grupo, uma empresa etc.

Logo, para todos os direitos há pelo menos três elementos essenciais: o direito subjetivo (e seu titular), o dever correlato (e o titular do dever) e a relação entre direito e dever. Em relação aos direitos humanos, os titulares desses direitos são todas as pessoas, independentemente de quem sejam. Todos os seres humanos têm direitos humanos. Mas, para identificar o(s) titular(es) do direito humano especificamente, é preciso analisarmos a relação concreta.

No caso Alyne, o Brasil foi condenado porque não cumpriu com seus deveres, especificamente porque não cumpriu suas obrigações de assegurar o pleno exercício dos direitos de acesso à saúde, de acesso à justiça, e por não regular com a devida diligência as atividades dos serviços privados de saúde, o que constituiu discriminação contra a mulher. A titular do direito era Alyne, o titular do dever era o Estado brasileiro e os interesses protegidos (saúde, igualdade e justiça) eram os direitos humanos de Alyne. Em relação ao direito à saúde, vemos que o Estado brasileiro falhou em proteger a saúde de Alyne: esse direito lhe foi negado, resultando em sua morte. Ela morreu em razão da má prestação de serviço emergencial de saúde reprodutiva durante a gestação e o parto, realizado de forma discriminatória. Sua morte, como já afirmamos, não foi uma fatalidade nem um caso isolado.

Dignidade, liberdade, igualdade: por que alguns direitos são direitos humanos?

Dignidade

O direito à saúde tem a mesma importância que o direito a um desconto no pagamento de determinado imposto? Os valores que estão em jogo são de mesma "categoria"? Esses direitos têm a mesma relevância?

Alguns direitos são considerados intrínsecos a todas as pessoas pelo simples fato de sermos seres humanos. Todos nós temos alguns direitos — denominados direitos humanos —, considerados indispensáveis para que uma pessoa possa ter uma vida digna.

> **Declaração Universal dos Direitos Humanos**
>
> Artigo 1º – Todas as pessoas nascem livres e iguais em dignidade e direitos. São dotadas de razão e consciência e devem agir em relação umas às outras com espírito de fraternidade. [...]
>
> Disponível em: <www.dudh.org.br/declaracao>.

Para alguns, essa dignidade humana decorre de valores filosóficos ou religiosos, de valores jurídicos ou de fundamentos sociais; para outros, há uma construção histórica desses direitos, mas o fato é que nossa sociedade (brasileira e mundial) considera alguns valores fundamentais para todas as pessoas e consagra-os como direitos humanos.

Ao afirmarmos que todos têm direitos humanos, queremos enfatizar que todas as pessoas têm direitos humanos, sem qualquer distinção, independentemente de raça, cor, sexo, idioma, religião, opinião política ou de outra natureza, origem nacional ou social, riqueza, nascimento ou outra condição. Em outras palavras, esses direitos decorrem unicamente da dignidade da pessoa, do fato de se tratar de um ser humano.

Para garantir que os direitos humanos sejam cumpridos e não fiquem somente "no papel", há uma série de mecanismos de proteção desses direitos, nos plano nacional e no internacional.

Além disso, como já mencionamos anteriormente, em relação aos direitos há sempre deveres. Quanto aos direitos humanos, geralmente os deveres são: dever de respeitar os direitos humanos (o Estado não deve violar direitos humanos); dever de proteger (o Estado deve impedir que os direitos humanos sejam violados por quem quer que seja) e dever de implementar os direitos humanos (o Estado deve adotar todas as medidas necessárias para que todas as pessoas possam exercer plenamente seus direitos humanos).

E quem são os titulares desses deveres? Embora os deveres sejam em grande parte do Estado/governo, não se pode falar que apenas eles têm deveres em relação aos direitos humanos. Apenas o Estado deve respeitar os direitos humanos? Não! Para que os direitos humanos sejam cumpridos e saiam, de fato, "do papel", todas e cada uma das pessoas, empresas, organizações, instituições e a sociedade em geral também devem respeitá-los, não importa se no âmbito privado ou se na esfera pública. Assim, se todos têm direitos humanos, todos também têm deveres, ainda que em graus e esferas diferentes.

São direitos humanos aqueles direitos indispensáveis para que o indivíduo tenha uma vida digna em sociedade. Mas o que é vida digna? Os interesses essenciais à preservação da vida de um indivíduo? Os valores principais de uma coletividade ou cultura? Um valor intrínseco a todo e qualquer ser humano? A possibilidade de ter autonomia para viver de acordo com seu livre-arbítrio?

Os valores comunitários? O florescimento das capacidades humanas? Afinal, o que você entende por dignidade humana?

Não existe uma resposta única para essa questão. Os direitos necessários a uma vida digna variam no tempo e no espaço, dependendo das condições específicas de cada sociedade.

Em sociedades com elevado padrão de vida, como é o caso dos países nórdicos, discute-se sobre o direito à banda larga como um direito fundamental à dignidade do cidadão. Embora pareça distante e supérfluo, o tema não é estranho ao direito brasileiro: a discussão sobre inclusão digital no Brasil fomentou e ainda fomenta políticas públicas de redução do preço da banda larga para permitir esse acesso à população de baixa renda.

Apesar dos contornos indefinidos do conteúdo dos direitos humanos, alguns temas, matérias e questões são recorrentes, por isso ouvimos falar em direito à igualdade, direito à liberdade em seus vários aspectos (de ir e vir, de expressão, de associação, de religião etc.), direito à intimidade, direito à saúde, direito à educação, direito a participar da vida política, entre outros.

Liberdade

Pablo Picasso. *Duas mulheres correndo na praia (A corrida)*, 1922.

> ... Liberdade, essa palavra
> que o sonho humano alimenta,
> que não há ninguém que explique
> e ninguém que não entenda..."

MEIRELES, Cecília. *Romanceiro da Inconfidência*. Rio de Janeiro: Editora Letras e Artes, 1965. p. 70.

O quadro acima foi pintado pelo artista espanhol Pablo Picasso no período do entreguerras, isto é, no período compreendido entre o final da Primeira Guerra Mundial (1918) e o início da Segunda Guerra Mundial (1939), após a intensa destruição causada pelo primeiro conflito e o retorno a uma situação de ausência de guerra, o início dos anos 1920, que foi marcado por um contexto de dinamismo social, cultural e artístico. No quadro de Picasso, de 1922, duas mulheres correm pela praia livremente, sem que obstáculos possam atrapalhar a leveza desse momento.

Seria possível considerar que somos livres como essas duas mulheres na praia? Somos livres para fazer o que bem entendemos, sem que nenhum obstáculo externo interfira? Mais ainda: temos, todos nós, condições de agir livremente, de forma autônoma? Isto é, temos condições de controlar plenamente nossas ações a ponto de determinar livremente nosso destino? Ou, ao contrário, essa liberdade absoluta é mera ilusão, já que na prática vivemos em contextos que restringem nossas ações?

Os sentidos do termo "liberdade" são variados e muitos estudiosos elaboraram teorias apresentando conceitos e significados diversos para ele. Além disso, no decorrer da História, vários foram os sentidos atribuídos à noção de liberdade. Assim, da mesma forma que acontece com o direito, não é possível estabelecer uma única definição de liberdade, sob pena de simplificar extremamente o debate de uma ideia tão central para nós e para nossa vida em sociedade. Apresentaremos a seguir algumas tentativas de definição desse termo tão complexo.

Dois conceitos: liberdade negativa e liberdade positiva

O filósofo Isaiah Berlin pode nos ajudar a pensar esse conceito tão importante. Em ensaio publicado originalmente em 1958, chamado "Dois conceitos de liberdade", Berlin propõe as noções de liberdade negativa e de liberdade positiva. Para ele, todo indivíduo deveria ter garantido um espaço de não intervenção, para que ficassem asseguradas as condições de exercício de suas potencialidades. Esse espaço de não intervenção possibilitaria ao indivíduo decidir como deseja viver sua vida sem sofrer limitações de outros agentes. Essa seria a liberdade negativa, cujo sentido vem, portanto, da ideia da necessária existência de uma esfera individual em que seja impedida a influência de constrangimentos externos na vida de cada um de nós.

A noção de liberdade positiva, por sua vez, relaciona-se à possibilidade de todos os seres humanos participarem da criação das regras que vinculem suas condutas. A liberdade positiva pode ser entendida como a liberdade de participar da vida política da sociedade em que vivemos, e essa participação depende de uma atuação autônoma dos indivíduos. Nesse sentido, só podemos aceitar as regras da vida em sociedade se tivermos a possibilidade de participar, de forma autônoma e informada, da criação dessas regras que podem controlar ou interferir na capacidade de determinar o que se deve fazer ou pode fazer.

Portanto, a liberdade negativa estaria mais relacionada a fatores externos, de não interferência na esfera de decisão do indivíduo sobre a forma como deseja viver, e a liberdade positiva estaria ligada a fatores internos ao indivíduo e que poderiam afetar sua participação na vida política. Ao espaço individual de ausência de barreiras externas soma-se essa dimensão de caráter mais coletivo, em que todos participamos livremente dos processos políticos de tomada de decisão relativos à vida em sociedade. Em outras palavras, seguindo as ideias de Berlin, uma sociedade democrática pode ser considerada livre se for uma sociedade que se autodetermina nos termos do conceito de liberdade positiva. Ademais, os membros dessa sociedade podem ser considerados livres na medida em que participam do processo democrático.

Assim, a liberdade não deve ser considerada algo absoluto, levando-se em conta tanto sua dimensão negativa quanto sua dimensão positiva. Por mais que se reconheça que todo ser humano é livre, aceitar que cada um de nós possa fazer tudo o que desejar, independentemente das consequências para os demais integrantes da sociedade (indivíduos tão livres como cada um de nós), pode tornar impossível o próprio exercício da liberdade. Afinal, se cada um fizer o que bem entender, sem se preocupar com os outros, a vida pode se tornar um caos. Afirmar a liberdade de todos não equivale a afirmar que temos possibilidades infinitas de ação e que essas ações não tenham consequências. A liberdade, em suas duas dimensões, deve ser compreendida no contexto de vida em sociedade, em que há uma pluralidade de interesses e valores coexistentes.

Liberdades e interesses públicos e privados

Os ideais de liberdade são protegidos como direitos humanos: liberdade de locomoção, liberdade de ir e vir sem ser preso injustamente, liberdade de pensamento, consciência e religião, liberdade de opinião e de expressão, liberdade de associação, liberdade de reunião, entre outros direitos.

A liberdade se refere a questões individuais, próprias de cada indivíduo, e coletivas, relacionadas a grupos ou coletividades. Embora a maioria das liberdades tenha uma dimensão individual e coletiva, algumas só podem ser exercidas individual ou coletivamente — por exemplo, a liberdade de associação e a liberdade de reunião somente podem ser exercidas em conjunto, por grupos, uma vez que é impossível o exercício da liberdade de associação ou de reunião por uma única pessoa, sozinha e isolada.

Seja individual ou coletiva, a liberdade pode caracterizar questões de natureza privada ou pública. Exemplificando: o direito à liberdade de religião inclui o direito de ter, professar e mudar de religião, e mesmo o direito de não ter religião. Essa liberdade tem uma natureza privada, já que depende de questões individuais, de cada pessoa, mas também apresenta alguns aspectos de ordem pública porque a sociedade em geral e o Estado devem respeitar e não interferir na esfera individual de liberdade das pessoas. Para proteger efetivamente esse direito, o Estado deve ser laico, ou seja, não deve ter religião e respeitar e proteger todas as religiões.

A liberdade de expressão (sobre a qual vamos conversar no capítulo 7 deste livro) também pode se referir a interesses privados ou públicos. Como não há uma fórmula pronta para todos os casos, é preciso analisar a situação em concreto para identificar se há interesses privados ou públicos, ou ambos.

Igualdade

Em 2010, Kevin Smith embarcou num voo e, já sentado, foi convidado a se retirar da aeronave por não corresponder à política estabelecida pela companhia com relação ao tamanho dos passageiros. Em razão de seu peso e para viajar com mais conforto, o sr. Smith costumava reservar dois assentos e pagar por ambos cada vez que voava nessa companhia aérea. Acontece que, naquele dia, embora tivesse adquirido suas duas passagens de costume, ele não embarcou no voo planejado, e sim em outro, que saía mais cedo, e no qual havia apenas um assento disponível, entre dois outros. As reduzidas dimensões do assento exigiram que o sr. Smith levantasse os descansos de braços laterais para se acomodar melhor, removendo os únicos obstáculos que o separavam dos assentos vizinhos. No momento em que afivelava o cinto de segurança, foi abordado por uma comissária de bordo que explicou que, por questões de segurança, ele deveria acompanhá-la para fora da aeronave. Compreendendo a situação, Kevin Smith abaixou os descansos e disse que poderia se acomodar no assento. Mas a atendente foi irredutível e informou que o capitão havia pedido que desembarcasse. O passageiro suplicou que o deixassem permanecer no voo, argumentando que sua expulsão lhe causaria humilhação, pois havia feito contato visual com algumas pessoas que o haviam reconhecido. Mesmo assim, teve que se levantar e sair da aeronave.

A notícia se espalhou rapidamente. Em nota, a companhia aérea pediu desculpas, mas explicou que a remoção de Kevin Smith do voo fora uma forma de zelar pela segurança e conforto de todos os clientes. A política da companhia sobre passageiros obesos estabelece que pessoas que não consigam se acomodar com os dois descansos de braços abaixados deverão reservar um segundo assento, em razão de poder ocorrer reclamações de clientes cujo conforto possa vir a ser afetado pela invasão de seu assento por um passageiro vizinho obeso.

A despeito de essa política afirmar sua preocupação com o conforto geral, o conforto da maioria, a atitude de remover um passageiro já sentado para a acomodação dos demais passageiros é discutível, principalmente quando se considera que as companhias aéreas têm reduzido o tamanho dos assentos para acomodar cada vez mais passageiros em um único avião, de forma a diminuir os custos operacionais e aumentar a margem de lucro. Em contraste, observa-se no mundo uma verdadeira epidemia de obesidade. O número de obesos tem crescido rapidamente, e essa situação tem levado o transporte público terrestre a criar assentos de maiores dimensões, reservados a pessoas que não se acomodam confortavelmente nos assentos tradicionais. Ou seja, a postura das companhias aéreas em relação ao tamanho das acomodações vai na contramão das necessidades atuais, o que tende a tornar frequente o problema de acomodação de passageiros obesos.

O tema é polêmico e enseja muitos questionamentos. É justo cobrar mais de passageiros obesos, seja forçando-os a adquirir mais de um bilhete, seja impondo-lhes uma tarifa diferenciada em razão de seu peso? É justo constranger um passageiro obeso perante os demais? É justo reduzir o tamanho dos assentos para reduzir custos operacionais, ainda que isso redunde em tarifas menores? São discriminatórias as políticas das companhias aéreas que impõem tratamento diferenciado a passageiros obesos? Todas essas perguntas levantam a questão da igualdade em uma sociedade de pessoas desiguais.

Igualdade formal e igualdade material

A igualdade das pessoas é um dos princípios basilares dos direitos humanos.

A igualdade é uma questão recorrentemente debatida ao longo da História, destacando-se os tratados de Aristóteles sobre ética, especialmente *Ética a Nicômaco*, uma das obras mais citadas sobre o tema, quiçá a maior delas.

Em sua concepção atual, o princípio da igualdade, também denominado princípio da isonomia (*iso-*, "igual", *nomos*, "lei"), gravita em torno da igualdade de todas as pessoas perante a lei — essa é a denominada igualdade formal. De acordo com esse princípio, todos os membros da sociedade devem ter os mesmos direitos e as mesmas obrigações. Assim, a igualdade exige que todas as pessoas tenham os mesmos direitos, o que, em realidade, significa que todas sejam submetidas às mesmas leis. Ou seja, o princípio da igualdade formal não garante automaticamente direitos iguais a todos, o que soa contraditório. A contradição, no entanto, é só aparente. O direito cria distinções entre as pessoas em diversas situações. A questão é saber se determinada distinção viola ou não o princípio da igualdade.

A Constituição Federal, por exemplo, confere prioridade absoluta aos direitos de crianças e adolescentes, que devem ser assegurados pela família, pela sociedade e pelo Estado (artigo 227) e reconhece aos índios sua organização social, seus costumes, suas línguas, suas crenças, suas tradições e seus direitos originários sobre as terras que tradicionalmente ocupam (artigo 231). Pode-se dizer que há tratamento diferenciado para crianças e adolescentes e povos indígenas em relação a todos os demais? Todo tratamento diferenciado é injusto? Ou pode haver uma justificativa legítima para esse tratamento do ponto de vista dos direitos fundamentais e humanos? É possível que a ausência de distinções cause injustiças, criando obstáculos excessivos ao exercício de direitos?

A regra é a proibição de discriminação, ou seja, se todos são iguais perante a lei (igualdade formal), ninguém deve ser tratado de maneira a excluir ou restringir seus direitos em razão de raça, cor, sexo, língua, religião, opinião política, ou qualquer outro motivo. No entanto, ao lado da noção de igualdade formal, a igualdade como princípio de direitos humanos autoriza a criação de distinções na lei para a proteção desses mesmos direitos. Por que isso acontece? Porque a simples afirmação de que "todos são iguais perante a lei" não garante, por si só, que na prática todas as pessoas possam exercer seus direitos de maneira realmente igualitária. Essa é a ideia de igualdade material, ou seja, da igualdade de fato, da igualdade na prática.

A proibição de discriminação surge como um mecanismo jurídico contra o estabelecimento de vantagens para a classe dominante. Historicamente, os detentores do poder sempre gozaram de vantagens, impondo aos demais uma série de deveres aos quais eles próprios não estavam obrigados. É o caso, notadamente, dos tributos que recaíam sobre as classes dominadas: dos poderes dos reis sobre os súditos, dos senhores feudais sobre os servos, dos colonizadores sobre os colonizados. Muitos são os fatos notórios da História relacionados ao tema — a Inconfidência Mineira, por exemplo, foi uma forma de lutar contra a opressão exercida pelas autoridades portuguesas.

A submissão de todos às mesmas regras, extinguindo-se privilégios (ou seja, regras gerais e abstratas), foi a primeira forma de manifestação do princípio da igualdade e sua primeira aplicação na História moderna.

O tempo demonstrou, porém, que a igualdade perante a lei, pura e simples, em muitos casos, não promove a justiça. Estamos falando justamente sobre casos em que a desigualdade entre as partes impede o estabelecimento de uma relação jurídica igualitária, em que a diferença de forças impede uma das partes de negociar em equilíbrio de forças, submetendo-a ao arbítrio da outra. O que se percebe, com o passar do tempo, é que as diferenças de fato devem ser consideradas pelo direito para que sejam estabelecidas distinções capazes de equilibrar as relações entre as pessoas. Torna-se imperativa a necessidade de estabelecer uma igualdade de natureza material que se contraponha à igualdade formal.

O princípio da igualdade compreende, portanto, dois aspectos: a igualdade formal e a igualdade material. A igualdade formal estabelece que todos são iguais perante a lei; assim, todas as diferenças entre as pessoas são ignoradas para estabelecer direitos e obrigações comuns, independentemente das características individuais. No caso da igualdade material, as diferenças são consideradas para a equalização de forças, estabelecendo um equilíbrio que a natureza dos fatos normalmente impediria. A consideração desses dois aspectos permite reconhecer a fragilidade de um sujeito perante outros em determinadas situações e torna possível atribuir a esse sujeito certas vantagens, ou impor aos demais ônus mais pesados, atingindo, por meio desse tratamento diferenciado, a igualdade material.

Nesse sentido, o princípio da igualdade não é sinônimo de tratamento idêntico, sendo, no caso da igualdade material, frequentemente o oposto: o princípio da igualdade torna-se sinônimo de afirmação das diferenças para reequilibrar determinadas situações ou circunstâncias. Falar em igualdade material é falar em distinções pontuais autorizadas para atingir uma igualdade de fato.

Quando particularidades se tornam diferenças que impedem o exercício de direitos na sociedade, como no caso de uma deficiência ou da cor da pele, que afetam a oportunidade de conseguir um emprego, de obter melhores salários etc., cria-se uma situação de exclusão, ainda que esse comportamento não seja intencional ou declarado. Essa exclusão produz desigualdades que vão além da marginalização, afetando a dignidade do grupo e de seus indivíduos.

Mas como reverter situações de exclusão e desigualdade? Como promover essa igualdade material?

Sempre existiram direitos humanos? De onde vêm os direitos humanos?

O conceito de "direitos humanos", como foi antes mencionado, é relativamente recente. Essa noção de que alguns direitos são inerentes a todos os seres humanos, ou seja, de que todas as pessoas têm direitos humanos, surgiu no após a Segunda Guerra Mundial.

Atrocidades foram cometidas durante a Segunda Guerra Mundial: pessoas foram presas e encaminhadas a campos de concentração por serem de determinada religião ou origem étnica, ou por não serem reconhecidas como parte de uma suposta raça pura e superior. Assim, 11 milhões de pessoas foram exterminadas, em sua maioria judeus, mas também ciganos e homossexuais. Foi-lhes negado o direito a ter direitos.

Cena do Holocausto, 1945.

Com o fim da Segunda Guerra Mundial, em 1945, foi criada a Organização das Nações Unidas (ONU), com os objetivos de manter a paz e a segurança internacional, desenvolver relações amistosas entre os Estados e adotar a cooperação internacional para questões de caráter econômico, social, cultural e humanitário. À ONU cabia ainda promover e estimular os direitos humanos de todos, sem distinção. Em 2013, já contava com 193 Estados-membros.

Em 10 de dezembro de 1948, a Declaração Universal dos Direitos Humanos (DUDH) foi adotada pela Assembleia Geral da ONU. A declaração consagrou a universalidade dos direitos humanos, isto é, os direitos expressos na declaração passaram a valer para todas as pessoas em todos os lugares do mundo, e a dever ser protegidos por todos os governos dos países-membros da ONU. Foi a primeira vez que em um mesmo documento a noção de liberdade e os ideais de igualdade foram protegidos conjuntamente. Foi também a primeira vez que esses direitos foram declarados em um consenso de todos os Estados.

É a partir da DUDH que o termo "direitos humanos" surge com as características que comentamos anteriormente — como direitos universais, indivisíveis, inter-relacionados e interdependentes —, incluindo os chamados direitos civis e políticos (ligados à noção de liberdade), assim como os direitos econômicos, sociais e culturais (mais relacionados com a igualdade). Trata-se, portanto, de direitos construídos, e estes não se resumem aos direitos expressos na DUDH. Isto é, não há um conjunto de direitos humanos predefinido, "pronto e acabado". Os direitos humanos são conquistados historicamente e dependem de lutas em processos de sua consolidação.

RECAPITULANDO

Alguns direitos são considerados intrínsecos a todas as pessoas pelo simples fato de serem humanas, independentemente de quem sejam e da relação estabelecida entre elas. Esses direitos, denominados direitos humanos, são inerentes a todos os seres humanos pela condição de dignidade de todas as pessoas. Assim, todas as pessoas têm direitos humanos, sem qualquer distinção, independentemente de raça, cor, sexo, idioma, religião, opinião política ou de outra natureza, origem nacional ou social, riqueza, nascimento ou outra condição.

A Declaração Universal de Direitos Humanos, de 1948, consolida uma concepção contemporânea de direitos humanos, como direitos universais, indivisíveis, inter-relacionados e interdependentes, aliando os chamados direitos civis e políticos (ligados à noção de liberdade) aos direitos econômicos, sociais e culturais (mais relacionados com a igualdade).

Os direitos humanos são construídos e não se resumem aos direitos expressos na DUDH, ou seja, não há um conjunto predefinido de direitos humanos, "pronto e acabado". Os direitos humanos são construídos historicamente e dependem de lutas e conquistas em processos para sua consolidação. Há direitos humanos previstos na Constituição Federal, em normas nacionais e internacionais.

Há vários sentidos para a noção de liberdade, mas Isaiah Berlin propõe dois conceitos de liberdade: a dimensão negativa, que se refere à ausência de interferências de terceiros, e a dimensão positiva da liberdade, que considera que todos devem participar da criação das regras da vida em sociedade, de forma autônoma. A liberdade é protegida como direito humano em diversas dimensões e pode se relacionar a interesses públicos ou privados, ou a ambos. O direito à liberdade pode sofrer limitações dependendo do contexto e dos demais valores envolvidos no caso concreto.

A igualdade formal estabelece que todos são iguais perante a lei, ao passo que a igualdade material busca a concretização da igualdade de fato, na prática, considerando o sujeito de direito, visto de forma específica e com seu direito à diferença. A proibição da discriminação, da intolerância, deve ser conjugada com a proteção da igualdade de fato. Assim, é possível adotar medidas especiais de caráter temporário, medidas compensatórias chamadas de ações afirmativas, para eliminar ou reduzir desigualdades e promover plena igualdade no exercício de direitos. As cotas são exemplos de ação afirmativa, mas há outras medidas de ação afirmativa que podem ser adotadas para concretizar a igualdade. Essas ações não são consideradas discriminatórias, mas sim medidas necessárias para acelerar a igualdade de oportunidades, o tratamento e o exercício de direitos por grupos marginalizados, para efetivamente alcançar a igualdade.

Testando seus conhecimentos

Atividades

Monitorando a aprendizagem

1) Leia os textos a seguir:

   Texto 1

   ### Constituição da República Federativa do Brasil

   [...]
   Art. 1º — A República Federativa do Brasil, formada pela união indissolúvel dos Estados e Municípios e do Distrito Federal, constitui-se em Estado Democrático de Direito e tem como fundamentos:
   I — a soberania;
   II — a cidadania;
   III — a dignidade da pessoa humana;
   IV — os valores sociais do trabalho e da livre-iniciativa;
   V — o pluralismo político.
   Parágrafo único. Todo poder emana do povo, que o exerce por meio de representantes eleitos ou diretamente, nos termos desta Constituição.
   [...]

   Disponível em:<www.planalto.gov.br/ccivil_03constituicao/constituicao.htm>.

   Texto 2

   ### Declaração Universal dos Direitos Humanos (adotada em 1948)

   Artigo I — Todas as pessoas nascem livres e iguais em dignidade e direitos. São dotadas de razão e consciência e devem agir em relação umas às outras com espírito de fraternidade.

   Disponível em: <www.dudh.org.br/declaracao>.

   Explique, com suas palavras, o que você entende por "dignidade" e qual é a relação de dignidade com o termo *direitos humanos*.

2) Leia o texto a seguir:

   O Programa Nacional de Direitos Humanos (PNDH-3) — instituído pelo Decreto nº 7.037, de 21 de dezembro de 2009, e atualizado pelo Decreto nº 7.177, de 12 de maio de 2010 (disponível em: <http://portal.mj.gov.br/sedh/pndh3/pndh3.pdf>) — tem como eixos orientadores: I) Interação democrática entre Estado e sociedade civil; II) Desenvolvimento e direitos humanos; III) Universalizar direitos em um contexto de desigualdades; IV) Segurança pública, acesso à justiça e combate à violência; V) Educação e cultura em direitos humanos; VI) Direito à memória e à verdade.

   Reúnam-se em grupos (a classe deve ser dividida em seis grupos). Cada grupo ficará responsável por um dos eixos do PNDH-3 e vai analisar os direitos abordados os sujeitos desses direitos, os deveres correspondentes a esses sujeitos e as medidas a serem tomadas para a implementação desses direitos.

3) Leia o texto abaixo e, em seguida, observe a charge da página 47:

   Pastor Marco Feliciano é eleito presidente da Comissão de Direitos Humanos da Câmara.

   Marco Feliciano (PSC-SP), acusado de ser homofóbico e racista, recebeu onze votos; diversos parlamentares abandonaram a sessão em protesto

   7 de março de 2013 | 11h21min

   BRASÍLIA — O deputado Marco Feliciano (PSC-SP), pastor da Assembleia de Deus, foi eleito nesta quinta-feira, 7, o novo presidente da Comissão de Direitos Humanos e Minorias da Câmara dos Deputados. Onze membros da comissão votaram em seu nome e um votou em branco. Em represália ao nome de Feliciano, parlamentares do PT e do PSOL deixaram o plenário da comissão, negando-se a votar no candidato único. [...]

'**Fase obscura**'. Em 2011, Feliciano escreveu em sua página no Twitter que o amor entre pessoas do mesmo sexo leva "ao ódio, ao crime e à rejeição" e que descendentes de africanos são "amaldiçoados".

Ex-secretário de Direitos Humanos no governo Lula, o deputado Nilmário Miranda (PT-MG) admitiu o desconforto: "Em 18 anos, nunca vi uma situação dessas. Não tenho condições de votar nele". "As declarações que ele fez conflitam com o trabalho desta comissão", observou o petista.

O deputado Jean Wyllys (PSOL-SP) afirmou ser "assustador" que o pastor assuma o órgão. "Ele é confessadamente homofóbico e fez declarações racistas sobre os africanos", disse. Para a deputada Erika Kokay (PT-DF), ex-vice-presidente da comissão, a escolha do pastor marca uma fase "obscura" do colegiado. Segundo a parlamentar, a conduta de Feliciano atenta contra "os princípios básicos dos direitos humanos".

Disponível em: <www.estadao.com.br/noticias/
nacional,pastor-e-eleito-presidente-da-comissao-de-
direitos-humanos-da-camara,1005618,0.htm>.

NOVA COMISSÃO DOS DIREITOS HUMANOS

- *Antes de abrirmos os trabalhos, peço que negros, índios, mulheres e homossexuais em geral, falem agora ou calem-se para sempre.*

Com base na charge de Angeli, e na reportagem anterior, analise e debate com os colegas sobre as questões a seguir:

a) Qual é a relação entre a charge e a reportagem?

b) Qual é o fato discutido na reportagem?

c) Que hipóteses podem ser levantadas com base na reportagem e na charge?

Assimilando conceitos

Leia o poema e observe a charge a seguir.

O analfabeto político

O pior analfabeto
É o analfabeto político,
Ele não ouve, não fala,
Nem participa dos acontecimentos políticos.

[Tirinha de Gilmar:
— Que foi, pai?
— Não consigo completar o meu álbum...
— Xi, tá faltando muita coisa ainda aí!
— Educação, saúde, segurança, transporte...
— Quando eu crescer, te ajudo!
(álbum: DIREITOS SOCIAIS)]

Ele não sabe que o custo da vida,
O preço do feijão, do peixe, da farinha,
Do aluguel, do sapato e do remédio
Dependem das decisões políticas.
O analfabeto político
É tão burro que se orgulha
E estufa o peito dizendo
Que odeia a política.
Não sabe o imbecil que,
da sua ignorância política
Nasce a prostituta, o menor abandonado,
E o pior de todos os bandidos,
Que é o político vigarista,
Pilantra, corrupto e lacaio
Das empresas nacionais e multinacionais.

Autor desconhecido.

Com base no poema e na charge, discuta com os colegas sobre a concepção contemporânea de direitos humanos, abordando especialmente estas questões:

a) Quem tem direitos humanos?
b) Quais são os direitos humanos que você identifica nas obras ou pode relacionar a elas? Cite outros direitos humanos.
c) Qual é a importância desses direitos para as pessoas?

Olhares sobre a sociedade

Com base no texto e na charge apresentados a seguir, comente a situação, os desafios e as conquistas dos direitos humanos em sua região e no Brasil.

Texto 1

Relatório sobre a tortura no Brasil

[...]

A tortura e os maus-tratos semelhantes são difundidos de modo generalizado e sistemático na maioria das localidades visitadas pelo Relator Especial [sobre a Tortura, da Comissão de direitos humanos da ONU] no país e, conforme sugerem testemunhos indiretos apresentados por fontes fidedignas ao Relator Especial, na maioria das demais partes do país também. A prática da tortura pode ser encontrada em todas as fases de detenção: prisão, detenção preliminar, outras formas de prisão provisória, bem como em penitenciárias e instituições destinadas a menores infratores. Ela não acontece com todos ou em todos os lugares; acontece, principalmente, com os criminosos comuns, pobres e negros que se envolvem em crimes de menor gravidade ou na distribuição de drogas em pequena escala. E acontece nas delegacias de polícia e nas instituições prisionais pelas quais passam esses tipos de transgressores. Os propósitos variam desde a obtenção de informação e confissões até a lubrificação de sistemas de extorsão financeira. A consistência dos relatos recebidos, o fato de que a maioria dos detentos ainda apresentava marcas visíveis e consistentes com seus testemunhos, somados ao fato de o Relator Especial ter podido descobrir, em praticamente todas as delegacias de polícia visitadas, instrumentos de tortura conforme os descritos pelas supostas vítimas, tais como barras de ferro e cabos de madeira, tornam difícil uma refutação das muitas denúncias de tortura trazidas à sua atenção. Em duas ocasiões [...], graças a informações fornecidas pelos próprios detentos, o Relator Especial pôde descobrir grandes cabos de madeira nos quais haviam sido inscritos —, pelos funcionários encarregados da execução da lei —, comentários lacônicos que não deixavam dúvida quanto a seu uso.

[...]

Relatório sobre a tortura no Brasil, produzido pelo relator especial sobre a Tortura, da Comissão de Direitos Humanos da Organização das Nações Unidas (ONU), 2001. Disponível em: <www.direitoshumanos.usp.br/index.php/direitos-humanos-no-brasil/relatorio-sobre-a-tortura-no-brasil-2001.html>.

> TORTURAS, MORTES... NÓS JÁ COLOCAMOS UMA PEDRA SOBRE ESTE ASSUNTO!
>
> E O SENHOR SE IMPORTARIA EM NOS DIZER EMBAIXO DE QUAL PEDRA COLOCARAM OS CADÁVERES?
>
> COMISSÃO DA VERDADE

Exercitando a imaginação em direitos humanos

Se você fosse escrever uma Declaração de Direitos Humanos, o que constaria nesse documento? Quais os direitos que estariam declarados? Essa declaração seria universal?

Sessão de cinema

- *Jonas, só mais um*. Brasil (2008), direção: Jeferson De.
- *À margem da imagem*. Brasil (2001), direção: L. Evaldo Mocarzel.
- *Estamira*. Brasil (2004), direção: Marcos Prado.

4 Como faço valer os direitos humanos?

> **Anistia Internacional lança relatório sobre a situação dos direitos humanos em 2012**
>
> [...]
>
> "O relatório mostra que o Brasil vive um *deficit* de justiça. Temos leis e instituições suficientes para assegurar a efetivação dos direitos humanos. No entanto, a realidade tem se mostrado bem diferente, com a contínua violação de direitos constitucionais assegurados às populações indígenas, a presença de abusos e violência policial nas operações nas favelas e periferias, as frequentes ameaças àqueles que lutam pelos direitos de comunidades ameaçadas no campo e o risco constante de remoções forçadas de populações urbanas", afirma Atila Roque, diretor executivo da Anistia Internacional Brasil.
>
> Roque ainda destaca que os avanços no desenvolvimento e na redução da pobreza vivenciados pelo Brasil na última década devem ser comemorados, mas não podem ser usados como justificativa para a negação de direitos. Também não devem levar a um acirramento das tensões sociais, com a violação de garantias já asseguradas por lei. "A sociedade civil tem um papel muito importante nesta mobilização. Os direitos humanos são uma conquista, fruto de muita luta por parte dos movimentos sociais, e precisam de vigilância constante para que não sejam deixados de lado ou revogados", defende.
>
> [...]
>
> Disponível em: <http://anistia.org.br/noticias/anistia-internacional-lanca-relatorio-sobre-situacao-dos-direitos-humanos-em-2012>.

Como você analisa a questão do "*deficit* de justiça" em sua vida cotidiana? Você acha que seus direitos são respeitados hoje no Brasil?

A proteção aos direitos humanos no Brasil

Os direitos humanos protegidos pelo direito brasileiro estão previstos em diversos documentos. O primeiro e mais importante é a Constituição Federal de 1988. A Constituição trata de direitos nos cinco capítulos do seu título II, chamado "Dos Direitos e Garantias Fundamentais": capítulo I sobre direitos individuais e coletivos, capítulo II sobre direitos sociais, capítulo III sobre nacionalidade, capítulo IV sobre direitos políticos e capítulo V sobre partidos políticos.

Os direitos humanos previstos em nossa Constituição são chamados de direitos fundamentais. Apesar do nome diferente, trata-se dos mesmos direitos humanos, que recebem denominação especial por terem sido inseridos no texto constitucional.

O artigo 5º do texto constitucional apresenta uma lista dos direitos individuais que devem ser respeitados em nossa sociedade sem qualquer tipo de diferenciação entre as pessoas:

> **Constituição Federal**
>
> Todos são iguais perante a lei, sem distinção de qualquer natureza, garantindo-se aos brasileiros e aos estrangeiros residentes no País a inviolabilidade do direito à vida, à liberdade, à igualdade, à segurança e à propriedade [...].
>
> Disponível em: <www.planalto.gov.br/ccivil_03/constituicao/constituicao.htm>.

A Constituição de 1988 foi chamada de "Constituição Cidadã" por ter sido produzida no contexto de um processo amplamente democrático e em virtude da extensa lista de direitos humanos que reconheceu. Constituições anteriores já previram direitos, mas o documento de 1988 inova ao trazer um rol muito extenso de direitos.

> **Constituição Federal**
>
> Lei fundamental e suprema do país, a Constituição da República Federativa do Brasil foi promulgada em 5 de outubro de 1988. Isto é, a Assembleia Constituinte, formada por deputados e senadores eleitos, escreveu e aprovou essa Constituição, que também pode ser chamada de Carta Constitucional.
>
> A Constituição de 1988 pode ser considerada o auge de todo o processo de redemocratização brasileiro. Ela é a sétima versão na história da República.
>
> Em 1986, o novo governo já foi marcado pela necessidade de um texto constitucional mais democrático e, em fevereiro de 1987, o deputado Ulysses Guimarães abriu as sessões da Assembléia Nacional Constituinte, composta por 559 congressistas.
>
> A promulgação da Constituição de 1988 marcou o início da consolidação da democracia após os anos da ditadura militar. Os brasileiros entraram nos anos 1990 sob comando do primeiro presidente eleito diretamente pelo povo desde 1961.
>
> Disponível em: <www.brasil.gov.br/governo/2010/01/constituicao>.

Ulysses Guimarães mostrando a Constituição brasileira, promulgada em Brasília, DF, 1988.

Além do texto constitucional, temos em nosso país um aparato institucional responsável por lidar com os casos de violações aos direitos previsto na Constituição. Assim, o Estado brasileiro possui diversos órgãos que podem ser acionados pelos indivíduos em caso de desrespeito a algum direito constitucionalmente garantido.

A estrutura do Estado brasileiro está dividida em três poderes: o Poder Executivo, o Poder Legislativo e o Poder Judiciário. A função do Poder Judiciário é garantir o respeito aos nossos direitos, com capacidade de decidir casos sobre violações de direitos humanos. A atuação do Poder Judiciário permite esclarecer os detalhes sobre a situação de violação, apontar os responsáveis e determinar reparações às vítimas.

Poder Judiciário

A função do Poder Judiciário é garantir os direitos individuais, coletivos e sociais e resolver conflitos entre cidadãos, entidades e Estado. Para isso, tem autonomia administrativa e financeira garantidas pela Constituição Federal.

São órgãos do Poder Judiciário o Supremo Tribunal Federal (STF), o Superior Tribunal de Justiça (STJ), além dos Tribunais Regionais Federais (TRFs), Tribunais e Juízes do Trabalho, Tribunais e Juízes Eleitorais, Tribunais e Juízes Militares e os Tribunais e Juízes dos estados e do Distrito Federal e territórios.

[...]

Disponível em: <www.brasil.gov.br/sobre/o-brasil/estrutura/poder-judiciario>.

Fachada do STF em Brasília, DF, 2013.

Sistema universal de proteção aos direitos humanos

Para complementar a atuação dos Estados, inclusive o brasileiro, na hipótese de não conseguirem implementar seus direitos em seus países, as pessoas podem recorrer ao direito internacional. A esfera internacional de proteção aos direitos humanos soma-se à esfera nacional de proteção, buscando evitar que pessoas sofram violações aos seus direitos e que restrições de caráter nacional impeçam que essas violações possam ser objeto de investigações e apuração de responsabilidade pela sua ocorrência.

O texto inicial da Declaração Universal de Direitos Humanos (DUDH), chamado preâmbulo, deixa claro o seu contexto de criação e a necessidade de afirmar direitos humanos universais:

> **Declaração Universal dos Direitos Humanos**
>
> Considerando que o reconhecimento da dignidade inerente a todos os membros da família humana e de seus direitos iguais e inalienáveis é o fundamento da liberdade, da justiça e da paz no mundo,
>
> Considerando que o desprezo e o desrespeito pelos direitos humanos resultaram em atos bárbaros que ultrajaram a consciência da Humanidade e que o advento de um mundo em que todos gozem de liberdade de palavra, de crença e da liberdade de viverem a salvo do temor e da necessidade foi proclamado como a mais alta aspiração do ser humano comum,
>
> Considerando ser essencial que os direitos humanos sejam protegidos pelo império da lei, para que o ser humano não seja compelido, como último recurso, à rebelião contra a tirania e a opressão,
>
> Considerando ser essencial promover o desenvolvimento de relações amistosas entre as nações,
>
> Considerando que os povos das Nações Unidas reafirmaram, na Carta da ONU, sua fé nos direitos humanos fundamentais, na dignidade e no valor do ser humano e na igualdade de direitos entre homens e mulheres, e que decidiram promover o progresso social e melhores condições de vida em uma liberdade mais ampla,
>
> Considerando que os Estados-membros se comprometeram a promover, em cooperação com as Nações Unidas, o respeito universal aos direitos e liberdades humanas fundamentais e a observância desses direitos e liberdades,
>
> Considerando que uma compreensão comum desses direitos e liberdades é da mais alta importância para o pleno cumprimento desse compromisso,
>
> Agora portanto A ASSEMBLEIA GERAL proclama A PRESENTE DECLARAÇÃO UNIVERSAL DOS DIREITOS HUMANOS
>
> [...]
>
> Disponível em: <http://unicrio.org.br/img/DeclU_D_HumanosVersoInternet.pdf>.

Após o preâmbulo, há uma lista de 30 artigos que estabelecem a validade universal dessa declaração. No entanto, uma das grandes diferenças entre o plano nacional e o plano internacional é que não há, neste, um tribunal mundial capaz de fazer valer esses direitos em situações concretas, como faz o Poder Judiciário de um Estado. No plano internacional, as formas de aplicar direitos em casos concretos são diversas, pois ainda não foi criado um tribunal com atuação universal para julgar casos de violação de direitos humanos.

Assim, o que temos é o chamado "sistema universal de proteção aos direitos humanos", decorrente da DUDH e de outros documentos internacionais que garantem a proteção universal a vários direitos.

Da mesma forma, outros tratados internacionais têm sido celebrados para expandir a proteção universal dos direitos humanos; entre eles a Convenção para a Prevenção e a Repressão do Crime de **Genocídio** (1948), a Convenção Internacional sobre a Eliminação de Todas as Formas de Discriminação Racial (1965), a Convenção sobre a Eliminação de Todas as Formas de Discriminação contra as Mulheres (1979), a Convenção Contra a Tortura e outros Tratamentos ou Penas Cruéis, Desumanos ou Degradantes (1984), a Convenção sobre os Direitos da Criança (1989), a Convenção para a Proteção dos Direitos dos Trabalhadores Migrantes e Membros de suas Famílias (1990), a Convenção sobre os Direitos das Pessoas com Deficiência (2006) e a Convenção para a Proteção Contra Desaparecimentos Forçados (2006).

Em 1966, por exemplo, dois tratados internacionais foram criados para lidar de forma mais específica com os direitos previstos na DUDH. O chamado Pacto Internacional dos Direitos Civis e Políticos e o Pacto Internacional dos Direitos Econômicos, Sociais e Culturais trouxeram uma lista especial de direitos, buscando dar maior concretude ao disposto na DUDH.

Para os direitos previstos nesses documentos internacionais, a sua violação pode ser investigada, com indicação do Estado responsável, por meio da atuação dos Comitês de Peritos Independentes, ou seja, grupos de pessoas especialistas em direitos humanos que investigam a ocorrência de violações. Não se trata, como já foi dito, de um tribunal universal com **competência** para tratar dos casos de vítimas de direitos humanos, mas de órgãos independentes apoiados pela ONU que buscam acompanhar a realização dos direitos humanos em casos concretos.

Para seu pleno funcionamento, o sistema universal de proteção aos direitos humanos conta com a necessária participação dos Estados e depende da cooperação dos governos para conseguir levar a cabo uma investigação sobre um caso de violação.

Um importante órgão da ONU que trabalha diretamente com a proteção aos Direitos Humanos é o Conselho de Direitos Humanos, que se une aos Comitês de Peritos Independentes para a atividade de investigação de situações de violação aos direitos humanos no plano internacional. O conselho atua com o objetivo maior de coordenar os diversos esforços da ONU na proteção aos direitos humanos, com atuação significativa na chamada Revisão periódica universal, criada para que, de tempos em tempos, os Estados-membros da ONU informem ao conselho o andamento da proteção aos direitos humanos em seu plano nacional.

Sistemas regionais de proteção aos direitos humanos

Além do sistema universal de proteção aos direitos humanos, existem os chamados "sistemas regionais de proteção, criados por tratados internacionais que agem em relação a violações que ocorrem somente em determinada região. Atualmente, há três sistemas de direitos humanos regionais em funcionamento: o sistema europeu, o sistema africano e o sistema interamericano, do qual o Brasil faz parte. Esses sistemas buscam propiciar proteção aos direitos humanos mais sintonizada com as necessidades da parte do mundo em questão.

Nos sistemas regionais, podemos verificar a existência de tribunais especializados em direitos humanos. Temos, dessa forma, a Corte Europeia de Direitos Humanos, a Corte Africana de Direitos Humanos e a Corte Interamericana de Direitos Humanos.

Corte Europeia de Direitos Humanos — sede em Estrasburgo (França), 2015.

Corte Africana de Direitos Humanos — sede em Arusha (Tanzânia).

Corte Interamericana de Direitos Humanos — sede em San Jose (Costa Rica).

Cada um desses sistemas regionais é baseado em um tratado específico de direitos humanos, de forma que cada tribunal regional só aplica as regras de seu próprio sistema regional. Não há qualquer hierarquia entre o sistema universal de proteção aos direitos humanos e os sistemas regionais de proteção. Esses sistemas coexistem com o objetivo de fortalecer a ideia de que o ser humano tem direitos universais, independentemente de sua nacionalidade, seu gênero ou sua raça. Em outras palavras, a Corte Interamericana de Direitos Humanos, por exemplo, da qual o Brasil participa, não é um órgão mais importante do que o Conselho de Direitos Humanos da ONU (ou vice-versa). Trata-se de órgãos relacionados a tratados internacionais diferentes, cada um com competência específica, mas ambos estão relacionados à proteção internacional de direitos humanos.

O Sistema Interamericano de Direitos Humanos (SIDH) foi criado no âmbito da Organização dos Estados Americanos (OEA), organização internacional com competência para atuar no continente americano. O SIDH foi criado na Convenção Americana de Direitos Humanos, também conhecida como "Pacto de San Jose da Costa Rica", em 1969. O Pacto de San Jose apresenta uma lista de direitos humanos que devem ser respeitados pelos Estados que ratificarem o tratado. Fazem parte do SIDH 25 Estados, entre eles o Brasil, que entrou para o sistema em 1992. O SIDH é formado pela Comissão Interamericana de Direitos Humanos e pela Corte Interamericana de Direitos Humanos, dois órgãos que atuam juntos para verificar a ocorrência de violações dos direitos previstos no Pacto de San Jose, além de julgar os Estados responsáveis por essas violações.

O Brasil e os sistemas internacionais de proteção aos direitos humanos

No Brasil, para que um tratado internacional possa ser aplicado aos casos nacionais de violações de direitos, a Constituição estabelece que o tratado deva ser integrado ao sistema jurídico brasileiro. Para que essa integração aconteça, algumas etapas devem ser seguidas: o presidente da República assina o tratado em nome do Brasil e o texto assinado deve ser enviado ao Congresso Nacional para aprovação no Senado e na Câmara; com essa aprovação, o presidente publica um decreto presidencial que torna o tratado uma lei nacional. Observando essas etapas, qualquer pessoa no Brasil pode denunciar uma violação de direitos com base na norma internacional.

É importante compreender que o Brasil está vinculado somente ao Sistema Universal de Direitos Humanos e ao Sistema Interamericano de Direitos Humanos, já que os sistemas europeu e africano servem somente aos países desses continentes. Ademais, uma regra básica para o funcionamento dos sistemas internacionais de proteção é que eles só entram em ação se o Estado brasileiro não puder, não quiser ou não conseguir investigar e punir uma violação de direitos. Os sistemas internacionais complementam o sistema brasileiro de proteção, mantendo-se a responsabilidade dessa proteção originalmente em mãos do Estado brasileiro.

Uma última observação importante diz respeito ao fato de que o indivíduo — seja ele, seja(m) seu(s) familiar(es) a(s) vítima(s) da violação —, nem sempre pode acessar diretamente os sistemas internacionais de proteção. No caso do Sistema Interamericano, o indivíduo brasileiro não pode denunciar uma violação diretamente à Corte Interamericana. Somente outro órgão do Sistema Interamericano, a Comissão Interamericana, recebe denúncias individuais. Sobre o Sistema Universal, somente em alguns tratados o Brasil aceitou a possibilidade de indivíduos denunciarem violações, como na Convenção sobre a Eliminação de Todas as Formas de Discriminação Contra Mulheres. Nos casos em que não é possível ao indivíduo apresentar sua denúncia, o Brasil deve cumprir as outras obrigações previstas no tratado internacional, incluindo o envio periódico de informações sobre a proteção do direito no país.

Efetivação e limites para a proteção dos direitos humanos

Os direitos humanos possibilitam que o indivíduo (ou grupo de indivíduos) que sofra violação leve seu caso para investigação e apuração de responsabilidades, seja em cortes nacionais, seja em cortes internacionais. No entanto, é preciso compreender que a efetivação de direitos humanos não ocorre em um terreno neutro, mas em um contexto social que pode apresentar várias limitações à plena eficácia de direitos no caso concreto. Esse contexto social pode compreender direitos humanos em choque, por exemplo, a tensão entre liberdade de expressão e direito à privacidade.

Outra questão importante que se relaciona à efetividade dos direitos humanos diz respeito aos custos para sua concretização. Direitos humanos demandam ações concretas do Estado para que possam se tornar uma realidade na vida das pessoas. O direito à educação, por exemplo, depende de o Estado construir escolas, contratar professores, oferecer transporte escolar e merenda. Esses custos devem ser previstos no **orçamento** do Estado, para que seja possível destinar verbas públicas, oriundas dos impostos pagos por todos nós, especificamente para a educação.

Ao considerar o custo dos direitos, é preciso refletir sobre o que é possível fazer com o dinheiro público diante de tantas demandas de nossa sociedade — o Estado deve construir escolas para que tenhamos educação, mas também deve construir postos de saúde e hospitais para que tenhamos saúde, além de moradias populares para garantir aos mais necessitados um teto para morar. Entre tantas questões, faz-se necessário optar entre diversas formas de aplicação do dinheiro público, oriundo dos impostos, para a melhor concretização possível dos direitos humanos previstos em nossa Constituição.

Geralmente, essas escolhas são feitas pelo governo nas chamadas políticas públicas, planos de ação do Estado, que destinam verbas e esforços do poder público para a concretização de algum projeto específico, como distribuição gratuita de remédios em postos de saúde, vagas em creches para a Educação Infantil, fomento do micro e do pequeno empresário, entre outros. A eficácia dos direitos humanos depende, assim, da efetiva disponibilidade de recursos por parte do Estado.

A temática das políticas públicas está relacionada à questão da "reserva do possível", que diz respeito àquilo que podemos razoavelmente exigir do Estado como **prestação positiva**. Logo, se pensarmos no direito à educação, podemos exigir do Estado que financie um curso de língua e cultura tupi-guarani, por exemplo? Há recursos estatais disponíveis para financiar um projeto individual de educação que inclui o aprendizado da língua e da cultura tupi? Seria muito interessante se houvesse esse projeto, mas seria preciso verificar se o governo direciona verbas públicas no orçamento que possam custear uma pretensão individual como essa. O tema "reserva do possível" compreende escolhas como essas feitas pelos governantes a respeito de qual seria a melhor estratégia possível para concretizar direitos humanos em nossa vida cotidiana.

Ação afirmativa

Muitas vezes, a efetiva defesa dos direitos humanos requer o uso de instrumentos bastante específicos. Diante de graves injustiças estruturais, faz-se necessária a adoção de medidas mais vigorosas, que estabeleçam tratamento diferenciado para determinados grupos com o objetivo de corrigir distorções sociais e concretizar a igualdade. Assim, algumas medidas especiais podem ser adotadas, temporariamente, para acelerar a igualdade entre grupos desiguais, conforme estabelece a própria Convenção Internacional sobre a Eliminação de Todas as Formas de Discriminação Racial, de 1966. Essas medidas especiais e de caráter temporário, denominadas ações afirmativas, não são consideradas discriminatórias, porque não implicam a manutenção de normas desiguais ou privilégios.

As ações afirmativas são medidas para acelerar a igualdade de oportunidade e tratamento, ou para assegurar o progresso de determinados grupos ou indivíduos que necessitem de proteção para tornar concreta uma igualdade efetiva no exercício de direitos.

A adoção de ações afirmativas visa eliminar ou reduzir condições que causam ou perpetuam a discriminação e a desigualdade, e é essencial a qualquer projeto democrático. É importante ressaltar que essas medidas especiais não são permanentes, ou seja, devem ser adotadas somente até que se alcancem seus objetivos. Em outras palavras, essas medidas devem ser adotadas até que a igualdade entre os grupos desiguais seja alcançada. Por isso, para possibilitar uma avaliação dos resultados da adoção dessas medidas, é fundamental ter em mãos dados objetivos sobre as condições de vida de grupos vulneráveis na sociedade.

As ações afirmativas levam em consideração diferenças que produzem desigualdades no exercício de direitos e, dessa forma, privilegiam alguns instrumentos de fomento de mudanças na estrutura social, especificamente com o objetivo de acelerar a igualdade de oportunidades, tratamento e exercício de direitos por grupos marginalizados. Trata-se da persecução de uma igualdade concreta no plano social. Exemplos de ação afirmativa são as políticas de cotas para deficientes em vagas de emprego e concursos públicos, e cotas raciais em universidades, que visam à inclusão compulsória de raças e etnias em setores-chave da sociedade, fomentando mudanças na forma como esses grupos são vistos pela sociedade, no sentido de promover o reconhecimento igualitário dessas pessoas como membros dessa mesma sociedade. O Comitê sobre a Eliminação da Discriminação contra Mulheres (Cedaw), de que falamos no capítulo 3, também propõe ações afirmativas para acelerar esse reconhecimento.

É importante lembrar que políticas de cotas para grupos mais vulneráveis são ações afirmativas, mas nem todas as ações afirmativas são cotas. Alguns exemplos de políticas de ações afirmativas que não são cotas são: curso preparatório para vestibular para afrodescendentes e pessoas de baixa renda, bolsa de estudos dadas a grupos socialmente vulneráveis, formação técnica e profissional para pessoas com deficiência e outros grupos marginalizados etc. Assim, as ações afirmativas são medidas especiais de caráter temporário que têm por objetivo reduzir e eliminar as diferenças construídas que produzem e reproduzem desigualdades, tanto no que diz respeito a efeitos materiais (perda de oportunidades, por exemplo), quanto a efeitos morais (desvincular a marginalização da identidade e fomentar o reconhecimento do grupo no plano da igualdade).

RECAPITULANDO

Este capítulo buscou discutir as maneiras que encontramos atualmente para fazer valer a proteção aos nossos direitos em casos concretos. Essa proteção encontra-se originalmente nas mãos do Estado, mas, se o Estado não puder, não quiser ou não conseguir promover a proteção de direitos humanos, há o Sistema Internacional de Direitos Humanos, que pode atuar para efetivar essa proteção. O Sistema Internacional compreende o Sistema Universal de Direitos Humanos e os sistemas regionais de proteção aos direitos humanos.

Testando seus conhecimentos

Atividades

Monitorando a aprendizagem

Leia o texto a seguir sobre o relatório elaborado pela ONG Anistia Internacional a respeito da situação dos direitos humanos no Brasil em 2012:

> **Relatório da Anistia Internacional diz que o Brasil vive *déficit* e alerta para a violência contra a juventude negra**
>
> [...]
>
> **Tortura e condições cruéis, desumanas e degradantes**
>
> Em julho, o Subcomitê da ONU para Prevenção da Tortura manifestou preocupação com a prática generalizada da tortura e com o fato de as autoridades não assegurarem a realização de investigações e de processos judiciais efetivos. A fim de combater e prevenir a tortura, as autoridades federais e algumas autoridades estaduais recorreram a iniciativas como o Plano de Ações Integradas de Prevenção e Combate à Tortura. Para que essas iniciativas tenham êxito, é fundamental a aprovação da legislação federal que criará um Mecanismo Preventivo Nacional, conforme estabelecido no Protocolo Facultativo à Convenção da ONU contra a Tortura. No entanto, grupos de direitos humanos manifestaram preocupação com uma alteração feita na lei para permitir que a Presidência da República tenha exclusividade na seleção dos integrantes do Comitê Nacional de Prevenção e Combate à Tortura. Considera-se que tal disposição possa estar em conflito com o Protocolo Facultativo da ONU e com os Princípios relativos ao Estatuto das Instituições Nacionais para a Promoção e Proteção dos Direitos Humanos ('Princípios de Paris').
>
> O Subcomitê da ONU para a Prevenção da Tortura elogiou o mecanismo estadual do Rio de Janeiro pela independência de sua estrutura e por seus critérios de seleção, bem como por seu mandato. Temia-se, porém, que o mecanismo não estivesse recebendo integralmente seus recursos.
>
> O número de pessoas encarceradas continuou a aumentar. Um *déficit* de mais de 200 mil vagas no sistema carcerário implica em condições cruéis, desumanas e degradantes serem extremamente frequentes. No estado do Amazonas, uma visita da Anistia Internacional constatou que os detentos eram mantidos em celas fétidas, superlotadas e inseguras. Mulheres e menores eram detidos nas mesmas unidades que os homens. Houve vários relatos de tortura, tais como sufocamento com sacola plástica, espancamentos e choques elétricos. A maioria dessas denúncias envolvia policiais militares do estado.
>
> Disponível em: <www.ecos-periferia.blogspot.com.br/2013/05/relatorio-da-anistia-internacional-diz.html>.

Ao tratar da questão da tortura no Brasil, o texto aponta que há preocupação com sua prática generalizada em nosso país. Com base nesse panorama apresentado pela ONG Anistia Internacional, responda às seguintes perguntas:

1) Nossa Constituição Federal de 1988 tem algum dispositivo específico que trata da prevenção da tortura? Em caso positivo, como o texto constitucional poderia ser utilizado para prevenir as práticas de tortura em nossas prisões? Justifique sua resposta.

2) O texto do relatório menciona o Subcomitê da ONU para Prevenção da Tortura. Esse subcomitê é um órgão integrante do Sistema ONU, criado pelo Protocolo Opcional à Convenção Contra a Tortura, ou seja, é um **tratado internacional** que busca aprofundar o comprometimento dos países em matéria de prevenção à tortura. O Brasil ratificou a Convenção contra a Tortura e outros Tratamentos ou Penas Cruéis Desumanos ou Degradantes e seu Protocolo Opcional, concordando com a atuação do Subcomitê da ONU em matéria de tortura. Essa atuação inclui visitas periódicas de especialistas da ONU ao nosso país para averiguar a situação dos locais de detenção no Brasil. Diante dessas obrigações internacionais assumidas pelo Estado brasileiro, o Brasil poderia barrar a entrada dos especialistas da ONU em suas prisões, alegando que cada país é soberano para cuidar de seus assuntos internos? Justifique sua resposta.

Assimilando conceitos

Texto 1

Leia o texto a seguir, retirado da página eletrônica do governo brasileiro sobre o Programa Nacional de Direitos Humanos (PNDH).

A terceira versão do Programa Nacional de Direitos Humanos (PNDH-3), lançada em 2010, apresenta a Política de Estado para os temas relativos a esta área, ao estabelecer diretrizes, objetivos e ações para os anos seguintes.

O objetivo do programa desenvolvido pelo governo federal é dar continuidade à integração e ao aprimoramento dos mecanismos de participação existentes e criar novos meios de construção e monitoramento das políticas públicas sobre direitos humanos no Brasil.

O PNDH-3 tem como diretriz a garantia da igualdade na diversidade, com respeito às diferentes crenças, liberdade de culto e garantia da laicidade do Estado brasileiro, prevista na Constituição Federal. A ação, que propõe a criação de mecanismos que impeçam a ostentação de símbolos religiosos em estabelecimentos públicos da União, visa atender a esta diretriz.

O programa é ainda estruturado nos seguintes eixos orientadores:

1. Interação Democrática entre Estado e Sociedade Civil; 2. Desenvolvimento e Direitos Humanos; 3. Universalizar Direitos em um Contexto de Desigualdades; 4. Segurança Pública, Acesso à Justiça e Combate à Violência; 5. Educação e Cultura em Direitos Humanos; e 6. Direito à Memória e à Verdade.

O programa prevê ainda Planos de Ação a serem construídos a cada dois anos, sendo fixados os recursos orçamentários, as medidas concretas e os órgãos responsáveis por sua execução.

Disponível em: <www.brasil.gov.br/sobre/cidadania/direitos-do-cidadao/programa-nacional-de-direitos-humanos-pndh>.

Texto 2

Leia o texto a seguir, retirado do *site* da ONUBr – Nações Unidas no Brasil.

Novo relatório da ONU avalia implementação mundial dos Objetivos de Desenvolvimento do Milênio (ODM)

Os Objetivos de Desenvolvimento do Milênio (ODM) produziram o movimento antipobreza de maior sucesso da história, que servirá de ponto de partida para a nova agenda de **desenvolvimento sustentável** [...], afirma o último balanço dos ODM, lançado nesta segunda-feira (6/7/2015) pelo secretário-geral da ONU, Ban Ki-moon.

O Relatório dos Objetivos de Desenvolvimento do Milênio 2015 revela que os 15 anos de esforços para alcançar os oito objetivos estabelecidos na Declaração do Milênio, em 2000, foram bem-sucedidos em todo o mundo, embora existam deficiências. Os dados e análise apresentados no relatório mostram que, com intervenções específicas, estratégias sólidas, recursos adequados e vontade política, até mesmo os países mais pobres fizeram progressos.

[...]

O relatório destaca que os ganhos significativos foram feitos em várias metas dos ODM em todo o mundo, mas o progresso tem sido desigual entre regiões e países, deixando lacunas significativas. Os conflitos permanecem a maior ameaça ao desenvolvimento humano, com os países frágeis e afetados por conflitos normalmente experimentando as mais altas taxas de pobreza.

A desigualdade de gênero persiste, apesar de haver maior representação das mulheres no Parlamento e mais meninas frequentando a escola. As mulheres continuam sendo discriminadas no acesso ao trabalho, bens econômicos e participação na tomada de decisão pública e privada.

Apesar do enorme progresso impulsionado pelos ODM, cerca de 800 milhões de pessoas ainda vivem em extrema pobreza e sofrem de fome. Crianças pertencentes a 20% das famílias mais pobres têm duas vezes mais chances de ter problemas de crescimento do que as das 20% mais ricas e são também quatro vezes mais suscetíveis a estar fora da escola. Em países afetados por conflitos, a proporção de crianças fora da escola aumentou de 30% em 1999 para 36% em 2012.

No contexto do meio ambiente, as emissões globais de dióxido de carbono aumentaram mais de 50% desde 1990 e a escassez de água afeta agora 40% das pessoas no mundo; a estimativa é que esta proporção aumente.

Disponível em: <https://nacoesunidades.org/novo-relatorio-da-onu-avalia-implementacao-mundial-dos-objetivos-de-desenvolvimento-do-milenio-odm>.

Os textos trabalham com a dimensão de efetivação dos direitos humanos no âmbito nacional (Programa Nacional de Direitos Humanos) e no âmbito internacional (Declaração do Milênio da ONU). Sobre essas duas dimensões, responda às perguntas a seguir:

a) Quais são as principais fontes normativas de direitos humanos no Brasil?

b) Com suas palavras, responda: Qual é o caminho para a concretização da proteção aos direitos humanos em casos concretos?

c) Em sua opinião, as metas do Brasil e as metas da ONU devem ser as mesmas em matéria de proteção à pessoa humana? Justifique sua resposta.

Olhares sobre a sociedade

Leia os textos a seguir.

Texto 1

Brasil: uso excessivo de privação de liberdade e falta de assistência jurídica eficaz preocupam grupo de especialistas da ONU

23/3/2013

O Grupo de Trabalho das Nações Unidas sobre Detenção Arbitrária levantou nesta quinta-feira (28) preocupações sobre o uso excessivo da privação de liberdade e as deficiências na prestação de assistência jurídica eficaz às pessoas presas e detidas. Segundo os peritos, privar as pessoas de sua liberdade é o recurso mais comum utilizado no país, tanto em termos de detenção administrativa quanto no sistema de justiça criminal.

"Existe uma cultura do uso de privação de liberdade como a norma e não como uma medida excepcional reservada para **delitos** graves, conforme exigido pela normas internacionais de direitos humanos", disse o especialista em direitos humanos Roberto Garretón ao final da visita oficial de 10 dias ao Brasil.

"Na maioria dos casos criminais, medidas alternativas para detenção não foram aplicadas mesmo nos casos de infrações mais leves", disse o integrante do Grupo de Trabalho, observando que pequenos delitos como roubo podem resultar em detenção. Atualmente, o Brasil tem uma das maiores populações carcerárias do mundo, com cerca de 550 mil pessoas, das quais 217 mil estão em prisão preventiva.

A dificuldade dos pobres no acesso à justiça foi um tema recorrente durante a visita. A maioria dos que estão em prisões do Brasil são pobres e não podem pagar por uma assistência jurídica eficaz. A assistência jurídica gratuita oferecida por defensores públicos pareceu ser a única opção disponível.

No entanto, observaram os especialistas, o número de defensores públicos no país é severamente inadequado. Os detidos muitas vezes se reúnem pela primeira vez com o defensor público apenas no tribunal, na ocasião de uma audiência. Estados como Santa Catarina, Paraná e Goiânia não têm nenhum defensor público.

"Em um país onde a maioria dos presos é pobre e não pode pagar por advogados de sua escolha, é extremamente preocupante que não haja assistência jurídica suficiente disponível para aqueles que precisam", disse Garretón.

"Encontramos inúmeros casos onde os detidos foram presos, levados para a detenção e tiveram que esperar meses para ver um defensor público", disse Vladimir Tochilovsky, o outro membro da delegação do Grupo de Trabalho, ressaltando que a longa detenção pré-julgamento também é um problema sério no Brasil. "Ainda pior, alguns esperaram anos antes que eles pudessem ter um julgamento e descobrir quais eram as acusações contra eles."

Disponível em: <http://acnudh.org/pt-br/2013/03/brasil-uso-excessivo-de-privacao-de-liberdade-e-falta-de-assistencia-juridica-eficaz-preocupam-grupo-de-especialistas-da-onu>.

Texto 2

Acesso à justiça

[...]

A Constituição Federal de 1988 prevê que o cidadão que comprovar insuficiência de recursos tem direito à assistência jurídica integral e gratuita. Ou seja, o brasileiro ou o estrangeiro que não tiverem condições de pagar honorários de um advogado e os custos de um processo têm à disposição a ajuda do Estado brasileiro, por meio da Defensoria Pública.

Podem ter acesso ao serviço pessoas com renda familiar inferior ao limite de isenção do Imposto de Renda. No entanto, se esse patamar for ultrapassado, o indivíduo deve comprovar que tem gastos extraordinários, como despesas com medicamentos e alimentação especial.

A assistência gratuita inclui orientação e defesa jurídica, divulgação de informações sobre direitos e deveres, prevenção da violência e patrocínio de causas perante o Poder Judiciário (desde o juiz de primeiro grau até as instâncias superiores, inclusive o Supremo Tribunal Federal). Com a assistência jurídica gratuita, o indivíduo conhece um pouco mais sobre seus direitos e deveres e tem acesso à justiça para exercer sua cidadania.

Os defensores públicos, profissionais formados em Direito e aprovados em concurso público, fazem diariamente o atendimento da população de baixa renda, estando aptos a analisar a viabilidade jurídica das pretensões do cidadão. No *site* da Defensoria Pública da União é possível encontrar o endereço da instituição em cada estado brasileiro e no Distrito Federal. [...]

Disponível em: <www.brasil.gov.br/sobre/cidadania/direitos-do-cidadao/acesso-a-justica>.

O texto 2 foi retirado da página eletrônica oficial do governo brasileiro na internet. A questão do acesso à justiça é uma preocupação expressa do Estado brasileiro, mas recentes análises de especialistas em direitos humanos revelam que ainda há enormes desafios relacionados a esse tema, como nos mostra o texto 1.

Com suas palavras, explique a relação entre o problema do acesso à justiça no Brasil e a proteção aos direitos humanos. Para você, qual é o maior desafio da população de baixa renda para que possa ter acesso à justiça em nosso país: questão econômica, aparato estatal deficitário ou legislação insuficiente? Justifique sua resposta.

⚖️ Exercitando a imaginação em direitos humanos

No Brasil existem atualmente quatro estatutos, ou regulamentos especiais, que tratam da proteção a certos grupos específicos, com força de lei. São eles: o Estatuto da Criança e do Adolescente (ECA), criado em 1990; o Estatuto do Idoso, criado em 2003; o Estatuto do Índio, instituído em 1973; e o Estatuto da Igualdade Racial, criado em 2010. Os estatutos listam direitos específicos de cada um dos grupos envolvidos, além de apontar diretrizes para a elaboração de políticas públicas que busquem colocar em prática a proteção a esses grupos vulneráveis.

1) Em sua opinião, há a necessidade de criação de outros estatutos no Brasil, ou seja, de criação de novas leis com foco específico em implementar os direitos de outros grupos vulneráveis? Ou as leis existentes no Brasil são suficientes para embasar a resolução de nossos problemas de proteção aos direitos humanos? Justifique sua resposta.

2) Você criaria um novo estatuto para algum grupo de pessoas? Para qual grupo? Quais os direitos que você colocaria em seu estatuto? Justifique suas respostas.

🎬 Sessão de cinema

- *Flor na lama*. Brasil (2008), direção: Gringo Cardia.
- *Direitos humanos, a exceção e a regra*. Brasil, (2008), direção: Gringo Cardia.

Parte 2

5 Gênero

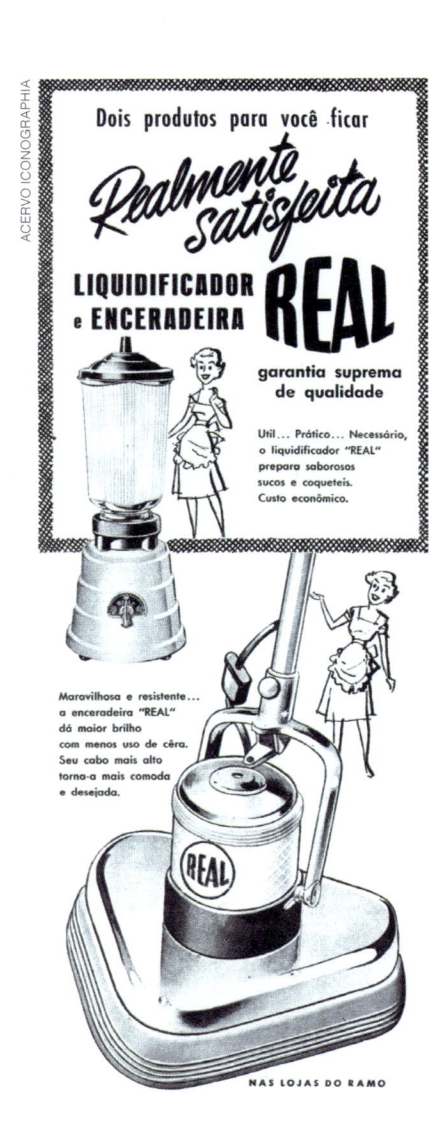

Propaganda de liquidificador e enceradeira publicada na revista *Manchete*, em 13 de março de 1957.

Propaganda da English Lavender Atkinsons publicada na revista *Senhor*, em junho de 1961.

Homens e mulheres são diferentes, mas essas diferenças são apenas biológicas? Ou há diferenças "estruturais" que determinam papéis sociais específicos para cada um ou cada uma? A diferença está somente no corpo físico ou é também construída socialmente? Existe algo que é da "natureza" do homem ou da mulher?

As imagens apresentadas mostram duas propagandas antigas, uma direcionada às mulheres e a outra, aos homens. Repare que as sugestões de presentes para as mulheres são utensílios domésticos e que a mensagem da propaganda é relacionada aos serviços de casa e a presentes para a rainha do lar. Por outro lado, a propaganda para os homens passa a ideia de elegância aliada ao bom gosto no vestir, e retrata homens em um ambiente público.

Você pode contestar esses anúncios publicitários dizendo que as imagens são antigas, mas essas noções de "coisas para mulher" e "coisas para homem" ainda estão presentes hoje em dia. O senso comum considera que as mulheres são sensíveis, recatadas, introvertidas, cooperativas, pacíficas etc., enquanto os homens são racionais, bagunceiros, extrovertidos, competitivos, agressivos etc. Você concorda com isso?

Sexo × gênero

Quando sabemos que um bebê está para nascer, costumamos perguntar: É menino ou menina? E, depois de nascer, muitas vezes, a criança tem roupas e brinquedos de acordo com seu sexo. As cores e os desenhos da decoração do quarto da criança e os comentários que as pessoas fazem sobre ela variam se o bebê for de um sexo ou de outro.

Mas é preciso prestar atenção a dois conceitos diferentes: o de sexo e o de gênero. Sexo se refere às características biológicas (cromossomos, órgãos sexuais, hormônios e outras características físicas) em relação ao ser humano ser macho ou fêmea. Gênero está relacionado às expectativas sociais e culturais sobre os sexos, sobre ser homem ou ser mulher em determinada sociedade, cultura, local e época.

> "Não se nasce mulher, torna-se."
>
> BEAUVOIR, Simone de. *O segundo sexo*: a experiência vivida. Rio de Janeiro: Nova Fronteira, 2016. p. 11.

As características biológicas indicam o sexo masculino ou feminino, mas as relações de gênero são construídas (e desconstruídas e reconstruídas) socialmente — ou seja, o que se entende por homem e mulher depende de fatores sociais e culturais. O dado biológico do sexo é construído socialmente em relações de gênero.

Por exemplo, no início do século XX, em muitas sociedades as pessoas do sexo feminino eram consideradas "relativamente incapazes" para a vida civil e dependiam de autorização de uma pessoa do sexo masculino para realizar atividades corriqueiras da vida, como sair de casa ou trabalhar fora. Lembremos que as mulheres não podiam votar e que somente em 1932 conquistaram esse direito no Brasil — mas apenas as mulheres casadas, viúvas e solteiras que tivessem renda própria é que podiam exercer esse direito. Só em 1946 é que o voto feminino passou a ser obrigatório. Nesse cenário, a diferença biológica do sexo representava uma desigualdade no exercício da cidadania.

As relações de gênero e os papéis sociais atribuídos a homens e mulheres são socialmente construídos. Podemos perceber na linguagem como algumas palavras quando estão no masculino têm significado totalmente diverso do que quando estão no feminino — por exemplo: homem público e mulher pública. Um homem público é aquele que ocupa um alto cargo na política enquanto a mulher pública é aquela que é prostituta.

Não há uma "essência" da mulher ou do homem. As relações de gênero dependem de fatores sociais, portanto, conforme o território e a época, ser mulher ou ser homem pode ter um significado diferente. Voltando para o exemplo do início do século XX, ser mulher naquela época (em que a mulher casada dependia da autorização do marido para trabalhar fora) não era a mesma coisa que ser mulher no início do século XXI nem no início do século XIX. Da mesma forma, há dimensões diversas de ser mulher no Brasil, no Afeganistão ou na Suécia.

> **Identidade sexual**: refere-se a duas questões diferenciadas – por um lado, é o modo como a pessoa se percebe em termos de orientação sexual; por outro lado, é o modo como ela torna pública (ou não) essa percepção de si em determinados ambientes ou situações. A identidade sexual corresponde ao posicionamento (nem sempre permanente) da pessoa como homossexual, heterossexual ou bissexual e aos contextos em que essa orientação pode ser assumida pela pessoa e/ou reconhecida em seu entorno.
>
> **Sexualidade**: refere-se às elaborações culturais sobre os prazeres e os intercâmbios sociais e corporais que compreendem desde o erotismo, o desejo e o afeto até noções relativas à saúde, à reprodução, ao uso de tecnologias e ao exercício do poder na sociedade. As definições atuais da sexualidade abarcam, nas Ciências Sociais, significados, ideais, desejos, sensações, emoções, experiências, condutas, proibições, modelos e fantasias que são configurados de modos diversos em diferentes contextos sociais e períodos históricos. Trata-se, portanto, de um conceito dinâmico que vai evolucionando e que está sujeito a diversos usos, múltiplas e contraditórias interpretações, e que se encontra sujeito a debates e a disputas políticas."
>
> BARRETO, Andreia; ARAÚJO, Leila; PEREIRA, Maria Elisabete. *Gênero e Diversidade na Escola*: formação de professoras/es em gênero, orientação sexual e relações étnico-raciais. Livro de conteúdo. Versão 2009. Rio de Janeiro: CEPESC; Brasília: SPM, 2009, p. 112.

Ao lado do sexo biológico e do gênero cultural socialmente desenvolvido, fala-se em sexualidade e orientação sexual. A orientação sexual de uma pessoa indica por qual(is) gênero(s) ela se sente atraída, física e/ou afetivamente.

Não se trata de uma "opção sexual", pois não há uma escolha deliberada e supostamente autônoma feita pelo indivíduo, independentemente de contexto social, das suas experiências e sua maneira de ser, agir, pensar e sentir. Três tipos de orientação sexual são atualmente reconhecidos: heterossexualidade (atração por pessoas de gênero oposto), homossexualidade (atração por pessoa do mesmo gênero) e bissexualidade (atração tanto por pessoas do mesmo gênero quanto do gênero oposto).

A identidade de gênero se refere à percepção subjetiva de ser masculino ou feminino, conforme atributos ou papéis convencionalmente estabelecidos para homens e mulheres. Ou seja, a maneira como uma pessoa se sente, se identifica, se apresenta para si mesma e para os outros, e como é percebida. A identidade de gênero de uma pessoa não deve ser confundida com seu sexo biológico ou sua orientação sexual. Por exemplo, uma pessoa com o corpo biológico característico de um sexo pode ter seu gênero de escolha e sua identidade social opostos aos de seu sexo biológico (transgênero); uma pessoa pode se identificar com um gênero diferente daquele que lhe foi imposto desde o nascimento, chegando a — mas não necessariamente — modificar seu corpo por meio de cirurgia reparadora de mudança de sexo (transexual ou travesti); e outra pessoa pode apresentar sexo biológico ambíguo no nascimento, por exemplo, ter traços das duas genitálias (intersexual). Nem sempre a identidade de gênero corresponde ao sexo biológico ou à sexualidade tradicionalmente estabelecida como "normal".

Todas as possibilidades de orientação, sexualidade e identidade de gênero indicam que não há uma forma única de ser humano. A diversidade é a regra.

Gênero e papéis sociais

Muitas vezes, alguns papéis sociais são atribuídos conforme o gênero da pessoa.

Esses papéis se encontrariam determinados social e culturalmente para homens e mulheres. Portanto, estariam espalhados em todos os espaços: das músicas ao ensino escolar. Os assuntos da casa caberiam à mulher e os do mundo, ao homem. Conforme o gênero, o universo seria doméstico/privado ou público.

No entanto, mesmo no âmbito de um mesmo gênero (o feminino), os papéis sociais podem ser diversos. Um exemplo representativo é a canção "A mulher do meu patrão", do compositor Luiz Gonzaga, em que a mulher rica não tem filhos para "não envelhecer", e sofre muito "por não ter o que fazer"; já a mulher pobre ("minha nega") tem diversas atribuições e atividades ("[...] o xaxo do feijão/ Sarampo catapora, mais a ropa pra lavá/ Resfriado tosse brava, lenha para carregá/ Pote na cabeça, tem xerem pra cozinhar/ Tira o leite da cabrinha, tem o bode prá soltá") — todas na esfera do lar, do cuidado da casa e dos filhos —, e ela tem "somente 15 filhos", "não se queixa, "não diz nada, e se acha bem feliz" com tantas tarefas domésticas e "ainda sobre um tempinho" para "um agrado, um carinho" e uma nova criança para todo ano nascer.

Percebe-se, na letra da música, que, apesar das diferenças em relação à classe social, os papéis sociais atribuídos às mulheres, ricas ou pobres, dizem respeito à reprodução sexual e às tarefas domésticas de cuidado da casa, dos filhos, do marido.

Papéis sociais "masculinos" e "femininos"

Quais papéis sociais são desenhados para as mulheres? Quais papéis sociais são desenhados para os homens?

Atualmente, ainda se espera que as mulheres tenham filhos e que "cuidem da casa, das crianças e do marido", além de "trabalharem fora". Quanto aos homens, a sociedade em geral espera que eles trabalhem fora e ganhem dinheiro para sustentar o lar, a esposa e os filhos. Mas não é comum exigir que os homens realizem atividades domésticas e de cuidado dos filhos. Alguns papéis sociais são desenhados para ambos os sexos, mas na prática, no dia a dia, tanto homens como mulheres desempenham esses papéis sociais em igualdade de condições?

Quantas horas você dedica ao trabalho doméstico não remunerado no decorrer da semana? Ou seja, durante quantas horas por semana você faz alguma atividade de cuidado da casa, sem receber remuneração alguma, por exemplo: lavar louça, lavar roupa, limpar a casa, cozinhar, arrumar a casa etc.? Se você for mulher, provavelmente dedica muito mais horas que os homens ao trabalho doméstico não remunerados.

Entre as pessoas que ocupam cargos de direção em empresas, quantas são mulheres? Entre os parlamentares e os chefes do Poder Executivo, qual é a proporção entre os sexos? Os trabalhadores domésticos são, em sua maioria, mulheres ou homens? Essas situações deveriam ser iguais para homens e mulheres, mas são muito diferentes, ou seja, a relação é desigual e um gênero (o masculino) é favorecido em detrimento de outro gênero (o feminino). E essas diferenças em nada se referem à suposta "natureza" do homem ou da mulher, mas se relacionam às relações de gênero construídas e reproduzidas em determinada sociedade. Em algumas situações, o simples fato de "ser mulher" pode ser uma desvantagem, o que indica uma discriminação de gênero.

Igualdade e não discriminação

Constituição da República Federativa do Brasil

Art. 3º: Constituem objetivos fundamentais da República Federativa do Brasil:

[...] IV — promover o bem de todos, sem preconceitos de origem, raça, sexo, cor, idade e quaisquer outras formas de discriminação. [...]

Art. 5º: Todos são iguais perante a lei, sem distinção de qualquer natureza, garantindo-se aos brasileiros e aos estrangeiros residentes no País a inviolabilidade do direito à vida, à liberdade, à igualdade, à segurança e à propriedade, nos termos seguintes: I — homens e mulheres são iguais em direitos e obrigações" [...]

Disponível em: <www.planalto.gov.br/ccivil_03/constituicao/constituicao.html>.

> **Convenção sobre a Eliminação de Todas as Formas de Discriminação contra a mulher**
>
> Art. 1º: Para fins da presente Convenção, a expressão "discriminação contra a mulher" significará toda distinção, exclusão ou restrição baseada no sexo e que tenha por objeto ou resultado prejudicar ou anular o reconhecimento, gozo ou exercício pela mulher, independentemente de seu estado civil, com base na igualdade do homem e da mulher, dos direitos humanos e liberdades fundamentais nos campos político, econômico, social, cultural e civil ou em qualquer outro campo.
>
> Disponível em: <www.compromissoeatitude.org.br/wp-content/uploads/2012/11/SPM2006_CEDAW_portugues.pdf>.

Em outras palavras, discriminação é qualquer distinção, exclusão, restrição ou preferência que anule ou prejudique qualquer direito em qualquer esfera da vida.

Mulheres na política

O espaço público e o âmbito da política foram (e ainda são) ocupados majoritariamente por homens. Os cargos políticos são por excelência locais/posições de poder e já foram exercidos somente por homens, por determinação legal. Com o passar do tempo e com muita luta, cada vez mais as mulheres conquistam o espaço público, mas ainda há muito o que caminhar.

A média na América Latina e Caribe, na América Central, é de 23,2% de mulheres eleitas nos Parlamentos nacionais, em 2012. Em Cuba, as mulheres são 45,2% no Parlamento nacional e, na Costa Rica, 38,6%. No Brasil, as mulheres são apenas 8,6% no Congresso Nacional.

América Latina, Caribe e Península Ibérica:
Mulheres eleitas nos Parlamentos nacionais, 2012 (em porcentagem)

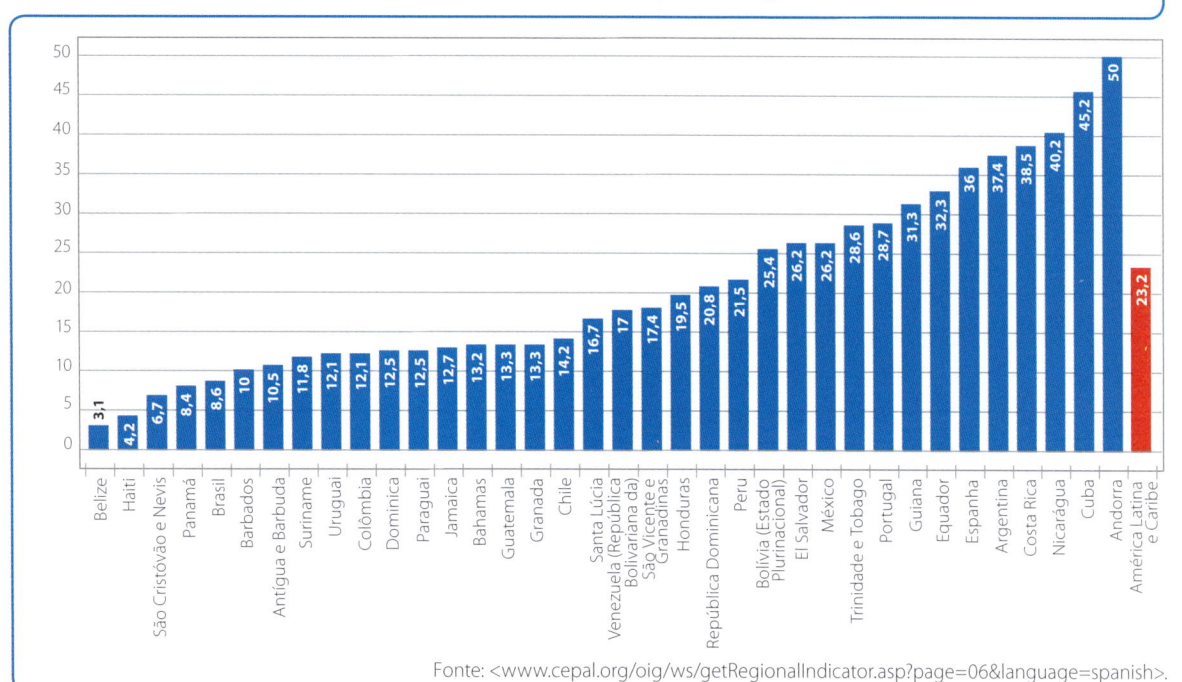

País	%
Belize	3,1
Haiti	4,2
São Cristóvão e Nevis	6,7
Panamá	8,4
Brasil	8,6
Barbados	10
Antigua e Barbuda	10,5
Suriname	11,8
Uruguai	12,1
Colômbia	12,1
Dominica	12,5
Paraguai	12,5
Jamaica	12,7
Bahamas	13,2
Guatemala	13,3
Granada	13,3
Chile	14,2
Santa Lúcia	16,7
Venezuela (República Bolivariana da)	17
São Vicente e Granadinas	17,4
Honduras	19,5
República Dominicana	20,8
Peru	21,5
Bolívia (Estado Plurinacional)	25,4
El Salvador	26,2
México	26,2
Trinidade e Tobago	28,6
Portugal	28,7
Guiana	31,3
Equador	32,3
Espanha	36
Argentina	37,4
Costa Rica	38,5
Nicarágua	40,2
Cuba	45,2
Andorra	50
América Latina e Caribe	23,2

Fonte: <www.cepal.org/oig/ws/getRegionalIndicator.asp?page=06&language=spanish>.

Violência contra a mulher

De acordo com pesquisa realizada pela Fundação Perseu Abramo, em 2001:

- 6,8 milhões das brasileiras já foram espancadas ao menos uma vez na vida;
- 31% das entrevistadas declararam que a última ocorrência foi nos 12 meses anteriores à pesquisa;
- isso representa 2,1 milhões de mulheres espancadas por ano no país, 175 mil por mês, 5.800 por dia, 243 por hora, 4 por minuto, uma a cada 15 segundos;
- os agressores comumente citados são o ex-marido, o ex-companheiro, o ex-namorado, o marido e o parceiro, constituindo sólida maioria.

Direito à igualdade e direito à diferença

> **Temos o direito a ser iguais quando a nossa diferença nos inferioriza; e temos o direito a ser diferentes quando a nossa igualdade nos descaracteriza."**
>
> SOUZA SANTOS, Boaventura de. *Reconhecer para libertar*: os caminhos do cosmopolitanismo multicultural. Rio de Janeiro: Civilização Brasileira, 2003. p. 56.

Temos o direito de ser tratados igualmente, sem discriminação alguma. Mas também temos o direito a ser tratados diferentemente de acordo com nossas diferenças. O direito à igualdade, portanto, deve contemplar o respeito à diversidade. É preciso que a igualdade reconheça as diferenças e é fundamental que uma diferença não produza, fomente ou reproduza desigualdades.

O direito pode ser utilizado para confirmar as diferenças, ou para reverter diferenças e promover a igualdade de fato. Contudo, o direito também pode ser um instrumento para reproduzir diferenças e desigualdades. Para confirmar essa afirmação, basta que o leitor se pergunte, retomando o que foi discutido no início deste capítulo: Qual era situação das mulheres no início do século XX? É preciso lembrar que a lei ratificava a diferença de sexo, utilizada para criar condições desiguais entre homens e mulheres: elas precisavam de autorização para trabalhar fora e para votar ou praticar qualquer ato da vida civil. Nesse caso, o direito consagrava uma desigualdade "naturalizada" pela sociedade da época — que achava "natural" que as mulheres obedecessem a seus maridos.

O direito também pode ser utilizado para reverter as diferenças que se traduzem em desigualdades, como forma de garantir a igualdade. Não basta uma igualdade formal, no papel. É preciso que a igualdade seja, de fato, material e ocorra na prática.

A lei de cotas para candidatura nas eleições é um exemplo da utilização do direito como um instrumento para reverter diferenças que geram desigualdades.

Embora o sexo feminino corresponda a pouco mais da metade da população brasileira, se formos ao Congresso Nacional, apenas 8,6% dos parlamentares são mulheres e a esmagadora maioria dos deputados federais e senadores são homens. A lei nº 9.504/1997 estabelece uma tentativa de alterar esse cenário e garantir maior participação política das mulheres no Parlamento; essa lei determina que cada partido político preencherá, no mínimo, 30% das candidaturas para cada sexo. É o direito (por meio dessa lei) revertendo uma diferença que gera desigualdade.

Outro exemplo é a lei nº 10.340/2006, chamada Lei Maria da Penha. Essa lei, que coíbe a violência doméstica e familiar contra a mulher, foi publicada em agosto de 2006 e entrou em vigor em 22 de setembro de 2006. Ela busca reverter a situação de violência que ainda atinge grande parte da população feminina e cria diversos mecanismos para defesa e proteção das mulheres vítimas de violência doméstica e familiar. Esse tipo de violência atinge desproporcionalmente as mulheres e restringe o exercício de seus direitos. Ou seja, é uma forma de discriminação contra a mulher. O direito a uma vida livre de violência é um direito das mulheres.

Em algumas situações, é preciso proteger as diferenças para não gerar desigualdade e o direito é utilizado para garantir a igualdade respeitando a diferença. Exemplificando: por questões biológicas, a reprodução do ser humano ocorre no corpo das mulheres e não no corpo dos homens. Assim, o direito deve consagrar e proteger os direitos das mulheres decorrentes dessa característica da reprodução (como vimos o exemplo, no Capítulo 3, do caso de Alyne da Silva Pimentel), garantir o direito a serviços de saúde reprodutiva (como serviços de atenção ao pré-natal, parto, puerpério, entre outros), prevenir a mortalidade materna, proteger o direito ao trabalho e à igualdade de remuneração etc.

Nesse contexto do direito à saúde reprodutiva, há também a licença-maternidade, que protege o direito ao trabalho das mulheres, ao mesmo tempo que garante o cuidado da criança. Considerando essa proteção garantida por lei, um empregador pode decidir não contratar mulheres para não ter que arcar com a licença-maternidade? O que prevalece diante do conflito entre a "liberdade de contratar" de uma empresa e o direito à igualdade e ao trabalho de uma mulher candidata ao emprego? A resposta a essas questões só pode ser uma: o direito protege a diferença e promove igualdade, ainda que em detrimento de outros direitos que estejam em conflito com esse direito.

No Brasil, a licença-maternidade é garantida por, no mínimo, 120 dias, ao passo que a licença-paternidade é de apenas vinte dias. O direito reforçou, nesse caso, papéis sociais e estereótipos de gênero — como discutido anteriormente —, de que o cuidado com as crianças seria um papel atribuído às mulheres (que têm licença de pelo menos 120 dias) e aos homens caberia o trabalho remunerado e o provimento dos recursos para o lar (com direito a apenas vinte dias de licença). É certo que há uma diferença biológica entre homens e mulheres, mas, após o nascimento da criança, a questão diz respeito somente à amamentação. Todas as demais tarefas de cuidado da criança recém-nascida podem ser realizadas tanto por mulheres quanto por homens. Contudo, cultural e socialmente, muitas vezes essas atividades são realizadas pelas mães. Qual é a sua opinião sobre a diferença entre o período de licença-maternidade e o de licença-paternidade?

RECAPITULANDO

O sexo biológico não se confunde com o gênero, uma vez que as relações de gênero são construídas (e desconstruídas, e reconstruídas) socialmente. Assim, os papéis sociais desempenhados por homens e mulheres configuram relações de gênero.

No entanto, é preciso romper estereótipos de gênero. Tradicionalmente, atividades vinculadas ao espaço doméstico, relacionadas ao cuidado dos filhos e da casa, são destinadas às mulheres, enquanto o espaço público, relacionado ao poder e à política, é ocupado principalmente por homens. Mas o espaço público vem sendo cada vez mais conquistado pelas mulheres e o âmbito privado e doméstico também deve ser ocupado pelos homens.

Todos devem ser tratados igualmente, sem qualquer distinção, seja de sexo, gênero, cor, raça, etnia, origem social ou nacional, religião, opinião política ou qualquer outra condição.

O direito pode confirmar diferenças sociais (por exemplo, como no início do século XX, quando as mulheres não podiam votar) ou pode reverter diferenças sociais marcadas pela discriminação de gênero para promover a igualdade (como a lei de cotas para a candidatura feminina nas eleições ou a lei que coíbe a violência doméstica e familiar contra a mulher).

O direito à igualdade e à não discriminação é um direito humano. É preciso que a igualdade reconheça as diferenças, e é fundamental que uma diferença não produza, não alimente e nem reproduza desigualdades.

Testando seus conhecimentos

Atividades

Monitorando a aprendizagem

1) Discussão sobre gênero e papéis sociais.

   a) Debata com os colegas sobre quem geralmente realiza cada uma destas atividades:
   - Lavar a louça
   - Limpar a casa
   - Trabalhar fora
   - Dirigir um caminhão
   - Beber cerveja
   - Falar palavrão
   - Cuidar de criança pequena
   - Trocar a lâmpada
   - Assistir TV
   - Consertar o chuveiro
   - Passar roupa
   - Cozinhar

   b) Assista ao curta-metragem *Acorda, Raimundo... Acorda!* (Brasil, 1990, direção: Alfredo Alves).

   c) Relacione as atividades listadas no item a e aspectos do filme no que se refere a comportamentos de homens e mulheres (os que são realizados e os esperados); discuta com os colegas os papéis sociais de gênero e sobre relações de gênero, estereótipos sociais, preconceito e discriminação.

2) Leia o texto 1, o mapa e o texto 2 a seguir.

   Texto 1

   Leia os trechos a seguir, da Recomendação Geral nº 23, do Comitê para Eliminação da Discriminação contra a Mulher, sobre "vida política e pública", adotada em 1997 (tradução dos organizadores da obra):

   8. As esferas pública e privada da atividade humana sempre foram consideradas diferentes e em razão disso foram regulamentadas. Invariavelmente, foram atribuídas às mulheres funções na esfera privada ou doméstica vinculadas com a reprodução e a criação dos filhos, e em todas as sociedades essas atividades foram tratadas como inferiores. Por outro lado, a vida pública, que goza de respeito e prestígio, abarca uma ampla gama de atividades fora da esfera privada e doméstica. Historicamente, os homens têm dominado a vida pública e ao mesmo tempo têm exercido o poder até de restringir e subordinar as mulheres ao âmbito privado.

   9. Apesar da função central que mulheres têm desempenhado no sustento da família e da sociedade, assim como sua contribuição para o desenvolvimento, as mulheres têm sido excluídas da vida política e do processo de tomada de decisões que, no entanto, determinam as modalidades da vida cotidiana e o futuro das sociedades. [...]

   10. Em todas as nações, os fatores mais importantes que têm impedido a capacidade das mulheres de participar na vida pública têm sido os valores culturais e as crenças religiosas, a falta de serviços e o fato de que os homens não têm participado na organização do lar nem no cuidado e na criação dos filhos. Em todos os países, tradições culturais e crenças religiosas têm cumprido um papel no confinamento das mulheres em atividades do âmbito privado e em sua exclusão da vida pública ativa.

   11. Se as mulheres se liberassem de algumas das tarefas domésticas, participariam mais plenamente na vida de sua comunidade. Sua dependência econômica em relação aos homens costuma impedi-las de adotar decisões importantes de caráter político ou participar ativamente na vida pública. Sua jornada dupla de trabalho e sua dependência econômica, somadas às longas ou inflexíveis horas de trabalho público e político, impedem que as mulheres sejam mais ativas. [...]

   13. O princípio de igualdade entre mulheres e homens foi afirmado em Constituições e na legislação da maior parte dos países, assim como em todos os instrumentos internacionais. No entanto, nos últimos 50 anos, as mulheres não têm atingido a igualdade; ao contrário, a desigualdade tem sido reafirmada por sua pouca participação na vida pública e política. As políticas e as decisões que são produto exclusivo dos homens refletem apenas uma parte da experiência e das possibilidades humanas.

A organização justa e eficaz da sociedade exige a inclusão e participação de todos os seus membros.

14. Nenhum regime político tem conferido às mulheres o direito nem o benefício de uma participação plena em condições de igualdade. Embora os regimes democráticos tenham aumentado as oportunidades de participação das mulheres na vida política, as inúmeras barreiras econômicas, sociais e culturais que ainda se interpõem às mulheres têm limitado seriamente sua participação. Nem sequer as democracias historicamente estáveis têm podido integrar plenamente e em condições de igualdade as opiniões e os interesses da metade feminina da população. Não pode ser chamada democrática uma sociedade em que as mulheres estejam excluídas da vida pública e do processo de tomada de decisões. O conceito de democracia terá significado real e dinâmico, além de um efeito perdurável, somente quando homens e mulheres compartilharem a tomada de decisões políticas e quando os interesses de ambos sejam igualmente levados em consideração. [...].

Mapa

Observe o mapa "Mulheres na Política 2012", que retrata o percentual de mulheres no Parlamento (Poder Legislativo) e no mais alto cargo do Poder Executivo, em 188 países do mundo, em janeiro de 2012. O mapa foi produzido pela Inter-Parliamentary Union e pela UN Women (ONU Mulheres).

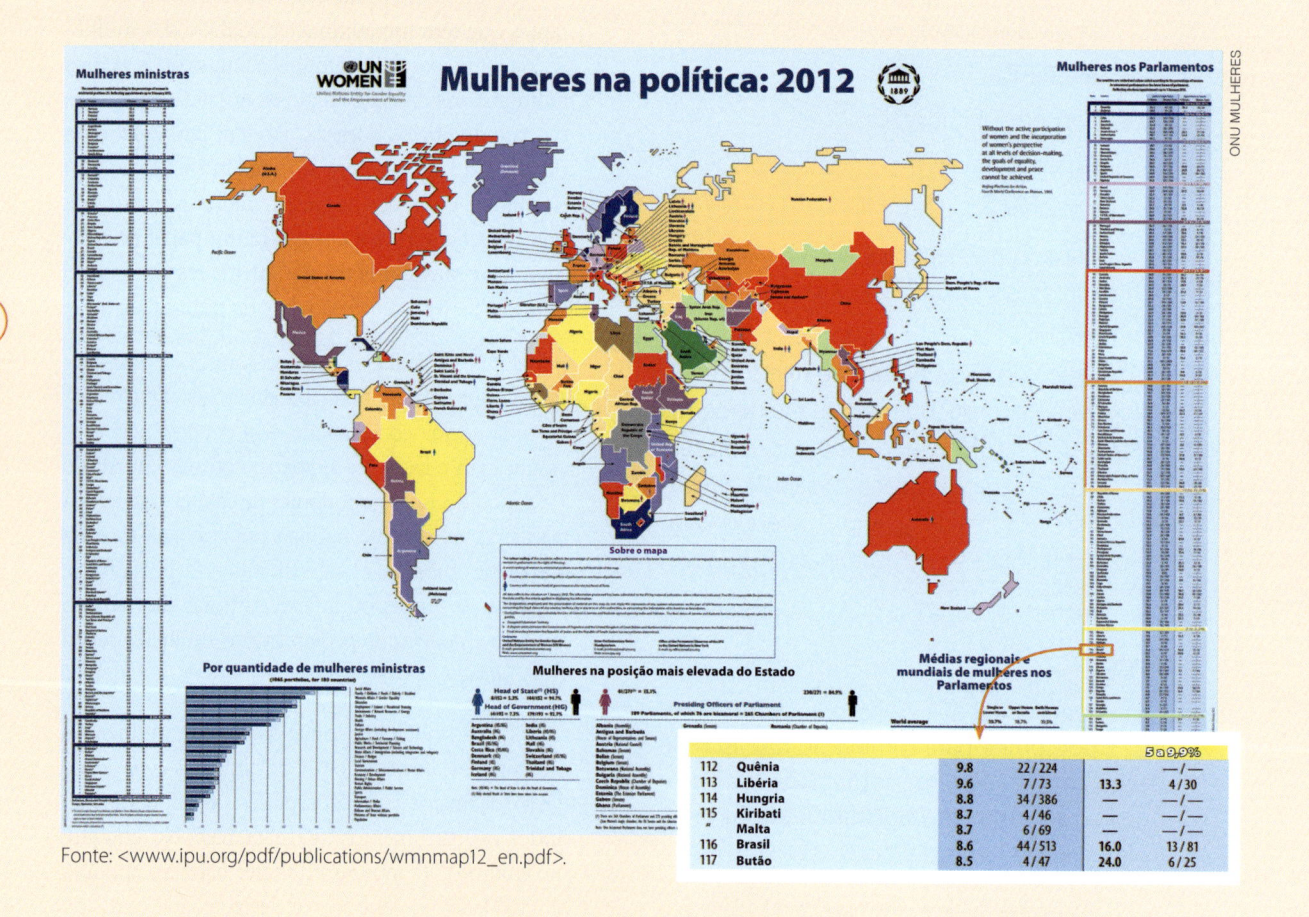

Fonte: <www.ipu.org/pdf/publications/wmnmap12_en.pdf>.

Note que o Brasil estava em 116º lugar — com 8,6% de mulheres na Câmara dos Deputados (44 mulheres entre 513 deputados) e 16% no Senado Federal (13 mulheres entre 81 senadores). Faça uma pesquisa e responda: Qual é o percentual de mulheres vereadoras na Câmara Municipal da região em que você mora?

Texto 2

Os dados da Pesquisa Ibope – Instituto Patrícia Galvão – sobre Mulheres na Política evidenciam a distância entre o que pensam os brasileiros e a pequena presença feminina nesse universo. Nas eleições municipais de 2008, a porcentagem de candidatas a prefeita foi de 11,38%, e a de vereadoras, 22,05%. Porém, 7 em cada 10 entrevistados da pesquisa acreditam que houve aumento de candidaturas femininas para cargos municipais.

No *ranking* da presença feminina nas Câmaras Federais de 188 países, o Brasil ocupa a 142ª posição, com 9% de mulheres, segundo dados da UIP (União Interparlamentar) de setembro de 2008. Contudo, como informa o TSE (Tribunal Superior Eleitoral), as mulheres representavam 51,7% do total do eleitorado brasileiro em 2008.

Desde 1997 está em vigor no país a lei nº 9.504, que determina que cada partido político deve reservar um mínimo de 30% e um máximo de 70% das suas candidaturas para cada sexo. A lei, no entanto, não estabelece punição ao partido que não a cumpre. Nas eleições de 2008, os partidos não cumpriram a cota de 30% de candidatas na maior parte das capitais do país.

Mulheres na Política. INSTITUTO PATRÍCIA GALVÃO, Pesquisa IBOPE. São Paulo, 2009.

Considerando o texto 2, o texto 1 e o mapa, responda:

a) Há discriminação nas situações retratadas? De que tipo? Por quê?

b) Identifique fatores que podem contribuir para a situação retratada nos textos e no mapa.

c) Quais são as propostas que podem ser apresentadas para promover a igualdade nesse cenário? Justifique.

Assimilando conceitos

1) Observe os quadrinhos e faça o que se pede nos itens a seguir.

a) Descreva o que acontece na tira acima.

b) Faça uma interpretação da situação retratada na tira com base na discussão dos conceitos debatidos neste capítulo, especialmente os de gênero e identidade de gênero.

2) Leia, a seguir, trechos da entrevista feita com Laerte Coutinho pela revista *Trip*:

Laerte Coutinho está vestido de mulher e todo mundo sabe disso. Sabemos também que ele compra suas roupas em brechós na rua Teodoro Sampaio. Que gosta de fazer as unhas e de salto médio nos pés. E que ele, sim, tem uma namorada. O que ainda não ficou claro, apesar de todo o rebuliço causado por suas aparições com o novo visual, é o porquê de gostar de esmaltes, sapatos femininos, *lingeries*.

[...]

"**Talvez a roupa feminina tenha a ver com bagunçar as expectativas de gênero.** Essa é uma convenção muito forte. Muito mais forte do que eu pensava. Eu vejo que é um pensamento que também frequenta a minha cabeça. Não que eu estou chegando em Marte e resolvi me vestir de um jeito e está todo mundo estranhando. Eu sou igual àquelas pessoas. Estou entrando num caminho no qual elas não estão, mas estamos vivendo o mesmo problema. O problema em relação à política de gênero, códigos, tabus, eu também faço parte disso. Até hoje essa coisa passa pela minha cabeça. Preconceitos. Não virei outra pessoa."

"[...] o que se passa é que as travestis que estão na rua são a imagem como o preconceito vê."

As prostitutas...

"Nem todas são prostitutas. São travestis, transgêneros, e tiveram suas vidas afuniladas para esse tipo de 'sevirol'. Você jamais vai ser professora na vida, se você quiser ter um salão de cabeleireiro vai ter que dar para metade da cidade. São pessoas que foram mergulhadas numa barra mais pesada por causa do contexto social onde elas vivem. Não é fofinho que nem eu. Eu viro para os meus filhos, meus pais, minha namorada e falo: 'Ah, acho que vou me vestir de mulher, beleza?'. Rola um entranhamento, mas eu sou aceito. Essas pessoas que, muito jovens, enfrentam essa barra, são expulsas de casa, são violentadas, brutalizadas, viram-se na prostituição por falta de escolhas, mas têm uma coragem muito grande de viver sua travestilidade plenamente e abertamente. O que não se passa com os *crossdressers*. Sem querer colocar um juízo de valor pessoal, [falar em] coragem, covardia, eu acho que os *crossdressers* são travestis que não têm essa existência pública. Algumas pessoas argumentam que a travesti vive 24 horas, o *crossdresser* só quando quer. Não é bem verdade. Se houvesse esse trânsito livre, muito provavelmente as travestis não se vestiriam o tempo todo ou os *crossdressers* se vestiriam muito mais, não ficariam reduzidos a sessões privadas. Se existe algum trabalho político nessa área, é quebrar códigos de gênero, fazer as pessoas refletirem e debater esse tipo de coisa."

"[sobre gênero] Existe, é a grande lição que a gente explica às crianças. Você é menino, portanto seu caminho é esse, você é menina, seu caminho é aquele. Não é só questão de vestimenta, mas de uso do corpo. A minha irmã é fisiculturista, além disso é bióloga, socióloga. Ela me diz que as meninas são estimuladas desde cedo a não forçar seus corpos, porque elas ficariam feias. Isso é uma violência contra o uso do corpo na medida em que os meninos estão se soltando, se expandido, se expressando fisicamente. Eles estão sendo ensinados que eles podem fazer isso e as meninas estão sendo ensinadas que não é adequado. O reflexo disso no uso do corpo no adulto é evidente. Não é só uma questão de roupa, de expressão da sua vontade. As pessoas estranham que tem pouca mulher na política e fazendo charge, cartum, humor de um modo geral. Isso tudo tem um motivo. Elas estão sendo ensinadas desde pequenas. Não tem nenhum motivo real que impeça elas de fazer qualquer coisa que um homem faz."

Disponível em: <http://revistatrip.uol.com.br/so-no-site/entrevistas/paradoxo-de-salto-alto.html>.

a) Com base no texto, debata com os colegas sobre papéis sociais de gênero e identidade de gênero.

b) Discutam sobre preconceito e discriminação de gênero.

Olhares sobre a sociedade

Leia os textos a seguir.

Texto 1

Agressão à mulher é maior após rompimento, diz Ministério Público

As principais formas de violência são a lesão corporal (35,5%) e a ameaça (23,7%)

5 de abril de 2013
Gabriela Vieira — Agência Estado

Uma pesquisa inédita elaborada pelo Núcleo Central de Atuação Especial de Enfrentamento à Violência Doméstica (Gevid) do Ministério Público de São Paulo revelou que mais da metade (57%) das agressões contra mulheres ocorre após o término do relacionamento. O estudo [...] analisou mais de 854 inquéritos, entre abril e novembro de 2012, da região central da capital paulista e selecionou uma amostra de 186 mulheres.

Segundo a promotora Silvia Chakian de Toledo Santos, uma das responsáveis pela pesquisa, esse resultado representa em números "o reflexo da cultura machista do nosso país, onde o homem ainda se vê como proprietário da mulher, que não possui a sua liberdade respeitada".

A pesquisa também constatou que a violência doméstica e familiar é mais intensa no período em que a parceira pretende romper ou rompe efetivamente o relacionamento com o agressor. As principais formas de violência são a lesão corporal (35,5%) e a ameaça (23,7%).

Condição socioeconômica

Outro dado apontado pelo levantamento demonstra que mais de 80% das mulheres trabalhavam e quase 70% possuíam escolaridade entre o ensino médio e o superior quando registraram ocorrência nas delegacias. A maioria (68,3%) tinha menos de 40 anos. "Fica comprovado que a violência doméstica acontece dentro de todas as realidades sociais e econômicas", diz a promotora. Silvia também destaca a importância do registro policial e lembra que essas eram as mulheres que mais sentiam vergonha em se expor.

Já em relação às mulheres que não tinham emprego ou só se dedicavam ao lar, 70,4% sofreram violência pelos maridos ou companheiros enquanto ainda mantinham o relacionamento conjugal. Na avaliação da promotora do MP de São Paulo, a dependência econômica permanece como um fator determinante para que as mulheres continuem em um relacionamento violento. No entanto, ainda é muito comum a posterior retirada da queixa por parte da agredida. "Não há um número oficial, mas em média 90% das mulheres pedem a retirada do inquérito."

Disponível em: <www.estadao.com.br/noticias/geral,agressao-a-mulher-e-maior-apos-rompimento-diz-ministerio-publico,1017492,0>.

Texto 2

Brasil tem uma morte de homossexual a cada 26 horas, diz estudo

(10/1/2013 — 17h41 | do UOL Notícias, Julia Affonso Do UOL, no Rio)

O Grupo Gay da Bahia, a mais antiga associação de defesa dos direitos humanos dos homossexuais no Brasil, divulgou [...] o Relatório de Assassinato de LGBT de 2012. Em 2010, 338 homossexuais foram assassinados no país, o que significa uma morte a cada 26 horas. Os números mostram um aumento de 21% em relação a 2011, ano em que houve 266 mortes, e um crescimento de 177% nos últimos sete anos.

Os homens homossexuais lideram o número de mortes, com 188 (56%), seguidos de 128 travestis (37%), 19 lésbicas (5%) e dois bissexuais (1%).

De acordo com o estudo, naquele período, o Brasil estava em primeiro lugar no *ranking* mundial de assassinatos homofóbicos, concentrando 44% do total de mortes de todo o planeta, cerca de 770. Nos Estados Unidos, país que tem cerca de 100 milhões a mais de habitantes que o Brasil, foram registrados 15 assassinatos de travestis em 2011, enquanto no Brasil foram executadas 128.

No país

Segundo o grupo, São Paulo é o Estado onde mais homossexuais foram assassinados em números absolutos, 45 vítimas, e Alagoas é o Estado mais perigoso para homossexuais em termos relativos, com um índice de 5,6 assassinatos por cada milhão de habitantes. Para toda a população brasileira, o índice é 1,7 vítima LGBT por milhão de brasileiros.

O Acre se destacou com nenhuma morte nos últimos dois anos, seguido de Minas Gerais, cujas 13 ocorrências representam 0,6 morte para cada milhão de habitantes.

Segundo o coordenador do estudo e antropólogo da UFBA (Universidade Federal da Bahia), Luiz Mott, não se observou correlação entre desenvolvimento econômico regional, escolaridade, religião, raça, partido político e maior índice de homofobia letal.

"Esses números representam apenas a ponta de um *iceberg* de violência e sangue, já que nosso banco de dados é construído a partir de notícias de jornal, internet e informações enviadas pelas organizações LGBT, e a realidade deve certamente ultrapassar em muito essas estimativas", explica.

"Dos 338 casos, somente em 89 foram identificados os assassinos, sendo que em 73% não há informação sobre a captura dos criminosos, prova do alto índice de impunidade nesses crimes de ódio e gravíssima homofobia institucional/policial que não investiga em profundidade esses homicídios", afirma Mott.

Plano Nacional

De acordo com a Secretaria de Direitos Humanos da Presidência da República, o Governo Federal tem um Plano Nacional de defesa dos direitos dos homossexuais, com 51 diretrizes e 180 ações que foram implementadas pelo poder público para garantir a igualdade de direitos e exercício pleno da cidadania LGBT da população brasileira.

Seu último relatório referente a violações dos direitos humanos de homossexuais é relativo a 2011, e o de 2012 está sendo finalizado. De janeiro a dezembro de 2011, foram 6.809 denúncias, envolvendo 1.713 vítimas e 2.275 suspeitos. Segundo a secretaria, a diferença de 32,8% mostra que as violências são cometidas por mais de um agressor ao mesmo tempo: grupos de pessoas que se reúnem para espancar homossexuais são um exemplo comum deste tipo de crime.

A secretaria ainda destaca que "as estatísticas analisadas referem-se às violações reportadas, não correspondendo à totalidade das violências ocorridas cotidianamente contra LGBTs, infelizmente muito mais numerosas do que aquelas que chegam ao conhecimento do poder público. Apesar da subnotificação, os números apontam para um aterrador quadro de violências homofóbicas no Brasil: no ano de 2011, foram reportadas 18,65 violações de direitos humanos de caráter homofóbico por dia. A cada dia, durante o ano de 2011, 4,69 pessoas foram vítimas de violência homofóbica reportada no país".

Disponível em: <www.noticias.uol.com.br/cotidiano/ultimas-noticias/2013/01/10/brasil-e-pais-com-maior-numero-de-assassinatos-de-homossexuais-uma-morte-a-cada-26-horas-diz-estudo.htm>. Adaptado.

Texto 3

Pai abraça filho e é agredido por homofóbicos em SP

(Agência Estado, 19/7/2011 09h50 — Atualizado em 19/7/2011 09h50)

Um homem teve a orelha mordida e decepada enquanto passeava com o filho na Exposição Agropecuária Industrial e Comercial (Eapic) em São João da Boa Vista, no interior de São Paulo. A vítima, de 42 anos, estava abraçada com o filho, de 18, quando foi abordada pelos agressores, que ainda não foram identificados pela polícia.

O grupo de cerca de 20 pessoas teria perguntado se os dois eram *gays*. O homem tentou explicar que eles eram pai e filho, mas, pouco depois, levou um soco. A vítima disse à EPTV [Rede Globo] que desmaiou depois de ser golpeada no queixo. Quando acordou, ouviu as pessoas gritando que ele tinha perdido um pedaço da orelha, arrancada com uma mordida por um dos agressores. O filho teve ferimentos leves.

Disponível em: <www.estadao.com.br/noticias/geral,pai-abraca-filho-e-e-agredido-por-homofobicos-em-sp,746840>.

As três reportagens anteriores abordam casos de violência. Com base nesses textos, responda:

a) As três situações retratadas indicam discriminação de gênero? Por quê?

b) Quais são as diferenças entre essas situações?

c) Quais medidas podem ser tomadas para prevenir situações semelhantes a essas e promover a igualdade?

Exercitando a imaginação em direitos humanos

Pesquise, selecione e leve para a sala de aula algum material sobre relações de gênero e discriminação. O material pode ser, por exemplo, uma reportagem, propaganda, imagem, letra de música, narrativa etc. Com base no material trazido por você e os colegas:

a) Discutam os papéis desempenhados por homens e mulheres e as relações de gênero.

b) Identifiquem padrões discriminatórios e possíveis (des)construções do senso comum sobre gênero.

c) Debatam sobre casos de diferentes formas de discriminação, por exemplo, em relações às mulheres negras.

d) Proponham formas de combater diferenças e de promover a igualdade.

Sessão de cinema

- *Acorda Raimundo... Acorda!* Brasil (1990), direção: Alfredo Alves.
- *Billy Elliot*. Inglaterra (1999), direção: Stephen Daldry.
- *Elvis e Madona*. Brasil (2010), direção: Marcelo Laffitte.
- *Tomboy*. França (2011), direção: Céline Sciamma.

6

Igualdade étnico-racial

"Todos são iguais perante a lei, sem distinção de qualquer natureza". É o que diz a Constituição Federal em seu artigo 5º. Assim como esse artigo, diversos tratados e Constituições manifestam direito à igualdade que foi fruto de muitas lutas ao longo da História contra privilégios — conferidos em razão de poder e dominação — de algumas classes ou grupos sobre os demais.

Não é preciso ir longe para perceber que a utopia de uma sociedade igualitária está muito distante dos ideais da justiça social. A igualdade conquistada, mencionada em Constituições e tratados, é a igualdade de direitos. Mas, se essa igualdade de direitos foi um bom recurso para tratar a questão dos privilégios da classe dominante no campo jurídico, não se pode dizer que o mesmo tenha ocorrido no campo político: impedir distinções para fins de estabelecimento de direitos e obrigações não impede a exclusão étnica ou racial motivada por fatores não jurídicos. Ou seja, não basta garantir direitos quando os fatores que contribuem de fato para a perpetuação da exclusão étnica ou racial são impulsionados socialmente. O combate à marginalização étnica ou racial depende, portanto, de ações que promovam a inclusão social.

Como podemos ler no Estatuto da Igualdade Racial, publicado em 20 de julho de 2010 (e que passou a **vigorar** a partir de 20 de outubro do mesmo ano), o combate à exclusão étnica ou racial não apenas afirma os ideais de uma sociedade igualitária, justa e solidária, como também assume o objetivo de promover o que dita a lei, oferecendo meios que a tornem efetiva: inclusão em políticas públicas, implementação de programas de ação afirmativa, modificação de estruturas institucionais, entre outros. Esse novo estatuto determina ações que podem, de fato, conduzir a uma tomada de consciência e a formas de resistência à exclusão.

Diferentemente de outras legislações antidiscriminatórias brasileiras, o Estatuto da Igualdade Racial não tem caráter repressivo e sua meta é promover a igualdade racial nos campos da educação (por exemplo: a obrigatoriedade de incluir no currículo escolar conteúdos referentes à história da população negra no Brasil), da saúde, da justiça, da segurança, da cultura, do esporte e do lazer (por exemplo, determina o reconhecimento da capoeira como esporte de criação nacional), entre outros. De acordo com o estatuto, discriminação racial ou étnico-racial significa:

Estatuto da Igualdade Racial

Parágrafo único, inciso I, artigo 1º – [...] toda distinção, exclusão, restrição ou preferência baseada em raça, cor, descendência ou origem nacional ou étnica que tenha por objeto anular ou restringir o reconhecimento, gozo ou exercício, em igualdade de condições, de direitos humanos e liberdades fundamentais nos campos político, econômico, social, cultural ou em qualquer outro campo da vida pública ou privada.

Lei nº 12.288, de 20 de julho de 2010.
Disponível em: <www.planalto.gov.br/civil_03/_ato/2007-2010/2010/lei/12288.htm>.

A luta pela igualdade de direitos estende-se também ao combate à dominação da etnia ou raça, a qual, no limite, conduz à limpeza étnica por meio de genocídio e de outros **crimes contra a humanidade**. Essa questão encontra-se na gênese dos direitos humanos contemporâneos, que teve no holocausto — um verdadeiro programa de extermínio étnico perpetrado pelo Estado nazista —, o marco decisivo para a implantação de sistemas internacionais de proteção. E não se trata de um perigo distante: exemplos como o genocídio em Ruanda, na década de 1990, demonstram que o perigo persiste e não pode ser ignorado. Não menos importante é o combate ao racismo velado, não declarado, que é tão excludente quanto formas mais escancaradas de racismo.

ⓘ Você sabia...

... que até 1930 era proibido praticar a capoeira no Brasil? A classificação da capoeira como esporte é considerada polêmica, uma vez que é vista também como um tipo de ritual, de jogo, de arte marcial, de luta ou de dança. Em 1890, apenas dois anos depois da abolição da escravidão, a capoeira passou a ser proibida por ser vista como uma prática violenta e subversiva, e a polícia era orientada a prender os homens que a praticavam. Somente na década de 1930, com Manuel dos Reis Machado, o Mestre Bimba, que abriu uma academia para ensinar capoeira, essa prática dança-luta-jogo-música-ritual-mímica-arte marcial alcançou a liberdade.

Diferença e igualdade como percepção sociocultural

Operando atualmente em quatro localidades — Jerusalém, Galileia, Wadi Ara e Haifa —, uma escola de Ensino Fundamental e Ensino Médio, em Israel, tem formado árabes e judeus conjuntamente. Não se trata apenas de uma escola mista, mas de um modelo de integração: denominada Hand in Hand — Centro para Educação Árabe-Judaica em Israel –, a escola é bilíngue, alfabetiza em árabe e hebraico, as classes são compostas de alunos judeus e árabes na mesma proporção e a educação é multicultural, ensinando as tradições muçulmana, judaica e cristã e mantendo a celebração dos feriados de cada uma delas. A proposta é criar parceria, coexistência e igualdade entre cidadãos judeus e árabes de Israel, contrastando com as tensões da região.

Para muitos, a escola é um tabu, já que aproxima dois lados em conflito. Não raramente, os alunos da escola são questionados pelos amigos de fora sobre a experiência de conviver com o outro lado, a coragem de estudar com o inimigo, o perigo do convívio e coisas assim. As respostas — que não há inimigos ou perigo e que vários alunos são até mesmo muito amigos — costumam causar espanto ou incompreensão. Convivendo juntos desde a tenra idade, esses alunos já aprendem que o colega de classe, a despeito de diferenças de línguas e religião, é uma criança ou jovem igual a ele. Durante esse convívio, os alunos deixam de ver a diferença exclusiva para enxergar no colega a pluralidade, vendo-o, portanto, como pessoa. O exemplo dessa escola demonstra, por ser experiência bem-sucedida, que as diferenças que enxergamos no outro são fruto de construções culturais, de representações negativas que temos do outro e que, uma vez solidificadas em categorias rígidas, transformam-se no que conhecemos como estereótipos. A força do estereótipo como representação negativa do outro é capaz de moldar o mundo; o problema é que algumas dessas representações mostram-se únicas, de forma perversa.

A perspectiva pela qual enxergamos o outro nos aproxima ou nos distancia dele, estabelecendo as referências de igualdade e diferença. Nesse sentido, a relação entre igualdade e diferença está correlacionada à proximidade e à distância. Se considerarmos um ponto de vista estritamente biológico, o que vigora é a igualdade: todos pertencem à mesma espécie, o que confere identidade a todos esses indivíduos perante seres de outras espécies. Do ponto de vista da individualidade, o que vigora é a diferença: cada um tem preferências, crenças, gostos, valores e opiniões, o que torna cada individualidade insubstituível. Entre esses dois extremos há uma infinidade de outros pontos de vista, quer aproximando as individualidades, quer as distanciando. É nesse intervalo que as diferenças são construídas e, muitas vezes, estereotipadas, dando lugar à discriminação.

Não existe propriamente um problema intrínseco relacionado à construção de diferenças. Afinal, elas são o instrumento que possuímos para lidar com a complexidade do mundo. Mas, quando começam a interferir de forma negativa na vida das pessoas, as diferenças tornam-se nocivas. E, quando isso se dá no plano social, seu efeito pode ser generalizado, fazendo o "diferente" perder oportunidades, sofrer discriminação e preconceito e tornar-se alvo de violência. No limite, determinado grupo, ou classe, torna-se cronicamente marginalizado, excluído de muitas esferas da sociedade, criando um círculo vicioso: a diferença provoca a exclusão que, por sua vez, reafirma e reforça a diferença. Nessa situação, o grupo, ou classe, marginalizado enfrenta um obstáculo quase instransponível para sua reintegração.

Grupos étnicos e raciais são particularmente suscetíveis a esse tipo de diferenciação. Afinal, peculiaridades físicas e culturais são mais evidentes e chamam mais atenção do que outras, o que proporciona a construção de diferenças. Quando tal percepção implica exclusão social, cabe à sociedade interferir e promover a (re)inclusão, reduzindo as diferenças sociais por meio de ações de assistência (realizadas tanto pela sociedade civil como pelo poder público), de políticas públicas, de programas sociais, de ações afirmativas etc.

The clark's doll experiments: experimentos realizados pelos psicológos norte-americanos Kenneth e Marnie Clark no final de 1960, reproduzidos pela MSNBC, rede de televisão dos estadunidenses, em 2008, com o título *A conversation about race*.

Marginalização étnico-racial

Entre os extremos da identidade de todas as pessoas perante o gênero humano (igualdade) e a individualidade de cada um (diferença), a multiplicidade de graus e formas de se conceber diferenças reflete-se nos casos de marginalização social, bastante variados tanto na forma como na espécie. E isso acontece sempre que alguém se depara com dificuldades desproporcionais de participação e/ou convívio social, ainda que estejam restritas a determinadas esferas da vida social. A miséria e a pobreza extrema são casos evidentes e intensos de marginalização, pois privam o indivíduo de parte substancial da vida em sociedade.

Ante a possibilidade de acometer qualquer pessoa, de qualquer origem, os casos de privação econômica apontam para outro aspecto: nem todo caso de marginalização social envolve minorias ou grupos étnicos ou raciais. As dificuldades enfrentadas pela mulher em setores sociais, por exemplo, não representam marginalização étnica ou de minoria, embora representem formas de marginalização social, mais acentuadas no passado mas ainda hoje bastante presentes. A marginalização dos homossexuais também não representa questão étnica, mas de minoria. Já o caso da marginalização dos palestinos em Israel é étnico.

Falar em marginalização étnico-racial não significa falar de determinada forma, tampouco de exclusividade de forma. A exposição desproporcional de mulheres, homossexuais ou afrodescendentes à violência gera dificuldades para os respectivos grupos, produzindo, nesse sentido, o mesmo resultado. Se a violência é a mesma, por que, então, despender tratamento específico aos grupos étnicos e raciais?

Em razão da variedade de formas de manifestação, das razões por trás de cada uma delas e dos efeitos produzidos em cada grupo, surgem necessidades específicas. A violência contra a mulher, resultante da vulnerabilidade do gênero, requer um estatuto protetivo especial, como a Lei Maria da Penha; a violência contra os homossexuais, motivada por essa condição, requer a criminalização da homofobia; e a violência contra os afrodescendentes, decorrente desse atributo, requer a criminalização do racismo.

Em última análise, o que justifica um tratamento especial a determinado grupo é a frequência com que determinada situação se repete por questão de gênero, opção sexual, raça ou etnia, religião, convicção política etc. E, no caso de determinados grupos étnicos ou raciais, a vulnerabilidade perante os demais se traduz em frequência, ensejando tratamento diferenciado.

A questão étnico-racial no Brasil

Questões étnicas são constitutivas e mesmo fundantes da cultura brasileira, e, nesse sentido, longe do mito da mestiçagem do "mulato inzoneiro" cantado por Ari Barroso, são reais, contemporâneas, profundas e polêmicas. Dois temas, em particular, prevalecem e trazem para a história brasileira tons e semitons que foram gradativamente transformando a estrutura socioeconômica e demográfica do país: as questões relacionadas aos afrodescendentes e aos indígenas.

> "O Brasil, qualquer transeunte sabe, foi descoberto por Cabral e fundado pela violência. Violência física e espiritual do branco adventício e invasor sobre o índio nativo e o negro sequestrado na África e escravizado. Conquista e catequese ou catequese e conquista."
>
> LEMINSKI, Paulo. *Vida*: Cruz e Sousa, Bashô, Jesus e Trótski — 4 Biografias. São Paulo: Companhia das Letras, 2013. p. 34.

Para tornar ainda mais complexa essas questões, hoje em dia são frequentes os casos envolvendo estrangeiros: imigrantes sírios e haitianos em situação análoga à de refugiados; bolivianos e outros imigrantes clandestinos submetidos a regime de trabalho escravo na indústria têxtil nacional; imigrantes clandestinos chineses submetidos à máfia chinesa internacional; entre outros.

Retomaremos a temática das questões dos afrodescentes e indígenas a seguir.

■ A polêmica política de cotas raciais em universidades públicas nacionais

Embora o debate sobre as cotas raciais em universidades seja complexo, incluindo o fundamento, as finalidades e as expectativas a respeito dessa questão, a política de cotas, em si, é simples. Trata-se da reserva de vagas em universidades públicas a diversos segmentos sociais, como indígenas, egressos do ensino público, pessoas de baixa renda etc.

A medida mais polêmica é a que atende aqueles que se declaram afrodescendentes. Por trás disso encontra-se a constatação histórica de que os afrodescendentes estão majoritariamente nas classes econômicas menos favorecidas, a despeito de sua grande representatividade numérica, isto é, há um notável desequilíbrio na distribuição da renda e acesso a bens públicos que afetam desproporcionalmente as populações negras, pardas e congêneres entre as classes sociais, quando comparadas a outros grupos étnicos.

A condição histórica do afrodescendente consolidou diversas diferenças relativas à associação da pele escura a níveis sociais considerados inferiores, uma realidade inaceitável, seja do ponto de vista ético, seja do ponto de vista político. Trazido ao Brasil na qualidade de escravo, apesar de mais de um século de abolição, o afrodescendente ainda enfrenta diferenças sociais em relação às demais etnias, não permeando de maneira substancial as classes dominantes. A consequência é que nossa sociedade acaba por considerar natural o pequeno número de afrodescendentes ocupando posições de poder, exercendo papéis de empresários, diretores de multinacionais, de titulares de cargos eletivos (especialmente na chefia do Poder Executivo), entre outras. Por mais paradoxal que pareça, o negro que sobressai e alcança uma posição de destaque passa a ser visto como exceção que nos eximiria de qualquer culpa perante essa situação. A aplicação da política de cotas raciais em universidades públicas visa alterar esse quadro. Mas... como?

Na realidade, não há garantias de que o modelo da lei de cotas seja capaz de mudar o quadro atual no que concerne à suficiência (isto é, como medida autônoma), e no que se refere aos seus resultados práticos em curto, médio e longo prazos. Apesar disso, a política de cotas não é um tiro no escuro. O alvo da lei de cotas raciais é o problema da exclusão: ao definir cotas, garante-se o acesso dos afrodescendentes ao Ensino Superior público em proporção condizente com sua representatividade. Mas isso é apenas parte do fundamento dessa lei. O que muita gente não sabe, ou não se dá conta, é que a inclusão dos afrodescendentes não é, em si, a motivação determinante, uma vez que há excluídos de outras etnias. Aliás, é essa interpretação restrita da lei de cotas, unicamente como forma de inclusão dos afrodescendentes, que deve dar lugar ao apelo a uma inclusão "ampla, geral e irrestrita", apoiada no "somos todos iguais". Talvez seja o momento de lembrar também a famosa frase de George Orwell: "Todos os animais são iguais, mas alguns animais são mais iguais que outros."[1]. É no "mais iguais" que reside o problema: não se trata de eliminar as diferenças étnico-raciais, mas de não permitir que continuem, em hipótese alguma, refletindo a profunda e persistente desigualdade.

A inclusão de um grupo étnico por meio de ação afirmativa é, antes de tudo, a correção de uma anomalia, mas isso não promove apenas o acesso a um setor historicamente inacessível. Outro resultado, não menos importante, é promover mudanças na forma como a sociedade encara a presença, rara, do afrodescendente em posições de poder como uma exceção. O que se espera é que a cor da pele deixe de ser característica determinante de diferenciação, e que, ao longo do tempo, o aluno negro deixe de ser "o aluno negro" e passe a ser visto tão somente como um "aluno". O resultado disso não seria a extinção dessa diferença, mas da desvalorização que é dada a ela.

---

[1] ORWELL, George. *A revolução dos bichos*. São Paulo: Companhia das Letras, 2007. p. 106.

A questão indígena e a demarcação de terras

Por que demarcar terras para as populações indígenas? Essa é outra questão polêmica que desafia o senso comum de igualdade. Afinal, o que justifica tamanha distinção dos indígenas em relação ao restante da população?

Nos debates sobre o tema, o argumento histórico, de prestigiar os mais antigos habitantes do território brasileiro, é particularmente frequente. Esse argumento tende a uma visão meramente compensatória, o que não explica de forma satisfatória a necessidade de garantir um espaço adequado para que as comunidades indígenas possam viver "sua vida de índios", com seus próprios direitos e valores culturais. Mas não se trata de um argumento intrinsecamente errado. O direito reconhece as comunidades tradicionais, como quilombolas e moradores antigos de áreas florestais, permitindo, por exemplo, que elas continuem a habitar e a desenvolver suas atividades de subsistência em áreas permanentes e de preservação ambiental.

Mas a questão indígena vai além do uso pretérito de determinada área. A tradição, ou modo de vida, e a vinculação ao território estão arraigadas(os) à cultura e à identidade desses povos, cuja sobrevivência depende da simbiose com o meio ambiente de uma região específica. Privá-los dessa interação levaria à extinção dessas culturas, e à possível, ou provável, marginalização social ante a incompatibilidade da vida silvícola com o modo de produção econômico. Como compatibilizar a organização social dos indígenas e os interesses de latifundiários que se organizam em bancadas no Congresso? Por que os indígenas não querem que a Constituição Federal seja modificada, transferindo a competência exclusiva para aprovar demarcações de suas terras da União para o Congresso Nacional? As lideranças indígenas podem ser ouvidas e participar efetivamente do debate sobre seus destinos na "Casa do Povo"? De que forma os indígenas podem resistir e lutar por seus direitos sem essa participação?

Plenário do Congresso Nacional.

O fato é que os povos indígenas têm com o meio ambiente natural de um território uma relação de dependência que não se limita à expressão econômica da retirada do seu sustento: sua sobrevivência depende econômica mas também culturalmente da sua relação com esse espaço natural, o que dificulta, inclusive, a realocação das comunidades para outras áreas. E a questão não se resume aos interesses particulares desses povos. A preservação da pluralidade, seja do ponto de vista cultural, seja do ponto de vista científico, interessa a toda a comunidade, razão pela qual há tratados específicos para cuidar dos direitos das populações indígenas de várias partes do mundo.

■ Direito das Pessoas Portadoras de Necessidades Especiais

As diferenças geradoras de discriminação não se restringem a raças e etnias, e é preciso destacar ainda as diferenças que levam em conta as "necessidades especiais" [pessoas surdas (aquelas que se identificam como surdas), deficientes auditivos (para quem a surdez é uma deficiência), deficientes visuais, cadeirantes, pessoas com síndrome de Down (e com outras condições genéticas que têm como sintomas os conhecidos "retardos"), além de pessoas com problemas psíquicos como autismo]. O cuidado, no caso dessas necessidades especiais, é que não prevaleça na sociedade, em geral, e na escola, em particular, o pensamento de uma "gestão" da diferença como uma forma de medir e controlar — uma forma de tolerância —, em vez de lidar com a diferença de modo a acolhê-la, trabalhando com ela e com tudo o que nela resiste a se curvar ao que é chamado de normalidade.

Imagem do filme nacional *Colegas*, de 2012.

RECAPITULANDO

Quando particularidades étnicas ou raciais se tornam diferenças socialmente impedientes, como no caso de a cor da pele afetar a oportunidade de se conseguir um emprego, melhores salários etc., cria-se uma situação de exclusão, ainda que esse comportamento não seja intencional ou declarado. Essa exclusão étnico-racial e outras exclusões produzem diferenças que vão além da marginalização em si, afetando a dignidade do grupo e de seus indivíduos.

Diante disso, cabe ao poder público e à sociedade reintegrar esses grupos por meio de variados tipos de ação, por exemplo, as ações afirmativas, como a política de cotas raciais e de cotas para deficientes, a presença de intérpretes para pessoas surdas em estabelecimentos públicos e privados, etc. Os objetivos dessas ações são apenas estabelecer a representatividade dessas pessoas e produzir mudanças na forma como estas são socialmente contempladas, no sentido de promover o reconhecimento igualitário dos indivíduos na sociedade.

Testando seus conhecimentos

Atividades

Monitorando a aprendizagem

Leia o trecho abaixo, extraído da coluna de Mônica Bergamo, na *Folha de S. Paulo* de 12/10/2012, e faça o que se pede.

Diplomatas negros são barrados pela segurança do STF

Suspeita de racismo no STF (Supremo Tribunal Federal): dois diplomatas negros, amigos do ministro Joaquim Barbosa, foram barrados pela segurança da corte na quarta (10), dia em que o magistrado foi eleito presidente do tribunal. Uma semana antes, ao comparecer a outra sessão, eles já tinham sido seguidos por policiais ao deixarem o prédio do Supremo.

Disponível em: <www1.folha.uol.com.br/colunas/monicabergamo/1167994-diplomatas-negros-sao-barrados-pela-seguranca-do-stf.shtml>.

a) Com base nesse episódio, considerando, entre outros fatores, a posição social das pessoas envolvidas, discuta com os colegas como as diferenças étnicas podem gerar exclusão social mesmo daqueles que ocupam posições de grande destaque na sociedade.

b) Baseando-se em seus conhecimentos, identifique ações afirmativas existentes na atualidade.

c) Com suas palavras, defina ação afirmativa.

Assimilando conceitos

Busque o texto "O Censo reafirma: no Brasil, é mais fácil ser branco" no *blog* do jornalista Leonardo Sakamoto e responda às questões a seguir.

a) Considerando o texto, discuta com os colegas a seguinte ideia: "Ah, mas o preconceito no Brasil é contra pobre, não contra negro!".

b) Considerando o que foi estudado neste capítulo, discuta com os colegas se deve haver uma política de reserva de cotas raciais, ou existir uma política de reserva de vagas para pessoas pobres em universidades.

Olhares sobre a sociedade

Sugestão para atividades:

- Vídeo: *Viver em um mundo que não conhecemos.*

Disponível em: <www.youtube.com/watch?v=N7L_AZ6dq58>.

Exercitando a imaginação em direitos humanos

Leia os textos a seguir.

Texto 1

Artigo: "Programa de índio": preconceito, sim senhor!

Antônio Claret Fernandes, militante do MAB e missionário na Prelazia do Xingu

[...]

Jairo, dos Munduruku do Tapajós, fora incisivo em seu depoimento no simpósio promovido por equipe da Universidade Federal do Pará, no dia 17 de maio, em Altamira: "índio não quer ser peça de museu, quer ser um povo vivo!".

[...]

A pergunta há mais de 500 anos era se o selvagem tinha alma. Essa não é muito diferente dos questionamentos e comentários existentes hoje. De qualquer forma, o objetivo é o mesmo, lá e aqui: criar as condições objetivas para a dominação, o massacre, a completa extinção. O preconceito é o primeiro passo para dizimar-se um povo. É nesse contexto que o grito de Jairo no dia do simpósio se revela como profecia. Por trás da frase "índio não quer ser peça de museu" está o pressentimento dos povos da floresta de que governos e empresas estão dispostos a reduzi-los à figura estereotipada do índio puro, exótico, folclórico, que não obstrui o avanço do capital. Incorporação sim, obstrução não!

[...]

Não se diz, então, que o índio não tem alma. Mas se planta e se reaviva o preconceito contra o indígena, pois esse, sim, faz muita diferença; o preconceito cai na boca do povo, ganha a sociedade e forma a plateia que irá bater palma, aplaudir, e votar em quem provoca, hoje, o genocídio indígena. O preconceito faz um milagre às avessas, transformando vítimas em bandidos. O preconceito, hoje, quebra as pernas e a resistência dos nativos. Jairo tem razão! Nessa conjuntura — que vai pra muito além do governo, mas que tem a sua participação ativa —, os indígenas estão condenados a virar peça de museu.

Com o início da construção de Belo Monte, muitos indígenas perambulam pelas ruas de Altamira. Alguns em situação de pedinte, ou, lastimavelmente, entregues ao alcoolismo e, mesmo, a outros tipos de droga. Por quê? A qualidade de vida nas aldeias, a despeito dos discursos e das bugigangas, vem piorando. A Casa do Índio em Altamira, com capacidade para receber 80 pessoas, fica abarrotada, com até 180 pessoas. Se a serpente chega e mexe no ninho do pássaro, atacando-lhe os ovos e os filhotes, é normal que saia voando por aí, perdido, sem rumo. E fique totalmente vulnerável a outros predadores. É isso que está ocorrendo com os indígenas. O próprio abandono faz parte do jogo, pois gera mais preconceito, o que os fragiliza.

[...]

Disponível em: <www.mabnacional.org.br/noticia/artigo-programa-ndio-preconceito-sim-senhor>.

Texto 2

Discriminação — Dados da Funai mostram que dos 1.800 que vivem na cidade de São Paulo, apenas cerca de 600 trabalham

Índio esconde origem para obter emprego

Lilian Christofoletti
da Reportagem Local

O medo do preconceito tem obrigado índios que moram em São Paulo a camuflar suas origens para conseguir emprego. Na hora de procurar trabalho, os índios se apresentam como negros, nordestinos ou índios argentinos.

E mesmo assim, disfarçados, os indígenas em geral só conseguem disputar vagas mal remuneradas que estão à disposição no mercado de trabalho. No final, acabam ocupados como pedreiros, vigilantes ou empregadas domésticas.

"Trabalhei um ano e dois meses em uma casa de família. Quando contaram para a minha patroa que eu era índia, ela começou a dar indiretas dizendo que não gostava de índios e depois me demitiu", diz Maria de Fátima Cardoso, índia da tribo dos pankararus, que passou a trabalhar como merendeira depois de ter sido demitida.

A remuneração desses trabalhadores acompanha esse raciocínio. Segundo dados da Funai (Fundação Nacional do Índio), dos 1.800 índios que moram na capital, apenas cerca de 600 trabalham. A média salarial é de R$ 350.

O preconceito contra os índios é resquício de uma imagem que tem quase 500 anos. Escravizados, os indígenas resistiam e eram considerados "indolentes". Os ecos desses adjetivos continuam sendo ouvidos até hoje.

"Preguiçoso", "ingênuo", "selvagem", dizem os índios entrevistados pela *Folha*, sobre como são chamados pela população das cidades.

Ignorância

Para o índio Jurandir Siridiwê Xavante, representante dos xavantes em São Paulo, a origem do preconceito está ligada à história do Brasil. "Nas escolas, as crianças aprendem que o índio foi substituído pelo negro na escravidão porque ele era preguiçoso", diz.

Antropólogos e especialistas consultados pela *Folha* dizem que a reação do índio de esconder a origem é compreensível. "A sociedade ignora aquilo que desconhece ou que tem medo, por isso, se fecha para o índio", diz a antropóloga Betty Mindlin.

Segundo o chefe do serviço de assistência da Funai e representante dos terenas na capital, Mário de Camilo Ivy, três grupos indígenas vivem em São Paulo: fulniôs, guaranis e pankararus, "apenas esses últimos se arriscam na disputa de emprego".

Segundo ele, os fulniôs e guaranis são mais isolados e vivem de artesanato, doações e de agricultura. "Em comum, eles têm as condições precárias de vida em favelas, aldeias ou áreas rurais", diz.

De acordo com Ivy, os pankararus são pioneiros na busca por emprego em São Paulo. "Eles são corajosos. A maioria dos índios prefere continuar em comunidade e evitar o branco".

Coragem

Para o presidente da Associação Indígena Pankararu, Frederico Pankararu, a coragem é mais uma necessidade de sobrevivência. Segundo ele, faz parte da tradição de sua aldeia, Brejo dos Padres, em Pernambuco, encaminhar jovens de 18 anos para trabalhar em São Paulo.

"É uma fase de aprendizado do jovem. Nós trabalhamos para ganhar dinheiro, mas o nosso destino é voltar para a aldeia", afirma.

Segundo ele, é preciso coragem para enfrentar a cidade grande.

Essa qualidade não faltou para o índio xerente Wa'ikaira', 16. Ele é jogador de futebol e foi chamado para fazer um teste na seleção da Bélgica. "É uma vitória, um sonho que está se realizando", diz.

A empresária do atacante, Sandra Eli de Melo, diz que ele se tornou o orgulho da aldeia. "Foi um milagre. Não tem outra explicação", afirma a empresária.

Texto 3

A professora

"Eu me considero uma vencedora. Tive de me sujeitar a todo tipo de trabalho para conseguir estudos e o fato de ser índia tornou tudo mais difícil. A minha sorte é que os índios pankararus são morenos e algumas pessoas pensavam que eu era negra. Eu preferia não falar nada. Hoje, leciono para crianças de várias etnias, graças à ajuda de uma professora branca. Não preciso mais esconder minha origem". (Rita de Cássia dos Santos, 30, professora que ganha R$ 300 por mês.)

Disponível em: <www1.folha.uol.com.br/fsp/cotidian/ff08119817.htm>.

Texto 4

O jogador

"Parei de estudar na 5ª série porque precisei trabalhar para ajudar os meus pais. Foi um momento difícil. Fiquei dez meses em uma metalúrgica, mas nunca desisti de treinar futebol. Treino desde os 5 anos na aldeia. Meu povo está orgulhoso, pois sou o primeiro da aldeia que vai jogar em um time profissional. Parece um sonho. Quero ganhar bem para ajudar meu povo" (Marcos Gil Pankararu, 18, jogador de futebol que está em teste no Ituano). [*Folha de S.Paulo*, 8 nov. 1998. C. 3, p. 8.]

Texto 5

Preconceito contra índio é camuflado

Discriminação – Segundo antropólogo coordenador de ONG, paulistas ignoram população indígena do Estado.
da Reportagem Local

Para o coordenador do Iama (Instituto de Antropologia e Meio Ambiente), Mauro Leonel, o preconceito contra o índio no Brasil é "camuflado e mentiroso". A origem, segundo ele, é proveniente de décadas de escravidão e, atualmente, do conflito fundiário.

O IAMA é uma ONG (organização não governamental) que trabalha com as questões indígenas.

"São mais de três séculos de uma situação mal-resolvida. A sociedade não tem compreensão do privilégio de ser contemporâneo de uma cultura diferente, de conviver com aqueles que foram os primeiros povos do Brasil", diz.

Segundo ele, os índios resistiram à escravidão e não aceitaram o ideal de torná-los "civilizados". "Temos uma dívida muito grande com os índios", diz.

Para a antropóloga Betty Mindlin, a ignorância sobre o modo de vida e a cultura dos índios favorece a discriminação.

Betty já escreveu quatro livros sobre os mitos indígenas de 15 povos diferentes. "A sociedade despreza aquilo que ignora. Existem mais de 500 povos indígenas e todos são tratados como índios. A verdade é que o Brasil tem dificuldades de lidar com o povo que massacrou durante séculos", diz.

Segundo a antropóloga, os índios continuam sendo violados em todos seus direitos.

"O fato de viverem em favelas de São Paulo, ganharem pouco e terem baixa formação contribui para a exclusão do grupo."

Fantasia

"O índio emplumado, pintado e armado de arco e flecha faz parte da fantasia das pessoas. Em contato com a realidade, ou seja, com o índio paulistano que mora em favela, é pobre e tem roupas simples, ele é ignorado", afirma a antropóloga e professora da PUC (Pontifícia Universidade Católica) de São Paulo, Carmem Junqueira.

Para ela, muitos paulistanos desconhecem a existência de três reservas indígenas no Estado de São Paulo (nos municípios de Avaí, Braúna e Arco-Íris).

"Eles chegam aqui com muitos sonhos, mas acabam encontrando uma realidade de preconceito e discriminação. O sonho de voltar para a aldeia, que é comum entre os índios, é quase inviável porque eles nem têm dinheiro para comer", diz.

O processo de competição de emprego na capital, segundo ela, é "sujo e desonesto".

"Eles não têm a mesma formação e as culturas são diferentes. Na cidade grande, os índios ficam em situação de desvantagem."

Disponível em: <www1.folha.uol.com.br/fsp/cotidian/ff08119818.htm>.

Texto 6

Voltar à aldeia fica mais difícil

da Reportagem Local

A promessa de retornar para a aldeia, depois de trabalhar em São Paulo, fica cada vez mais impossível diante das dificuldades econômicas encontradas na capital.

Segundo Frederico Pankaru, dos 950 pankararus que estão concentrados na favela Real Parque (zona sudoeste de SP), cerca de 40% estão desempregados. O tempo que o índio permanece assalariado, geralmente, varia de sete a nove meses.

"A gente vem para ganhar dinheiro, mas mal dá para comprar comida. A verdade é que o meu povo é muito inocente perto dos brancos", diz Pankararu.

Segundo ele, 30% dos Pankararus que vivem em São Paulo são analfabetos e 40% sabem escrever apenas o nome. "Os outros escrevem e leem com dificuldade."

"A nossa cultura, tradição e até os adornos indígenas ficam em casa e são vistos apenas pelo índios." (LC).

Texto 7

Travesti sofre mais preconceito

da Sucursal do Rio

O índio caiapó Ivan Souza de Almeida, 58, que veio para o Rio ainda criança, sempre conviveu com o preconceito de ser chamado, pejorativamente, de "índio". Há cerca de 15 anos, quando decidiu virar o travesti Janaína, passou a sofrer duplo preconceito.

Ele afirma que começou a ser tratado de "índio veado", "índio travesti" ou, simplesmente, "índia". Por conta de sua opção sexual, diz que já foi inclusive ameaçado de morte.

Desde que se mudou de Mato Grosso para o Rio com os pais, por volta de 9 anos, o então Almeida nunca foi muito ligado em questões indígenas. Mas cedo aprendeu que era diferente dos vizinhos.

O pai veio para o Rio servir na Marinha. Trouxe a mulher e os três filhos. Almeida lembra que, para os vizinhos, eles eram sempre "os índios".

O tempo foi passando e, depois que se separou da mulher, com quem teve duas filhas, Almeida começou a enfrentar um preconceito maior ainda. Foi quando decidiu assumir seu lado homossexual, virando "Janaína". (Roni Lima)

Folha de S.Paulo, 8 nov. 1998. C. 3, p. 9. Disponível em: <www1.folha.uol.com.br/fsp/cotidian/ff08119820.htm>.

a) O primeiro texto descreve os efeitos da construção da Hidrelétrica de Belo Monte sobre as comunidades indígenas da região. Os demais textos apresentam as dificuldades que o indígena passa nos grandes centros urbanos. Todos os textos tratam da vulnerabilidade do indígena e do preconceito sofrido por ele. Compare os textos, identificando similitudes e diferenças.

b) Identifique os diversos tipos de preconceito sofridos pelos indígenas e discuta com os colegas sobre as possíveis origens dessas atitudes.

c) Discutam quais as medidas que poderiam ser tomadas para resguardar a cultura indígena e para integrar os indígenas na sociedade.

Sessão de cinema

- *Terra vermelha*. Brasil (2008), direção: Marco Bechis.
- *O riso dos outros*. Brasil (2012), direção: Pedro Arantes.

7

Liberdade de expressão e de crença

A PÁGINA DA REDE SOCIAL É MINHA E EU POSTO O QUE EU QUISER!

Estudante chama professora de gorda na rede social e inicia mais um debate sobre liberdade de expressão e leis em relação à internet

Depois de receber uma quantidade anormal de dever de casa, um estudante americano resolveu falar o que quis na rede social sobre a sua professora. E, como você sabe, quem fala o que quer... toma suspensão e inicia mais um debate sobre liberdade de expressão na *web*.

Em um momento de raiva e frustração, o estudante californiano Donny Tobolski escreveu que a sua professora era uma "gorda que devia parar de comer *fast-food*, e uma escrota".

Como a mensagem foi postada do seu computador pessoal, em casa, e não da escola, nem mesmo em horário de aula, a suspensão que o garoto recebeu foi considerada, pela União Americana de Liberdade Civil, uma violação do seu direito à liberdade de expressão (que é levado a sério nos Estados Unidos) e posteriormente anulada pelo diretor da escola.

Disponível em: <http://gizmodo.uol.com.br/estudante-chama-professora-de-gorda-no-facebook-e-inicia-mais-um-debate-sobre-liberdade-de-expressao-e-leis-em-relacao-a-internet>. Adaptado.

Para você, há possibilidade de limitar o conteúdo das postagens nas redes sociais? Como justificar essa limitação?

O BRONCAS Zé Oliveira

VISADO PELA CENSURA

CENSURA, NUNCA MAIS!

> **Liberdade de imprensa ainda está ameaçada no Brasil, dizem ONGs**
>
> *Somente em 2013, quatro jornalistas foram mortos, segundo a* Repórteres Sem Fronteiras. *Impunidade e censura estão entre os principais problemas enfrentados pela imprensa*
>
> Apesar de viverem numa democracia há mais de 28 anos, os jornalistas brasileiros ainda encontram dificuldades para exercer livremente a profissão. Somente em 2013, quatro profissionais da imprensa foram assassinados no Brasil.
>
> Segundo ONGs especializadas no assunto, outros problemas enfrentados pelos jornalistas brasileiros são a proibição de vincular notícias sobre determinadas pessoas, a alta concentração da propriedade dos meios de comunicação e a relação próxima entre donos de veículos de comunicação e políticos. [...]
>
> [...]
>
> Disponível em: <www.dw.de/liberdade-de-imprensa-ainda-est%C3%A1-amea%C3%A7ada-no-brasil/a-16789121>.

Por que a limitação das atividades de jornalistas pode ser algo prejudicial para uma sociedade?

■ Direito à liberdade de manifestação do pensamento, liberdade de expressão e liberdade de consciência e de crença

Para tratar das liberdades que serão objeto deste capítulo, é preciso considerar a importância de nossa sociedade, vista como um espaço plural de ideias e credos em que todos têm a possibilidade de refletir e manifestar seu pensamento, além de refletir sobre suas crenças e expressá-las de forma livre. O mais importante não é assegurar a concordância de todos a respeito de determinado assunto, mas possibilitar o diálogo entre os diferentes pontos de vista. Se, ao final de um debate plural como esse, for possível estabelecer algum tipo de consenso sobre determinado tema, tanto melhor. No entanto, a livre manifestação de pensamento, a liberdade de expressão e de crença são questões mais relacionadas ao processo de troca de ideias do que ao resultado final desse processo (seja de convergência, seja de divergência de posições sobre certo assunto).

Uma primeira distinção importante deve ser feita entre, de um lado, liberdade de manifestação do pensamento e liberdade de expressão e, de outro lado, liberdade de consciência e liberdade de crença. As duas primeiras liberdades têm como foco externar ideias e convicções em um contexto de debate público. Já a liberdade de consciência e a de crença relacionam-se à perspectiva interna do indivíduo, e tanto uma quanto a outra são questões de foro íntimo ou privado, ou seja, dependem de escolhas individuais.

A livre circulação de ideias, convicções e credos deve ser compreendida no contexto da sociedade democrática, na qual a pluralidade de perspectivas e o respeito a essa pluralidade constituem fundamentos da democracia, regime avesso às restrições arbitrárias aos posicionamentos que cada um de nós pode construir e expressar. Assim, estamos diante da possibilidade de criar e externar sensações, sentimentos e ideias sobre as mais diversas questões, não somente políticas, mas também culturais, científicas, artísticas, entre outras.

Nesse sentido, pode-se pensar tanto na liberdade de pensamento, que reúne nossos juízos intelectivos — em outras palavras, nosso modo de pensar —, como no ato de externar, de expressar nossas ideias. Temos, respectivamente, a liberdade de manifestação de pensamento e a liberdade de expressão. Essa última, por sua vez, compreende também a liberdade de comunicação por meio da imprensa, incluindo aqueles meios que dependem de autorização estatal para seu funcionamento (como concessões de canal de televisão, no Brasil). Trata-se da liberdade de imprensa, fundamental para garantir o fluxo de ideias em uma sociedade democrática.

Falar em liberdade de imprensa no mundo em que vivemos hoje não é simples. Não podemos ignorar que a imprensa — jornais e revistas impressos ou *on-line*, rádio e televisão, além de *sites* e ferramentas poderosas, como o Google e as redes sociais —, possa ser ingenuamente considerada somente um meio de comunicação. A narrativa que abre este capítulo expõe uma questão de poder: poder dizer o que se quer *versus* não poder. Além disso, é preciso não esquecer que grande parte de nossa cultura é transmitida pela mídia e que esta pode ser um meio de acesso a fontes inesgotáveis de conhecimentos — é verdade que todos os meios de comunicação podem ser empregados para veicular ideias racistas, preconceituosas e inverídicas se a censura prévia não se demonstrar compatível com a democracia. É preciso, então, que nos tornemos, desde cedo, leitores/espectadores críticos, precavidos e atentos a todas as formas de manipulação.

A liberdade de pensar livremente e de expressar nossas ideias e convicções, e a liberdade de acreditar naquilo que julgamos mais adequado para explicar o mundo são direitos que foram concretizados em diversos documentos nacionais e internacionais, que afirmaram a existência dessas liberdades para todos os seres humanos, sem restrições. Essas liberdades podem ser pensadas a partir de duas perspectivas: uma negativa (no sentido de espaço de não intervenção) e outra positiva (dimensão coletiva relacionada à criação de nossas próprias regras sobre a livre manifestação do pensamento, a liberdade de expressão e a de crença).

A Constituição brasileira garante essas liberdades no artigo 5º, dispositivo que trata dos direitos fundamentais brasileiros:

Constituição Federal de 1988

[...]

Artigo 5º

[...]

Inciso IV – é livre a manifestação do pensamento, sendo vedado o anonimato;

Inciso VI – é inviolável a liberdade de consciência e de crença, sendo assegurado o livre exercício dos cultos religiosos e garantida, na forma da lei, a proteção aos locais de culto e a suas liturgias;

Inciso IX – é livre a expressão da atividade intelectual, artística, científica e de comunicação, independentemente de censura ou licença;

Artigo 220

A manifestação do pensamento, a criação, a expressão e a informação, sob qualquer forma, processo ou veículo não sofrerão qualquer restrição, observado o disposto nesta Constituição.

[...]

Disponível em: <www.planalto.gov.br/ccivil_03constituicao/constituicao.htm1>.

Com base na leitura do texto constitucional, pode-se afirmar que os indivíduos são os titulares dos direitos à liberdade de manifestação de pensamento, à liberdade de expressão e à liberdade de consciência e de crença. Tratam-se de direitos que cada um de nós pode exercer e que dizem respeito à nossa esfera individual de escolha por certas ideias e credos.

No entanto, existem casos em que o próprio veículo de comunicação pode atuar limitando a liberdade de imprensa, por exemplo, quando uma jornalista tem seu trabalho censurado pelo jornal. Como os direitos em questão assumem a forma de liberdades, deve ser garantido um espaço em que não exista a interferência de terceiros sobre a manifestação de nossas ideias e crenças. Logo, essa esfera individual de escolha não pode ser determinada por um ente exterior, somente pelo indivíduo.

As liberdades discutidas neste capítulo são exercidas em relação aos demais indivíduos e em relação ao Estado, entidade política que atualmente organiza a vida em sociedade — o que não implica afirmar que os destinatários dessas liberdades sejam obrigados a aceitar qualquer tipo de manifestação de pensamento ou de credo. Aqueles que abusarem de suas liberdades para causar danos, caluniar, injuriar ou difamar outras pessoas, poderão ser punidos por isso. É essencial que se diferencie a censura, que não é admitida, de outras formas de sanção a quem maliciosamente use da liberdade de expressão para ofender e prejudicar o outro.

Assim, no caso discutido no início do capítulo, em que o aluno afirmou que sua professora era uma "gorda que devia parar de comer *fast-food*, e uma escrota", o referido *post* em uma rede social entra em choque com a pessoa da professora, representando uma atitude desrespeitosa e intolerante. A manifestação e a expressão do pensamento não podem ser utilizadas para agredir os demais, devendo ser exercidas considerando e respeitando as outras pessoas.

As liberdades debatidas não devem, portanto, ser tomadas como algo absoluto. Por mais que se reconheça que todo ser humano é livre, aceitar que cada um de nós possa fazer tudo o que desejar, independentemente das consequências para os demais integrantes da sociedade (indivíduos tão livres quanto cada um de nós), constitui um entendimento que pode tornar impossível o próprio exercício da liberdade. Assim, afirmar a liberdade de todos não equivale a afirmar que temos possibilidades infinitas de ação. No Brasil, por exemplo, a liberdade de expressão pode ser limitada se estiver relacionada a algumas questões, por exemplo, o racismo, as ofensas pessoais, como calúnia e difamação, e a apologia ao crime. No entanto, da mesma forma que as liberdades não devem ser vistas como absolutas, também não há proteção absoluta à imagem ou à sensibilidade das pessoas. Divergências de opinião, críticas, denúncias, obras de valor artístico e moral questionável devem ser protegidos não porque concordamos com o seu conteúdo, mas porque em uma sociedade democrática a pluralidade deve prevalecer. As liberdades de expressão, de manifestação de pensamento, e a liberdade de consciência e de crença devem ser compreendidas no contexto de vida em sociedade, em que seja possível a todos exercê-las sem distinções.

Por fim, vale dizer que o desrespeito a essas liberdades pode ensejar a atuação do Poder Judiciário, que pode ser acionado para fazer cessar uma interferência indevida na liberdade de expressão ou de crença de um indivíduo. Tribunais internacionais, como a Corte Interamericana de Direitos Humanos, também podem ser acionados para atuar da mesma forma que o Poder Judiciário, uma vez que as liberdades discutidas neste capítulo também são definidas em tratados de outros países. No entanto, a atuação de órgãos internacionais está condicionada a diversos requisitos, como já foi visto anteriormente.

Atividades

RECAPITULANDO

A liberdade de expressão, de manifestação do pensamento, e a liberdade de consciência e crença são direitos humanos protegidos em nossa Constituição e em tratados internacionais.

Essas liberdades estão relacionadas a uma ideia de sociedade plural e diversa, de caráter democrático, em que todos os indivíduos possam ter a oportunidade de escolher livremente seus próprios posicionamentos.

Na sua qualidade de liberdades, elas possuem dimensão negativa (ausência de interferência de terceiros) e dimensão positiva (todos devem participar da criação das regras da vida em sociedade, de forma autônoma).

Liberdades podem sofrer limitações, dependendo do contexto e dos demais valores envolvidos no caso concreto, desde que não se imponha a censura.

Testando seus conhecimentos

Monitorando a aprendizagem

Vamos imaginar a situação a seguir.

Durante uma aula de Biologia do Ensino Médio, o professor Emílio introduz aos alunos os debates sobre a origem da vida em nosso planeta. Sem ignorar as diversas teorias que foram desenvolvidas buscando explicar a origem da vida na Terra, Emílio afirma:

"Devemos pensar que todos os seres vivos em nosso planeta se originam de um ato de criação especial, isto é, toda a forma de vida terrestre é fruto da ação do Criador. Esse momento único foi muito bem descrito em vários livros, em especial na Bíblia. Temos também expressões artísticas que se basearam nessa compreensão. Vejam, por exemplo, o afresco *A criação de Adão*, feita no século XVI pelo artista italiano Michelangelo Buonarroti:

Nesta imagem, temos representado o momento em que Deus (à direita) toca o dedo de Adão para lhe dar sua alma. Eva também está em contato com Deus envolvida em seu braço esquerdo. Assim, nossas aulas sobre a origem da vida na Terra serão baseadas nessa perspectiva, incluindo os estudos mais recentes da teoria chamada 'desenho inteligente'."

Se você quiser saber mais sobre as teorias que debatem sobre a origem da vida em nosso planeta, em especial a teoria do "desenho inteligente" e a teoria da evolução, assista ao vídeo produzido pela ONG estadunidense Khan Academy. Disponível em: <www.youtube.com/watch?v=3Y3LGLulErK>.

Após o intervalo, os alunos voltam para a sala para assistir a aula de História. A professora Cinda explica aos alunos, em detalhes, a Revolução Russa de 1917 e a criação da União das Repúblicas Socialistas Soviéticas (URSS). Cinda explica, inclusive, as ideias marxistas que influenciaram as transformações verificadas na Rússia, como a divisão da sociedade em duas classes sociais (o proletariado e a burguesia), as características do modo de produção capitalista e sua influência determinante na vida social, cultural e política de muitas sociedades, bem como a possibilidade de emancipação geral que estaria relacionada à revolução do proletariado.

Na aula seguinte, a professora Cinda pede aos alunos que se organizem em grupos de quatro estudantes para debater a charge a seguir, relacionada à questão agrária no Brasil. O exercício vale nota e os alunos devem basear seus comentários na última aula ministrada pela professora.

Se quiser saber mais sobre o marxismo, assista ao vídeo produzido pela Khan Academy (ainda sem tradução em português), disponível em: <www.youtube.com/watch?v=MmRgMAZyYN0>.

CULPA DO LATIFÚNDIO!!!
SE TIVESSE TERRA PRA PLANTAR NÃO HAVERIA ESSE DESEMPREGO TODO!

PRECISA-SE:
NÃO HÁ VAGA
NÃO HÁ VAGA
NÃO HÁ VAGA
NÃO HÁ VAGA
NÃO HÁ VAGA
NÃO HÁ VAGA

Em uma escola, um(uma) professor(a) pode dar aulas seguindo somente crenças e pensamentos pessoais? Na aula de Biologia, os alunos poderiam exigir que apenas teorias científicas sobre a origem da vida fossem abordadas? E, em relação ao exercício formulado pela professora Cinda, os alunos poderiam examinar o nível de desemprego no Brasil, apresentando explicações para essas questão que fossem diferentes daquela citada na charge, relacionada à questão dos latifúndios?

Assimilando conceitos

Leia o texto a seguir, de Oscar Vilhena Vieira.

O Judiciário brasileiro tem tido enorme dificuldade em equacionar conflitos entre liberdade de expressão e outros direitos, como privacidade, honra, etc. Diversas decisões judiciais nos últimos anos apontam para a persistência de um profundo mal-entendido sobre o sentido do direito à liberdade de expressão. Uma cidadã foi recentemente condenada a pagar uma indenização por manifestar sua indignação contra uma decisão de um ministro do Supremo Tribunal Federal. No Paraná, vários jornalistas foram processados por denunciarem os supersalários de alguns magistrados. Nas últimas eleições assistiu-se a uma caçada a conteúdos políticos "impróprios" nas redes sociais durante a campanha eleitoral.

O mal-entendido parece sempre começar com a afirmação de que a Constituição não estabelece nenhum direito absoluto. Assim, todas as vezes que a liberdade de expressão se encontrar em conflito com outros direitos, como a privacidade, a imagem ou a honra de terceiros, o Judiciário estaria autorizado a realizar um processo de ponderação, em que a liberdade de expressão infelizmente parece estar levando a pior.

Muitas autoridades têm dificuldade em compreender a natureza e as múltiplas funções da liberdade de expressão. Em primeiro lugar, a liberdade de expressão é um instrumento fundamental para que uma sociedade possa se desenvolver, corrigir seus erros, questionar dogmas e se aperfeiçoar. Se aceitamos a ideia de que a censura é um mecanismo legítimo, corremos o risco de que a sociedade fique estagnada. Pensem em inúmeros avanços da Ciência, que quando pela primeira vez expostos foram tomados como blasfêmias. Pensem nas obras de arte censuradas, que muito depois foram vistas como precursoras de importantes mudanças de regras injustas na sociedade.

O que importa compreender é que o direito à liberdade de expressão não protege apenas aquilo que é correto, verdadeiro, de bom gosto, ou dito em bom tom. Esse direito protege que as pessoas possam expressar suas críticas, sua ironia, seus sonhos, e muitas outras coisas que eventualmente incomodam. Mas isso, por si, não é motivo para que o discurso possa ser censurado ou reprimido. A liberdade de expressão também tem um papel muito importante para a democracia. Sem que o cidadão possa obter informações de como o poder está sendo exercido e livremente se manifestar sobre seus governantes, a ideia de exercício legítimo da autoridade não passaria de uma farsa. Mesmo opiniões erradas devem ser toleradas, pois dão a oportunidade para que, ao serem contestadas, o debate público seja enriquecido.

A Suprema Corte americana vem, desde de o início do século XX, ampliando a proteção à liberdade de expressão, especialmente quando se refere à proteção do discurso político e da crítica à autoridade pública. Aquele que exerce o poder, em nome da coletividade, deve estar submetido a um controle muito mais rigoroso do que as demais pessoas.

Assim, grau de tolerância a eventuais afrontas à honra e imagem de autoridades e outras pessoas que exercem poder numa sociedade deve ser muito maior. Apenas discursos maliciosamente mentirosos contra pessoas públicas deveriam ser objeto de punição, jamais de censura. Esse é um ônus ao qual todos aqueles que se dispõem a exercer autoridade devem estar submetidos.

Considerando o atual contexto brasileiro, você acha que é possível manifestar ideias e pensamentos sem risco de represálias? Justifique sua resposta.

Olhares sobre a sociedade

Leia os textos a seguir.

Texto 1

Rio tem confronto de manifestantes e PMs

Manifestantes e policiais militares entraram em confronto ontem no centro do Rio em um novo protesto contra a elevação da tarifa de ônibus. Trinta e uma pessoas foram levadas para a delegacia, nove delas menores de idade.

Houve tumulto, com manifestantes atirando pedras e cascas de coco contra prédios públicos e contra PMs — que utilizaram bombas de efeito moral e *spray* de pimenta.

O comércio fechou as portas e houve correria entre as pessoas que saíam do trabalho, por volta das 18h30.

A manifestação foi a segunda no Rio em menos de uma semana — a primeira, sem confronto com a PM, havia sido na quinta-feira. Foi convocada nas redes sociais.

As passagens de ônibus no Rio aumentaram de R$ 2,75 para R$ 2,95, no último dia 3.

Folha de S.Paulo, 11 jun. 2013. Disponível em: <http://direito.folha.uol.com.br/1/post/2013/06/-coexistncia-se-aprende-coexistindo.html>.

Uma onda de protestos tomou conta do Brasil em 2013. Inicialmente ligadas à questão do transporte público nas grandes cidades, as manifestações ampliaram seu foco e, em muitos locais, buscaram chamar a atenção para a má qualidade dos serviços públicos oferecidos em nosso país. Algumas manifestações envolveram ações violentas por parte da polícia assim como de grupos de manifestantes.

Levando em conta o direito constitucional à liberdade de expressão e manifestação os governos poderiam impor algum(ns) limite(s) a esse tipo de manifestação? Qual(is)? Por quê? Justifique sua resposta.

Exercitando a imaginação em direitos humanos

A Organização dos Estados Americanos (OEA), organização internacional criada em 1948 por um tratado internacional, possui a Relatoria Especial para a Liberdade de Expressão desde 1997, criada pela Comissão Interamericana de Direitos Humanos. A relatoria tem como objetivo monitorar o respeito à liberdade de expressão no continente americano. O Brasil é membro da OEA desde sua fundação e, em 2012, prestou informações sobre a proteção à liberdade de expressão em nosso país.

A relatoria publicou seu informe anual sobre liberdade de expressão para o ano de 2012. Entre as informações sobre o Brasil, afirmou que:

Durante 2012, a Relatoria seguiu com interesse as discussões no Brasil sobre o projeto de lei nº 2.126/2011, também conhecido como Marco Civil da Internet, em discussão no Congresso Nacional. O projeto é produto de uma iniciativa liderada pelo Ministério da Justiça do Brasil e pelo Centro de Tecnologia e Sociedade da Fundação Getulio Vargas, no qual se realizaram consultas amplas e públicas com a sociedade brasileira. O projeto estabelece a liberdade de expressão como um dos princípios da regulação em matéria de internet e contém disposições relacionadas com, entre outras, a responsabilidade de intermediários, a neutralidade na rede e a promoção de acesso à internet. A Relatoria considera importante essa iniciativa toda vez que a adoção de um marco regulatório claro e respeitoso da liberdade de expressão permite o exercício deste direito em condições de maior transparência, segurança jurídica e garantias de proteção. [...].

Relatoria de 2012. Disponível, em espanhol, em: <www.oas.org/es/cidh/expresion/docs/informes/anuales/Informe%20Anual%202012.pdf>. Tradução da coordenadora.

Os debates brasileiros sobre a regulação da internet foram reconhecidos internacionalmente, e o direito à liberdade de expressão constitui um princípio fundamental no projeto brasileiro conhecido como Marco Civil da Internet.

Se você tivesse a oportunidade de participar de uma das audiências públicas realizadas sobre o Marco Civil da Internet, qual seria a sua proposta para buscar o respeito à liberdade de expressão na *web*? Justifique sua reposta.

Sessão de cinema

- *Enquanto a tristeza não vem*. Brasil (2003), direção: Marco Fialho.
- *Shouting fire: stories from the edge of free speech*. Estados Unidos (2009), direção: Liz Garbus.

8

Informação

Liberdade de informação

Mário tem um *blog* e quer publicar suas atividades cotidianas, reflexões e fotos. Certo dia, fotografa vários amigos numa balada e resolve publicar essas fotos sem o consentimento deles. Algumas são até engraçadas, mas outras são humilhantes. Mário faz comentários homofóbicos e racistas sobre os amigos. Mário pode fazer isso?

Maria quer saber quanto a prefeitura e o governo do Estado estão investindo em políticas de educação, saúde e moradia. Procurou na internet, mas não conseguiu encontrar nada sobre os investimentos em creches e postos de saúde, nem mesmo sobre quais as áreas de sua cidade estariam cobertas por um programa de moradia popular... E agora? Como conseguir essas informações? Maria tem esse direito?

Um pedido de informação foi encaminhado a uma grande empresa de comunicação no Reino Unido, questionando sobre diferença salarial entre jornalistas dos sexos masculino e feminino. A resposta confirmou que a empresa pagava, em média, £ 6.500,00 anuais a menos para as mulheres em comparação aos homens que exerciam a mesma função. Paralelamente, foi divulgado relatório sobre desigualdades entre homens e mulheres no âmbito do trabalho. Essa discrepância levou o governo britânico a adotar uma série de medidas para que órgãos governamentais e empresas públicas preparassem um plano para eliminar a diferença de pagamento entre gêneros.

Em cada um desses cenários, a informação recebe um enfoque diferente: publicar com ou sem autorização; ter acesso a informações; as consequências da publicação de informações. Nesses cenários, o que podemos chamar de direito à informação?

Direito à informação

O direito à informação é o direito de divulgar, buscar e receber informações e ideias. É um direito fundamental do qual depende o exercício de outros direitos. O direito à informação abrange três aspectos: direito de informar, direito de se informar e direito de ser informado. Também é assegurado pelo Marco Civil da internet que a rede tenha sua integridade preservada para que os usuários possam livremente informar e ser informados.

1. **Direito de informar:** toda e qualquer pessoa ou entidade, pública ou privada, tem o direito de transmitir informações a terceiros, respeitando a dignidade, a honra e a imagem da pessoa humana. Podemos voltar agora a nos perguntar se o estudante estadunidense respeitou a dignidade, a honra e a imagem de sua professora.

2. **Direito de se informar:** todos têm direito a buscar informações, dados ou documentos. Esse direito pode ser individual – buscar informações de interesse pessoal – ou coletivo, perante o Estado ou banco de dados públicos.

    Entretanto, alguns dados podem ser sigilosos e ser de acesso mais restrito. É o que acontece com documentos que tratam de informações que, se reveladas, podem causar graves danos aos interesses da nação ou da sociedade. Por isso, há normas que determinam o sigilo de algumas informações.

    No âmbito desse direito, encontram-se os limites para a utilização de dados pessoais (por exemplo, RG, CPF e endereço) por empresas e governos. Esse é um direito regulado em muitos países, como os da União Europeia. As informações pessoais que prestamos a terceiros no nosso dia a dia devem ser tratadas de forma transparente e com estrito respeito pela reserva da vida privada, dos direitos e das garantias individuais. Além disso, os dados pessoais devem ser tratados de forma lícita, recolhidos para determinadas finalidades, explícitas e legítimas, e devem permitir a identificação de seus titulares apenas por um período necessário à sua finalidade.

3. **Direito a ser informado:** toda pessoa tem o direito de receber informações fidedignas do Estado sobre quaisquer fatos de interesse público e de ter pleno

acesso a elementos mantidos em arquivos públicos, de interesse público ou particular. Ou seja, o Estado tem o dever de prestar informações aos cidadãos sobre todos os fatos relevantes sob seu domínio. Da mesma forma, os meios de comunicação também devem prestar informações de interesse público, desde que verossímeis e decorrentes de apuração responsável.

Constituição Federal

[...]

Artigo 5º

[...]

XIV – é assegurado a todos o acesso à informação e resguardado o sigilo da fonte, quando necessário ao exercício profissional;

[...]

XXXIII – todos têm direito a receber dos órgãos públicos informações de seu interesse particular, ou de interesse coletivo ou geral, que serão prestadas no prazo da lei, sob pena de responsabilidade, ressalvadas aquelas cujo sigilo seja imprescindível à segurança da sociedade e do Estado;

[...]

Disponível em: <www.planalto.gov.br/ccivil_03/constituicao/constituicao_html>.

Declaração Universal dos Direitos Humanos

[...]

Artigo 19 – Todo homem tem direito à liberdade de opinião e expressão; este direito inclui a liberdade de, sem interferências, ter opiniões e de procurar, receber e transmitir informações e ideias por quaisquer meios e independentemente de fronteiras.

[...]

Disponível em: <www.dudh.org.br/declaracao>.

Pacto Internacional sobre Direitos Civis e Políticos

[...]

Artigo 19

1. Ninguém poderá ser molestado por suas opiniões.

2. Toda pessoa terá direito à liberdade de expressão; esse direito incluirá a liberdade de procurar, receber e difundir informações e ideias de qualquer natureza, independentemente de considerações de fronteiras, verbalmente ou por escrito, em forma impressa ou artística, ou por qualquer outro meio de sua escolha.

3. O exercício do direito previsto no parágrafo 2 do presente artigo implicará deveres e responsabilidades especiais. Consequentemente, poderá estar sujeito a certas restrições, que devem, entretanto, ser expressamente previstas em lei e que se façam necessárias para:

a) assegurar o respeito dos direitos e da reputação das demais pessoas;

b) proteger a segurança nacional, a ordem, a saúde ou a moral públicas.

[...]

Disponível em: <www.planalto.gov.br/ccivil_03/decreto/1990_1994/d0592.html>.

Lei de Acesso à Informação

O direito à informação é um dos alicerces do Estado Democrático de Direito e uma ferramenta importante para a prestação de contas e para combater a corrupção. Como exercer os demais direitos sem informação e transparência? Como fiscalizar o Estado e participar da gestão política sem informação adequada?

A lei nº 12.527, de 18 de novembro de 2011, regula o acesso à informação, previsto na Constituição Federal, obrigando órgãos públicos a dar publicidade às informações. O sigilo é exceção. Assim, há a previsão de procedimento para facilitar e agilizar, para qualquer pessoa, o acesso e a divulgação de informações de interesse público, de forma a estimular o desenvolvimento de uma cultura de transparência e controle social na administração pública.

Os órgãos públicos da União, estados, Distrito Federal e municípios, assim como entidades que recebem recursos públicos, estão sujeitos a essa lei e devem divulgar suas informações por meio da criação de serviço de informação ao cidadão (em local com condições apropriadas para atender e orientar o público, prestar informações sobre tramitação de documentos e requerimentos de acesso a informações) e incentivar a participação popular (especialmente via audiências e consultas públicas). A internet pode facilitar a divulgação de informações, mas os órgãos públicos devem usar linguagem e ferramentas fáceis e simples para facilitar o acesso a elas.

Podemos ver facilmente como o sistema funciona. Suponha que o sr. Josino esteja interessado em saber quanto o governo federal pagou ao pescador artesanal em 2012, em Acopiara, uma cidadezinha cearense cercada de açudes. O sr. Josino entra no Portal da Transparência, disponível em: <www.portaltransparencia.gov.br/>. Logo na página de abertura, encontra o item Consultas Temáticas, clica em Pescador Artesanal e, em seguida, no quadrinho Consultar. Na página seguinte, clica em Consulta por Estados e Municípios e, depois, na coluna em que estão listados os estados. Clica, então, em Ceará e todas as cidades que recebem esse financiamento aparecerão listadas lá, com os valores recebidos no referido ano.

As informações de relevante interesse público e coletivo, produzidas ou mantidas por esses órgãos, devem ser divulgadas rotineiramente e independentemente de requerimentos – como no caso do portal consultado pelo sr. Josino. Informações como competências, **organogramas**, contatos, despesas, procedimentos e dados gerais para acompanhamento de políticas e obras públicas devem ser disponibilizados automaticamente por todos os meios disponíveis – uma página eletrônica na internet, por exemplo. Se não houver publicação prévia, qualquer pessoa interessada poderá apresentar pedido de acesso à informação aos órgãos públicos, que devem prestar essas informações ao solicitante. Quando se tratar de algum dado sigiloso, o acesso à informação será assegurado com a ocultação da parte sigilosa.

Assim, o pedido de informação, com a identificação do requerente, deve ser encaminhado ao serviço de informação do respectivo órgão público (inclusive pela internet). O órgão público não pode apresentar exigências que inviabilizem a solicitação e não é necessário apresentar justificativa para solicitar informações de interesse público. O poder público deve autorizar o acesso imediato às informações e, se isso não for possível, tem prazo previsto de 20 dias para responder ao requerente. Em caso de recusa de acesso, é necessário que o órgão público informe as razões da recusa e os procedimentos para o solicitante recorrer da decisão.

Direito à informação × direito à privacidade

Como comentamos anteriormente, a liberdade de informação pode vir a afetar o direito à privacidade. Esse direito é bastante complexo e abrange, entre outros aspectos, o respeito à intimidade, à identidade da pessoa (ou seja, a natureza particular, a honra e a reputação) e a autonomia pessoal dela (como cada pessoa quer viver na esfera privada e na pública, de acordo com suas expectativas e seus desejos pessoais).

O direito à privacidade assegura a proteção contra interferências arbitrárias na esfera da vida privada de cada pessoa e contra ameaças ilegítimas à privacidade e a outros aspectos da intimidade, como família, residência, correspondência, honra e reputação. Entretanto, embora a lei assegure essa proteção, nenhum direito é absoluto, e o direito à privacidade pode ser restringido em algumas circunstâncias.

O direito à privacidade pode eventualmente afetar a liberdade de informação. Por isso, será preciso analisar, no caso concreto, como se alcançará um equilíbrio sutil entre o direito à privacidade e interesses públicos legítimos protegidos pelo direito à informação. Como encontrar um "ponto de equilíbrio" entre interesse público e interesses particulares?

A restrição à liberdade de informação pode ser justificada apenas e somente quando preencher alguns requisitos:

a) a restrição deve ser prevista em lei, ou seja, deve haver alguma legislação ou norma que estabeleça essa possibilidade de acordo com algum critério predeterminado;

b) a restrição deve ser necessária para respeitar direitos de outros ou para proteção de segurança nacional, ordem pública ou interesse público;

c) a restrição deve ser proporcional no caso concreto, ou seja, a restrição ao direito deve buscar um fim legítimo e deve ser proporcional ao objetivo, de maneira que não afete demasiadamente um direito em detrimento de outro.

Divulgar fotos de celebridades em situações íntimas; publicar biografia não autorizada que contenha fatos "delicados"; divulgar informações particulares de banco de dados etc.: nesses casos, há violação do direito à privacidade, ou prevalece o direito à liberdade de informação? A seguir, leia sobre um caso de violação de privacidade que ganhou durante dias o horário nobre nas redes de televisão.

> **ⓘ Você sabia...**
>
> ... que, em maio de 2011, Carolina Dieckmann, atriz da Rede Globo de Televisão, teve supostamente 36 fotos íntimas copiadas de seu computador e divulgadas na internet? O amplo noticiário do fato e o processo relativo ao caso resultaram em um projeto de lei, sancionado em 2012 e convertido, desde 2013, na lei nº 12.737, conhecida como Lei Carolina Dieckmann.

Comissões da Verdade

Após períodos de repressão ou de conflitos armados, é comum as sociedades buscarem se reorganizar por meio do que se convencionou chamar de justiça de transição. Esta pode incluir o reconhecimento de que os indivíduos têm o direito de conhecer a verdade sobre violações massivas de direitos humanos (por exemplo: desaparecimentos forçados, execuções, extermínio em massa, tortura, entre outras). O acesso à informação sobre os fatos ocorridos, as circunstâncias e os agentes envolvidos no cometimento de graves violações de direitos humanos é um direito das vítimas e dos sobreviventes, também conhecido como direito à verdade.

O acesso a essas informações, sua divulgação, a preservação da memória sobre o período e a busca pela verdade contribuem para a criação de um registro histórico para a revelação dos fatos ocorridos, esclarecendo sobre o destino dos desaparecidos e mortos ou sobre os mecanismos utilizados para a repressão de alguns grupos, por exemplo. Tudo isso pode contribuir para que seja possível fazer o luto dessas perdas e, finalmente, permitir o fechamento das feridas pessoais e comunitárias, prevenindo a repetição de fatos como esses.

Há diversas formas de garantir o direito à verdade. É o caso de leis que garantem a liberdade de expressão e o acesso à informação, a desclassificação de arquivos ou investigações tidos como sigilosos para buscar desaparecidos. Entre essas iniciativas, destacamos a criação de Comissões da Verdade e de outras instâncias independentes de investigações não judiciais.

Na América Latina, na transição democrática após regimes ditatoriais nos países, foram criadas Comissões da Verdade, cujo trabalho foi fundamental para a instauração da democracia nos países em que foram realizadas. Há diversas iniciativas no mundo que contemplam a criação de Comissões da Verdade após regimes autoritários em que foram cometidas graves violações de direitos humanos e depois de conflitos armados.

As investigações realizadas por Comissões da Verdade podem incluir proteção de provas, formação de arquivos, entrevistas com vítimas e atores políticos relevantes, abertura e divulgação de informação pública e apresentação de relatórios e recomendações. Geralmente, as Comissões da Verdade apresentam mandato limitado, extinguindo-se com a apresentação de relatório final sobre os resultados alcançados e as possíveis recomendações.

No Brasil, o período da ditadura foi marcado pela suspensão dos direitos básicos que caracterizam a cidadania. Em 2011, determinou-se a criação da Comissão Nacional da Verdade – CNV (lei nº 12.528/2011), que iniciou seus trabalhos em 16 de maio de 2012. A CNV teve por finalidade apurar violações de direitos humanos ocorridas entre 18 de setembro de 1946 e 5 de outubro de 1988.

Foram também criadas Comissões da Verdade de âmbito estadual ou local, em Assembleias Legislativas, universidades e outras instituições, a fim de investigar e divulgar graves violações de direitos ocorridas no período de regime autoritário e relacionadas aos respectivos locais. Procure saber se no seu Estado foi criada uma Comissão da Verdade e qual é(foi) o trabalho desenvolvido por ela.

Você sabia...

... que, em 1977, os artistas Chico Buarque e Miltinho compuseram "Angélica", canção inspirada na história de Zuzu Angel (Zuleika Angel Jones), morta por agentes da ditadura, em 1976, para impedi-la de continuar a investigar o paradeiro de seu filho (Stuart Edgart Angel Jones), raptado e assassinado por agentes da ditadura?

RECAPITULANDO

A liberdade de informação abrange os direitos de informar, de se informar e de ser informado. O direito à informação é fundamental para a democracia, a transparência e o combate à corrupção. Em geral, para o exercício do direito à informação, é preciso ponderar os interesses públicos e particulares.

Testando seus conhecimentos

Atividades

Monitorando a aprendizagem

Responda às questões a seguir.

a) A direção de uma escola estabelece algumas medidas, como a divulgação das notas e dos conceitos de todos os alunos publicamente. Essas medidas violam o direito à privacidade? Ou deve prevalecer o direito à liberdade de informação? Por quê?

b) Suponha que houve a divulgação de todos os gastos realizados por parlamentares com verbas públicas previstas como "verbas de gabinete" e que foi constatado que alguns utilizaram esses recursos para uso pessoal, como para comprar passagens aéreas para familiares e outros gastos não relacionados com a atividade parlamentar. Na sua opinião, nesse caso, há violação à privacidade? O que prevalece na situação descrita: o interesse público ou o interesse particular?

c) Há diferença entre as duas situações apresentadas nas questões anteriores? Em algumas dessas situações ou em ambas o direito à informação deve prevalecer? Cite esta(s) situação(ções). Quando a privacidade deve ser protegida? Justifique e aponte exemplos.

Assimilando conceitos

a) Como discutimos no decorrer deste capítulo, o direito à informação abrange os direitos de informar, de se informar e de ser informado. Com base nos textos a seguir, comente sobre cada um desses três aspectos do direito à informação e suas implicações no exercício de outros direitos.

> De acordo com a Organização dos Estados Americanos, entre 1º de fevereiro de 2010 e 1º de novembro de 2013, 78 jornalistas foram assassinados, dezenas desapareceram e outras centenas foram ameaçados em razão do exercício de sua profissão, nas Américas.
>
> Fonte: INTER-AMERICAN COMISSION ON HUMAN RIGHTS. Office of the Special Rapporteur for Freedom of Expression. *Violência contra jornalistas e funcionários de meios de comunicação:* padrões interamericanos e práticas nacionais de prevenção, proteção e realização da justiça. Washington: Comissão Interamericana de Direitos Humanos, 2013. p. 4.

A autocensura, única arma contra o medo depois da morte de um jornal

> Miguel Angel Villagómez Valle foi assassinado em 9 de outubro de 2008. Um mês depois, o maior jornal da região, *La Noticia de Michoacán*, do qual era dono e diretor, continuava circulando na cidade de Lázaro Cárdenas, no México; mas não incluía mais notícias sobre o crime organizado, nem mesmo sobre o acompanhamento do crime e a falta de progresso que as autoridades registram. O motivo: sua família e os jornalistas tinham medo.
>
> [...]
>
> Adaptação de *La autocensura: única arma contra el miedo tras la muerte de un periodista*. Disponível em: <www.sipiapa.org/portfolio/la-autocensura-unica-arma-contra-el-miedo-tras-la-muerte-de-un-periodista>.

> O livre fluxo de informações é essencial para incentivar a participação dos indivíduos.
>
> Uma sociedade que não é bem-informada não é uma sociedade verdadeiramente livre.
>
> [Corte Interamericana de Direitos Humanos]

> Os órgãos públicos têm a obrigação de revelar informações, e todo cidadão ou cidadã tem o direito correspondente de receber informações, entendendo-se por "informações" todos os registros mantidos por órgão público, independentemente de sua forma de armazenamento.
>
> Relator especial da ONU sobre Liberdade de Opinião e Expressão, 2000.

b) Em grupos, identifiquem temas relevantes para a população da cidade onde vocês moram, por exemplo, saúde, educação, moradia, gastos ilícitos de políticos (como de vereadores) etc. Depois, façam uma pesquisa para saber quais são os órgãos públicos que têm informações sobre esses temas. Busquem informações sobre cada tema nesses órgãos (no *site* dessas instituições ou comparecendo a esses locais). Caso não encontrem nenhuma informação, elaborem um pedido para obtê-la e o encaminhem ao órgão. Depois, discutam sobre os dados que obtiveram.

Olhares sobre a sociedade

Assista ao documentário *Muito além do peso* (Brasil, 2012), de Estela Renner, sobre qualidade da alimentação das crianças e os efeitos da publicidade de alimentos dirigida a elas. Disponível em: <www.muitoalemdopeso.com.br>.
Assista também ao documentário *Criança, a alma do negócio* (Brasil, 2008) de Estela Renner, sobre publicidade, consumo e infância. Disponível em: <www.youtube.com/watch?v=ur9llf4RaZ4>. Obs.: a versão editada, 10 min., está disponível em: <www.youtube.com/watch?v=WPxiqbmGz-c>.

Leve em consideração que:

- De acordo com o IBGE, as crianças brasileiras assistem em média 4h51min de televisão por dia.
- De acordo com dados da Agência Nacional de Vigilância Sanitária (Anvisa), 80% da publicidade de alimentos dirigida às crianças se trata de alimentos calóricos, com alto teor de açúcar e gordura e pobres em nutrientes.
- Segundo a Anvisa, 30% da população infantil brasileira está com sobrepeso e 15% é obesa.

Com base nos documentários e nas informações acima, debata com os colegas sobre liberdade de expressão (do discurso comercial, da publicidade), direito à informação (sobre produtos dirigidos às crianças, especialmente alimentos), estilo de vida, infância, consumismo, mídia, direito à alimentação adequada, entre outras questões.

Outros textos

- Artigo 19. Acesso à informação para a garantia de direitos humanos. Disponível em: <http://artigo19.org/wp-content/uploads/2013/04/Acesso_à_informação_para_a_garantia_de_direitos_humanos.pdf>.

Exercitando a imaginação em direitos humanos

O que o direito à informação tem a ver com o combate à corrupção?

Lei de Acesso à Informação (lei nº 12.527/2011)

[...]

Art. 3º – Os procedimentos previstos nesta Lei destinam-se a assegurar o direito fundamental de acesso à informação e devem ser executados em conformidade com os princípios básicos da administração pública e com as seguintes diretrizes:

I – observância da publicidade como preceito geral e do sigilo como exceção;

II – divulgação de informações de interesse público, independentemente de solicitações;

III – utilização de meios de comunicação viabilizados pela tecnologia da informação;

IV – fomento ao desenvolvimento da cultura de transparência na administração pública;

V – desenvolvimento do controle social da administração pública.

Art. 4º Para os efeitos desta Lei, consideram-se:

I – informação: dados, processados ou não, que podem ser utilizados para produção e transmissão de conhecimento, contidos em qualquer meio, suporte ou formato;

II – documento: unidade de registro de informações, qualquer que seja o suporte ou formato;

III – informação sigilosa: aquela submetida temporariamente à restrição de acesso público em razão de sua imprescindibilidade para a segurança da sociedade e do Estado;

IV – informação pessoal: aquela relacionada à pessoa natural identificada ou identificável;

V – tratamento da informação: conjunto de ações referentes à produção, recepção, classificação, utilização, acesso, reprodução, transporte, transmissão, distribuição, arquivamento, armazenamento, eliminação, avaliação, destinação ou controle da informação;

VI – disponibilidade: qualidade da informação que pode ser conhecida e utilizada por indivíduos, equipamentos ou sistemas autorizados;

VII – autenticidade: qualidade da informação que tenha sido produzida, expedida, recebida ou modificada por determinado indivíduo, equipamento ou sistema;

VIII – integridade: qualidade da informação não modificada, inclusive quanto à origem, trânsito e destino;

IX – primariedade: qualidade da informação coletada na fonte, com o máximo de detalhamento possível, sem modificações.

Art. 5º – É dever do Estado garantir o direito de acesso à informação, que será franqueada, mediante procedimentos objetivos e ágeis, de forma transparente, clara e em linguagem de fácil compreensão.

[...]

Disponível em: <www.planalto.gov.br/ccivil_03/_ato2011-2014/2011/lei/112527.htm>.

Os orçamentos e gastos públicos do seu município anual são divulgados? As verbas do orçamento anual são publicadas? Como é realizado o gasto do orçamento: em quais áreas, quais atividades, e regiões?

A transparência pública é a regra, como destaca o artigo 3º da Lei de Acesso à Informação. O que o direito à informação tem a ver com o combate à corrupção?

- Sugestão de leitura: Amigos Associados de Ribeirão Bonito (Amarribo). *O combate à corrupção nas prefeituras do Brasil*. 5. ed. São Paulo: 24X7 Cultural, 2012.

Disponível em: <www.amarribo.org.br/assets/cartilha_pt.pdf>.

Sessão de cinema

- *Chovendo informação*. Brasil, produção: Artigo 19.
- *Mulheres de expressão*. Brasil, produção: Artigo 19.
- *Erin Brokovich: uma mulher de talento*. Estados Unidos (2000), direção: Steven Soderbergh.

9

Segurança

Guernica, obra pintada pelo artista Pablo Picasso em 1937, em repúdio ao bombardeio da cidade espanhola de Guernica, pelos alemães, com o apoio do ditador Francisco Franco. Atualmente a obra está exposta no Museu Reina Sofia, em Madri, na Espanha.

A segurança (ou a insegurança) é um dos fatores que compõem a conta daquilo que se costuma denominar qualidade de vida. Saúde, educação, justiça, transporte público e outros quesitos podem ser avaliados para sabermos se em determinada sociedade a qualidade de vida é boa ou ruim, melhor ou pior que em outra. Em nosso país, a insegurança é sempre lembrada como um dos principais problemas que afetam a qualidade de vida da população e geram inquietação social. O respeito à lei é um dos requisitos para que possa haver segurança numa sociedade democrática.

Em nosso dia a dia, quando pensamos em segurança, tendemos a pensar imediatamente em polícia. Essa é uma das maneiras de pensar a segurança que, no entanto, não expressa tudo sobre ela. De fato, a polícia cumpre a função importante de garantir o respeito a essa condição de vida plena das pessoas. Por isso, ela deve agir sempre dentro dos limites da lei. Ela pode usar a força, mas nunca o arbítrio. A diferença entre força e arbítrio é que a força é o necessário e autorizado pelas leis, em sociedades democráticas, e tem por fim garantir o direito de todos contra a ameaça de alguns. Quando os agentes públicos não agem segundo esses critérios, eles cometem atos arbitrários, que não podem ser aceitos na democracia.

É por isso que a Constituição brasileira trata com tanto cuidado aqueles órgãos e agentes que têm a incumbência de utilizar eventualmente a força em nome do Estado para a defesa dos cidadãos e das instituições democráticas. Eles são objeto do artigo 144 da Constituição: "A segurança pública, dever do Estado, direito e responsabilidade de todos, é exercida para a preservação da ordem pública e da incolumidade das pessoas e do patrimônio, através dos seguintes órgãos: I — polícia federal; II — polícia rodoviária federal; III — polícia ferroviária federal; IV — polícias civis; V — polícias militares e corpos de bombeiros militares".

> **Você sabia...**
>
> ...que a polícia federal, a polícia rodoviária federal e a polícia ferroviária federal são de âmbito nacional, por isso federal? As polícias civis e militares e os corpos de bombeiros militares são estaduais, portanto, cada estado da Federação têm todas essas polícias.
>
> A polícia, como instituição, deve assegurar o direito de todos à segurança no âmbito de um aparato jurídico que justifique sua atuação para a garantia de direitos. O Brasil adotou o sistema de duas polícias: uma civil, também chamada de judiciária, a quem compete a investigação de crimes; e uma militar, também chamada de polícia preventiva, incumbida de fazer o policiamento ostensivo.
>
> No âmbito municipal, no entanto, não há polícias, mas a Constituição prevê a possibilidade de municípios criarem guardas municipais para a proteção de seus bens, serviços e instalações.

Note que a Constituição destaca que a segurança pública é dever do Estado, mas também responsabilidade e direito de todos, e que sua finalidade é preservar a ordem pública. Isso não significa apenas manter as pessoas e seus patrimônios ilesos, livres de perigo, mas inclui garantir as condições mais básicas para que cada indivíduo na sociedade não tenha a sua existência arbitrariamente ameaçada. Abrange, portanto, diversas dimensões de proteção dos direitos à vida, à integridade física e psicológica, à propriedade, à liberdade de locomoção etc. O debate sobre a segurança, assim, vai muito além do que prevê o artigo 144 e deve ser entendido à luz do sistema de garantias fundamentais outorgadas pela Constituição. Esse sistema procura harmonizar direitos e deveres dos cidadãos e do Estado a fim de que a vida seja possível em sociedade.

Muitos pensadores escreveram sobre os motivos que levariam as pessoas a viver em sociedade. Em suas explicações, a segurança é um dos ganhos que temos ao vivermos com os outros sob o império da lei. Rousseau, Hobbes, Locke, Rousseau e Rawls são alguns dos nomes mais conhecidos.

Garantir a segurança, como estamos vendo, é algo muito maior do que colocar a polícia nas ruas e é obrigação de vários outros órgãos do Estado. A segurança envolve várias dimensões, como políticas públicas de integração social, educação, lazer, moradia etc. Por isso não basta apenas assegurar direitos de modo abstrato, é importante saber como assegurá-los na prática. Para isso, precisamos de instrumentos e meios que sejam efetivos, mas temos de ter garantias de que esses meios não desrespeitarão o bem tutelado pela segurança, ou seja, devem estar a serviço de direitos e não contra eles.

Esquematicamente, podemos representar o que acabamos de dizer da seguinte forma:

Segurança → Instrumentos ou meios → Direto
- Procedimento
- Substância

É nesse sentido que, atualmente, além da democratização das instituições e da sociedade, fala-se em polícia democrática, entendendo-se polícia como instrumento de autoridade política empregado em nome de interesses coletivos. Ao longo das últimas décadas, diversos problemas, como aqueles contados nos filmes *Tropa de elite I* e *Tropa de elite II*, geraram uma imagem da polícia descolada das expectativas dos cidadãos. É isso o que se pretende mudar com a polícia democrática.

A polícia, em uma democracia, deve agir sempre de acordo com a lei. Quando a conduta de policiais extrapola a lei e viola o direito das pessoas, esta conduta se torna criminosa. E tudo que a sociedade não precisa é de policiais que agem à margem da lei.

Homicídios no Brasil

Um dos problemas centrais da segurança pública no Brasil é a persistência de altos índices de homicídios. Nesta última década foram registrados mais de 50 mil homicídios por ano. Apenas para que tenhamos uma dimensão mais ampla da catástrofe, mais de 1,3 milhão de pessoas morreram vítimas de crimes violentos desde os anos 1980 no Brasil.

A violência letal, importante que se diga, não afeta a todos de maneira igual. Jovens, pobres e negros, moradores de nossas periferias sociais, são as vítimas preferenciais. A distribuição da violência também é geograficamente desequilibrada. Alguns Estados têm índices altíssimos de homicídios, como Alagoas, com 66,5 mortos por grupo de 100 mil habitantes, ou o Ceará, com 50,8 por 100 mil habitantes. Outros Estados têm reduzidos esses números. O melhor exemplo é o de São Paulo que, na última década conseguiu alcançar o índice de 10 mortos por 100 mil habitantes (dados do Fórum Nacional de Segurança Pública, 2015).

Esses dados apontam para um problema crônico da segurança pública no Brasil, que se demonstra insuficiente para cumprir sua função mais essencial que é garantir o direito à vida. Impossível mensurar o que isso significa em termos de sofrimento de familiares e amigos, especialmente mães e pais dessas vítimas.

O preocupante é que a falta de investimento não pode ser tomada como principal problema no campo da segurança. Em 2014, foram mais de R$ 70 bilhões investidos nessa área, o que se assemelha ao padrão europeu de gastos com o setor.

As experiências de cidades como Medelín, Nova York e mesmo São Paulo demonstram que além de aportes financeiros é necessário investir em recursos humanos e colocar em prática um conjunto integrado de políticas públicas, como controle de armas, iluminação, habitação, fechamento de bares e uma política mais racional no que concerne ao comércio e consumo de drogas.

Violência policial e desconfiança da população

Além do grande número de vidas que todos os anos são eliminadas pela criminalidade, o Brasil não tem sido capaz de superar outro problema dramático que é a violência praticada pelo próprio aparato de segurança. Calcula-se que somente em 2014 mais de 3 000 pessoas foram mortas em confrontos com a polícia. Isso sem falar de chacinas em que a presença de maus policiais é constante. O número de policiais mortos também é inaceitável. Em 2014, foram 229 policiais mortos no país. Cerca de 80% fora do trabalho.

A violência e o arbítrio policial, além de um problema de direitos humanos em si, afetam a própria legitimidade das polícias brasileiras. Como demonstram seguidas pesquisas é cada vez mais baixa a confiança da população em suas polícias (ICJ Brasil, FGV Direito SP, 2015).

Para que possa realizar de modo eficiente sua tarefa de prevenir o crime e apurar os responsáveis, as polícias devem ser capazes de obter informação e trabalhá-la de forma inteligente. Para isso, necessita conquistar a confiança da população. O que só será possível demonstrando um profundo respeito pelo cidadão, em particular por aquele que é mais vulnerável à violência, pois um cidadão que não confia na polícia, com ela não coopera. Esse é o ciclo vicioso que precisa ser interrompido.

Numa sociedade democrática, a polícia existe para proteger direitos, em especial o direito à vida. Os policiais devem ser valorizados e capacitados para resolver os problemas da população. Os que abusam de seu poder, devem ser punidos.

Segurança pública e ordem pública

A própria Constituição destaca que a segurança pública é direito e responsabilidade de todos, e dever do Estado, exercida para a preservação da ordem pública e da incolumidade das pessoas e do patrimônio.

Embora seja de difícil definição, a ordem pública se refere à prevenção e conservação da paz social. Numa sociedade democrática, com fundamento na cidadania e na dignidade da pessoa humana, como é a brasileira, essa "paz social" deve se expressar pela maior proteção possível e, em igual medida, pelos direitos fundamentais assegurados pela Constituição — por exemplo, não se admite a tortura em hipótese nenhuma, prisão deve ser decretada se cumpridos requisitos definidos em lei etc.

Também é importante observar que a segurança pública deve ser exercida com a finalidade de preservar a paz social, a incolumidade das pessoas e do patrimônio, suas liberdades — ou seja, tanto a organização estabelecida democrática e socialmente quanto as pessoas, suas liberdades e seu patrimônio devem ser objeto de proteção do sistema de segurança pública.

Segurança cidadã

Como lidar com a violência e a criminalidade? Mais policiais nas ruas resolveriam essa questão? O acesso à saúde, à educação e à moradia bastaria para diminuir índices de criminalidade e de violência? Para reprimir e combater o crime, é preciso usar violentamente o aparato policial? Como você resolve os conflitos que surgem com outras pessoas e situações: "na bala" ou "na fala"? Todas essas questões devem ser levadas em consideração quando se pensa na segurança cidadã.

O dever do Estado de garantir a segurança das pessoas envolve medidas de caráter preventivo e repressivo de condutas violentas e delitivas. Isso afeta diversos direitos, por exemplo: direito à vida, à integridade física, à liberdade, a garantias processuais, entre outros.

A segurança, tradicionalmente, é uma das principais funções do Estado. Essa noção era basicamente voltada para garantir a ordem, compreendida como força e supremacia do poder do Estado. Com a democratização dos Estados, atualmente, entende-se que a segurança não pode se limitar ao combate ao crime, mas deve também abranger a promoção de um ambiente próprio e adequado para a convivência pacífica entre as pessoas, respeitando as instituições democráticas, as leis e os direitos fundamentais. Nessa visão atual, a segurança deve enfatizar medidas de prevenção e de controle de fatores que fomentam violência e insegurança, em vez de focar em ações meramente repressivas ou reativas diante de fatos consumados. Na realidade, o ideal é que ambas as vertentes sejam conjugadas.

Nesse sentido, a atividade da força pública — muitas vezes representada pelas forças policiais —, deve ser legitimamente orientada para a proteção da segurança cidadã. O abuso de autoridade e o exercício arbitrário, injusto, da força policial são uma ameaça à vida em sociedade e ao Estado Democrático de Direito. Por isso, é importante que, caso ocorram abusos por parte de agentes policiais (que detêm o uso legítimo da força estatal e devem proteger as pessoas), essas condutas sejam devidamente investigadas, processadas e os executores, punidos.

Além disso, essa noção de segurança cidadã abrange a adoção de medidas que evitem a violência e a criminalidade, e não somente o combate e a repressão ao crime e à violência, tudo isso respeitando as instituições, as leis e os direitos de todas as pessoas.

Segurança pessoal

A segurança pública é fruto de uma organização social estruturada em princípios jurídicos claros que devem desenvolver os instrumentos e meios para a sua garantia.

A Constituição afirma o papel do Estado como garantidor de nossa segurança e reitera sua obrigação de tomar todas as medidas nesse sentido. Como exemplo, podemos citar o artigo 5º, inciso XLII, que, ao dispor que a prática do racismo constitui crime inafiançável (não permite recorrer ao pagamento de uma fiança para não permanecer preso) e imprescritível (crime que não perde a validade, não prescreve), dá efetividade a uma série de dispositivos constitucionais e de outras leis que garantem igualdade a todos os cidadãos.

Muitos fatores contribuem para a explosão da violência numa escola, numa família ou em qualquer outro ambiente, e é a partir desse contexto maior que se deve analisar qualquer "solução" para o problema. Nossa tentação é sempre buscar o que parece ser a solução mais imediata e efetiva, como a presença da polícia, mas é preciso levar em conta que essas soluções instantâneas "tapam o sol com a peneira" e, na mesma velocidade com que parecem resolver os problemas, perdem, igualmente, seu efeito resolutivo.

A polícia é, portanto, um instrumento essencial de uma sociedade democrática, sendo indispensável tanto na prevenção do delito quanto na apuração de crimes que devem ser punidos pelo sistema de justiça.

Assim como questões relacionadas à segurança pessoal nascem antes do surgimento da agressão, demonstraremos, a seguir, que, no que se refere à propriedade privada, o cenário não é mais simples do que este.

Segurança patrimonial

A propriedade privada é uma das garantias dos cidadãos prevista pela Constituição e por outras leis.

A Constituição ressalta, no entanto, que a propriedade deverá cumprir sua função social para ser protegida.

O que ocorre, porém, é que, tanto quanto nossa segurança pessoal, também nossa segurança patrimonial pode ser ameaçada e pode gerar em nós sentimentos de insegurança. Na realidade, se pararmos para observar o local onde estamos, veremos que os muros da escola, o cadeado da nossa bicicleta, a grade que protege a televisão e quase tudo em torno é organizado a partir da constatação de que pode haver um ataque ao patrimônio a qualquer momento.

A segurança patrimonial decorre e depende de tudo o que já dissemos sobre a segurança jurídica e a segurança pessoal e obedece aos mesmos modelos de comandos apresentados anteriormente. É dever do Estado garantir minha segurança patrimonial e isso só será possível se houver o que se costuma chamar de ambiente institucional favorável aos meios necessários à efetivação dessas garantias.

Uma luz no fim do túnel da escalada da violência? A polícia comunitária

A polícia comunitária tem como objetivo a ação integrada entre policiais e cidadãos e, a partir dessa premissa, conseguiu melhorar a segurança em comunidades específicas onde foi implantada. Em razão da "novidade" do conceito, é preciso entender mais do assunto para aceitar essa nova cara da polícia e estimular mudanças, pois a polícia comunitária tem enorme potencial para a prevenção da criminalidade.

Partindo dessa premissa, a polícia não ficaria parada esperando que algo acontecesse, mas trabalharia para que determinados fatos não ocorressem. É como se o policial passasse a trabalhar junto com o cidadão. Uma metáfora interessante utilizada pelos estudiosos do tema é a indicação da "arma do diálogo" como sendo a melhor arma na luta dos policiais em situações não criminais. Como consequência direta da mudança de paradigma, da mudança do padrão que vem sendo seguido, podemos ressaltar a imagem da polícia por parte da população e também da corporação, a individualização dos policiais e seu reconhecimento pelos moradores de uma região, o patrulhamento sem armas e até mesmo a instalação de urnas para maior interlocução entre população e policiais.

A Secretaria de Segurança Pública do Estado de Santa Catarina diz o seguinte acerca da polícia comunitária.

Programa Polícia Comunitária

Uma filosofia e uma estratégia organizacional que proporciona uma parceria entre a população e a polícia. Baseada na premissa de que tanto a polícia quanto a comunidade devem trabalhar juntas para identificar, priorizar e resolver problemas contemporâneos (crimes, drogas, medos, desordens físicas, morais e até mesmo a decadência dos bairros), a Polícia Comunitária atua com o objetivo de melhorar a qualidade geral da vida na área. O policiamento comunitário baseia-se na crença de que os problemas sociais terão soluções cada vez mais efetivas, à medida que haja a participação de todos na sua identificação, análise e discussão.

Disponível em: <www.ssp.sc.gov.br/index.php?option=com_content&view=article&id=153&Itemid=133>.

RECAPITULANDO

A segurança (ou a insegurança) é um dos fatores que compõem a conta daquilo que se costuma chamar de qualidade de vida. Saúde, educação, justiça, transporte público e outros quesitos podem ser avaliados para sabermos se, em determinada sociedade, a qualidade de vida é boa ou ruim, melhor ou pior do que em outra. Em nosso país, a insegurança é sempre lembrada como um dos principais problemas que afetam a qualidade de vida da população e geram inquietação social.

Garantir a segurança é algo muito maior do que colocar a polícia nas ruas e prender bandidos. É obrigação de vários órgãos do Estado, não apenas da polícia. O direito à segurança implica a proteção do direito à vida, à integridade física, ao patrimônio e às liberdades. Assim, precisamos que instrumentos e meios sejam efetivos para a garantia da segurança dos cidadãos, mas temos de ter garantias de que esses meios não desrespeitarão os bens tutelados pela segurança.

Testando seus conhecimentos

Monitorando a aprendizagem

a) Escreva uma carta ao personagem capitão Nascimento, de *Tropa de elite,* e outra a quem era secretário de Segurança do Estado do Rio de Janeiro naquela época sugerindo soluções para os problemas apresentados no filme.

b) Quais são as condições mínimas necessárias para se ter segurança física e patrimonial? Apresente sua resposta com base nos argumentos apresentados neste capítulo.

c) Após ouvir, ler e assistir às duas reportagens a seguir que comentam o aumento da sensação de insegurança na cidade de São Paulo, discuta sobre elas com os colegas, com base nos dados constantes do *Mapa da Violência 2016: homicídios por armas de fogo no Brasil*, de Julio Jacobo Waiselfisz (disponível em: <www.mapadaviolencia.org.br/pdf2016/Mapa2016_armas_web.pdf>).

Notícia 1: "Sensação de insegurança persiste na população". Áudio disponível em: <http://mais.uol.com.br/view/9p4y0ig452qu/sensacao-de-inseguranca-persiste-na-populacao-04024E9B3760C8994326?types=A&>.

Notícia 2: "Pesquisa aponta sensação recorde de insegurança entre paulistanos". Disponível em: <http://g1.globo.com/jornal-da-globo/noticia/2013/01/pesquisa-aponta-sensacao-recorde-de-inseguranca-entre-paulistanos.html>.

Assimilando conceitos

a) Descreva a charge apresentada.
b) Escreva uma dissertação com base na charge e problematize os conceitos trabalhados neste capítulo.

c) Explique a imagem acima baseando-se no conceito de polícia comunitária e dê sua opinião sobre o assunto.

Olhares sobre a sociedade

Busque as letras das músicas "Faroeste Caboclo", de Renato Russo, e "O meu guri", de Chico Buarque. Liste 10 fatores sociais que podem ser depreendidos nas duas obras e que contribuem para a violência no Brasil.

Exercitando a imaginação em direitos humanos

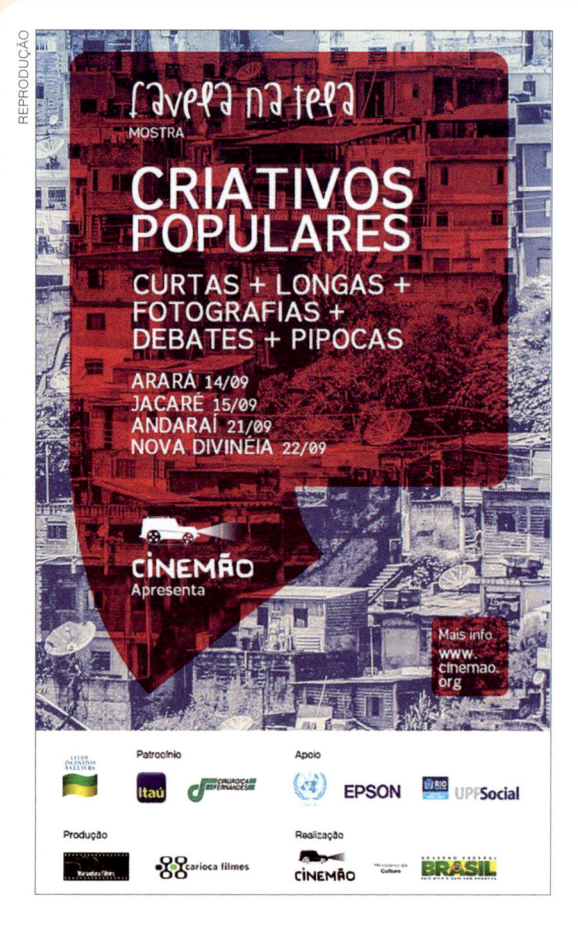

Com base nas imagens apresentadas, seria possível dizer que as pessoas se acostumam a uma vida não plena, não digna? Você acha que as pessoas se acostumam a não ter direitos?

Sessão de cinema

- *Entre os muros da escola*. França, (2008), direção: Laurent Cantet.

- *Juízo: jovens infratores no Brasil*. Brasil, (2007), direção: Maria Augusta Ramos.

- *Os incompreendidos*. França, (1959), direção: François Truffaut.

- *Terra estrangeira*. Brasil, (1995), direção: Walter Salles e Daniela Thomas.

- *Tropa de elite*. Brasil, (2007), direção: José Padilha.

- *Tropa de elite 2, o inimigo agora é outro*. Brasil, (2010), direção: José Padilha.

10 Saúde

Em fevereiro de 2016, um senhor de 60 anos morreu depois de ficar 8 horas dentro de uma ambulância, aguardando uma vaga na Unidade de Terapia Intensiva (UTI) do Hospital Universitário de Campo Grande.[1] O hospital alegou não ter vagas disponíveis e, quando o paciente foi finalmente transferido para o Hospital Regional, já era tarde. A família ficou arrasada, acreditando que se o atendimento tivesse sido mais rápido, eles não teriam perdido um parente querido.

O mais triste dessa história talvez seja o fato de ela ser bastante comum. Em hospitais públicos por todo o Brasil, há uma diferença enorme entre a capacidade de atendimento e as demandas da população. As filas são imensas e a demora para conseguir uma consulta ou realizar um exame é de semanas, quando não de meses. Em entrevista em maio de 2016, o 1º secretário do Conselho Federal de Medicina, Hermann Tiesenhausen, chamava a atenção para a gravidade da situação ao dizer que "[n]a realidade atual, só resta ao usuário do SUS rezar para não adoecer e não precisar de internação hospitalar".[2]

E, no entanto, a Constituição reconhece a importância central e dá grande ênfase ao direito à saúde. Além de incluí-lo em seu artigo 6º como um direito social, ela estabelece em seu artigo 196: "A saúde é direito de todos e dever do Estado, garantido mediante políticas sociais e econômicas que visem à redução do risco de doença e de outros agravos e ao acesso universal e igualitário às ações e serviços para sua promoção, proteção e recuperação".

Esse descompasso entre o direito garantido pela Constituição e sua efetivação na prática aponta para um dos maiores desafios do Brasil contemporâneo: fazer com que um direito concreto e fundamental como este não fique apenas no papel, ou, em outras palavras, que não se torne o que se chama de "letra morta" da Constituição. O problema é que a efetivação dos direitos exige recursos, isto é, a sociedade precisa enfrentar o que se chama *custo dos direitos*.

O custo dos direitos

Como já citado, o artigo 6º da Constituição Federal brasileira traz uma lista dos chamados direitos humanos de cunho social, isto é, aqueles que dependem de uma prestação positiva, por parte do Estado, para sua concretização. De acordo com esse dispositivo constitucional, os direitos sociais compreendem a

---

[1] Disponível em: <http://g1.globo.com/mato-grosso-do-sul/noticia/2016/02/paciente-morre-apos-esperar-8-h-em-ambulancia-em-frente-hospital.html>.

[2] Disponível em: <https://portal.cfm.org.br/index.php?option=com_content&view=article&id=26171:2016-05-17-12-26-58&catid=3>.

educação, a saúde, a alimentação, o trabalho, a moradia, o lazer, a segurança, a previdência social, a proteção à maternidade e à infância, e a assistência aos desamparados.

A enumeração de vários direitos sociais em nossa Constituição pode ser apontada como um ponto positivo de nosso sistema jurídico, pois coloca no patamar mais alto desse sistema a preocupação com questões sociais do povo brasileiro. No entanto, escolas e hospitais públicos, casas construídas pelo Estado, parques para lazer, oferta ampla de trabalho, aposentadoria, albergues para população de rua e polícia são projetos que demandam recursos públicos para sua concretização. Em outras palavras, esses direitos dependem, necessariamente, para sua implementação, de políticas públicas* que direcionem os valores pagos por todos nós, na forma de impostos.

Essa dimensão econômica dos direitos humanos, ou seja, o custo dos direitos, pode ser compreendida se tomarmos como exemplo o direito à saúde e as políticas públicas criadas pelo Estado visando sua implementação. A política de distribuição gratuita de medicamentos, regulamentada pelo Ministério da Saúde, pode ser examinada para ilustrar os custos envolvidos na implementação de um direito humano em especial, o direito à saúde. As previsões para o ano de 2015 eram de que o governo federal gastasse R$ 14,3 bilhões, apenas com distribuição de medicamentos.[3] Isso representa cerca de 14% de toda a verba do Ministério da Saúde. Quer dizer, é preciso fazer uma escolha sobre a destinação dos recursos que temos para garantir o direito à saúde. Investir mais em medicamentos reduz, potencialmente, a capacidade de realizar gastos em outras frentes, por exemplo, o salário dos médicos e a construção de hospitais.

Essas escolhas são difíceis porque todas as frentes são importantes, mas como não há meios para atendê-las plenamente ao mesmo tempo, elas são também inevitáveis. Esse complexo processo de tomada de decisão sobre o destino desses recursos, com as justificativas para a escolha, compõe o que chamamos de construção de uma política pública. As diversas políticas públicas visam articular as prioridades em diferentes áreas — por exemplo, saúde, educação, moradia, cultura — e fazer com que os recursos disponíveis gerem o máximo de benefício, em todas essas dimensões, para a população brasileira.

> **Políticas públicas** são conjuntos de programas, ações e atividades desenvolvidas pelo Estado diretamente ou indiretamente, com a participação de entes públicos ou privados, que visam assegurar determinado direito de cidadania, de forma difusa ou para determinado seguimento social, cultural, étnico ou econômico. As políticas públicas correspondem a direitos assegurados constitucionalmente ou que se afirmam graças ao reconhecimento por parte da sociedade e/ou pelos poderes públicos enquanto novos direitos das pessoas, comunidades, coisas ou outros bens materiais ou imateriais.
>
> Disponível em: <www.meioambiente.pr.gov.br/arquivos/File/coea/pncpr/O_que_sao_PoliticasPublicas.pdf>.

---

[3] Disponível em: <www.abradilan.com.br/index.php?m=noticiaFE&id_noticia=1601>.

O SUS

Saúde – direito de todos

Está garantido na Constituição Federal: "A saúde é direito de todos e dever do Estado". E, de acordo com os princípios que regem o Sistema Único de Saúde (SUS), a assistência deve ser universal, igualitária e equitativa.

Saúde no Brasil evolui, mas ainda precisa melhorar qualidade, diz IBGE

[...]

O Instituto Brasileiro de Geografia e Estatística (IBGE) divulgou [...] relatório em que avalia indicadores sociais brasileiros de 2013. No que diz respeito à saúde, afirma que o setor apresentou "relevantes evoluções" nos últimos anos, "com crescente (mesmo que ainda insuficiente) investimento público".

No entanto, pondera que "esforços adicionais são necessários para melhorar a qualidade dos serviços, tornar a saúde pública mais equânime, homogênea no território e capaz de enfrentar os crescentes desafios ligados à dinâmica demográfica".

[...]

Disponível em: <http://g1.globo.com/ciencia-e-saude/noticia/2013/11/saude-no-brasil-evolui-mas-ainda-precisa-melhorar-qualidade-diz-ibge.html>.

No Brasil, um dos principais instrumentos das políticas públicas em saúde é o Sistema Único de Saúde – SUS. Ele foi criado com base no artigo 198 da Constituição de 1988:

> **Art. 198. As ações e serviços públicos de saúde integram uma rede regionalizada e hierarquizada e constituem um sistema único, organizado de acordo com as seguintes diretrizes:**
> **I – descentralização, com direção única em cada esfera de governo;**
> **II – atendimento integral, com prioridade para as atividades preventivas, sem prejuízo dos serviços assistenciais;**
> **III – participação da comunidade."**

O SUS foi desenvolvido após décadas de discussões sobre o modelo de saúde pública a ser implantado no Brasil. Tem por obrigação oferecer atendimento integral, com consultas, exames e internações, além de promover campanhas de vacinação e ações de prevenção e de vigilância sanitária, como fiscalização de alimentos e registro de medicamentos.

Segundo o Ministério da Saúde, o sistema realiza 2,8 bilhões de procedimentos ambulatoriais anuais, 19 mil transplantes, 236 mil cirurgias cardíacas. Para se ter uma ideia de como é impressionante o volume das atividades do SUS, o número de procedimentos de quimioterapia e radioterapia que ele realiza anualmente (9,7 milhões) é quase igual à população inteira da Suécia, e o número de internações (11 milhões), superior à população de Portugal.[4]

Mas o que podemos entender como saúde? Trata-se apenas de curar doenças? Atualmente, a compreensão de saúde extrapola a dimensão curativa, incorporando medidas preventivas.

Fala-se de uma saúde que inclui cuidados com o saneamento básico, a alimentação, a realização de exercícios físicos e o tempo de lazer. Além disso, há um olhar específico da questão da saúde, dependendo do indivíduo envolvido. Indígenas, idosos, mulheres, crianças, pessoas com deficiência e trabalhadores, por exemplo, merecem preocupações e ações específicas relacionadas à sua saúde.

A página eletrônica do Ministério da Saúde apresenta vários programas de saúde, dependendo do perfil do indivíduo, o que demonstra as diversas dimensões desse direito. Leia a seguir sobre os objetivos de alguns deles:

Saúde da Mulher

Implementar a Política Nacional de Atenção Integral à Saúde da Mulher. É um programa do Ministério da Saúde que traz princípios e diretrizes baseados nas características de universalidade e igualdade do SUS.

Criança e Aleitamento Materno

Elaborar diretrizes, políticas e técnicas para a atenção integral à saúde da criança de zero a nove anos é o principal objetivo da área técnica de Saúde da Criança do Ministério da Saúde.

Saúde do Idoso

Implementar a política e as ações do Ministério da Saúde que buscam garantir atenção integral à saúde da população idosa, enfatizando o envelhecimento familiar, saudável e ativo.

Pessoas com Deficiência

Com o objetivo de reabilitar a pessoa com deficiência, o Ministério da Saúde desenvolve ações e programas orientados pela Política Nacional de Saúde da Pessoa com Deficiência.

Saúde do Homem

Implementar a Política Nacional de Saúde do Homem, lançada no dia 27 de agosto de 2009, que tem por objetivo facilitar e ampliar o acesso da população masculina aos serviços de saúde.

Saúde Mental

Implementar a Política Nacional de Saúde Mental, que busca consolidar um modelo de atenção à saúde mental aberto e de base comunitária, com uma rede de serviços e equipamentos variados.

Sistema Penitenciário

Implementar a Política Nacional de Saúde no Sistema Penitenciário é uma iniciativa conjunta dos Ministérios da Saúde e da Justiça. [O programa] tem como objetivo organizar o acesso da população penitenciária às ações e aos serviços do Sistema Único de Saúde.

---

[4] Disponível em: <www.brasil.gov.br/saude/2009/11/sus-democratiza-o-acesso-do-cidadao-aos-servicos-de-saude>.

> **Saúde do Trabalhador**
>
> A Saúde do Trabalhador é a área responsável pelo estudo e pela prevenção, assistência e vigilância aos agravos à saúde relacionados ao trabalho. Faz parte do direito universal à saúde.
>
> **Jovens e Adolescentes**
>
> Disponibilizar informações voltadas para a promoção da saúde de jovens. Entre os dados, destacam-se aqueles sobre saúde sexual e redução da mortalidade por violência e acidentes.
>
> Disponível em: <http://portalsaude.saude.gov.br/portalsaude/area/3/saude-para-voce.html>.

Cada um de nós tem o direito de, quando necessitar, ser atendido por médicos, utilizar hospitais públicos e serviços de postos de saúde, receber remédios, além de contar com ações preventivas relacionadas ao nosso bem-estar físico e psíquico, de acordo com as escolhas feitas pelo Estado brasileiro para a concretização desse direito. O direito à saúde envolve toda uma legislação da União, dos estados e dos municípios para sua efetivação. Assim, temos regras constitucionais (como mencionado artigo 6º da Constituição Federal) e leis direcionadas à implementação desse direito.

Apesar do trabalho intenso desse sistema, esse modelo tem se mostrado insuficiente, como ilustra a situação que inicia este capítulo, para dar conta dos 150 milhões de brasileiros que dependem exclusivamente desse sistema.[5] Por isto, é muitas vezes necessário que os cidadãos lancem mão de outros meios para fazer valer seus direitos.

Judicialização da saúde

Situações de violação ao direito à saúde – por exemplo, deixar de prestar atendimento a quem dele necessita – ensejam a atuação do Poder Judiciário. Ele pode ser acionado para garantir o atendimento médico, a internação de um paciente em hospital público, a entrega de medicamentos e outras ações. Isso tem acontecido com frequência cada vez maior.

No estado de São Paulo, por exemplo, só em 2015 o judiciário determinou que fossem prestados serviços de saúde em 18.045 casos.[6] Esse recurso de os cidadãos irem aos tribunais exigir que o Estado cumpra na prática sua obrigação de garantir direitos nesse campo é o que se tem chamado de judicialização da saúde. Ele apresenta, de um lado, as demandas dos cidadãos que têm por base a norma constitucional e, de outro, as condições concretas de o Estado atender a essas demandas (limites orçamentários, restrições legais, etc). Por isso, nessas situações é comum as cortes fazerem uso do princípio da *reserva do possível*.

Esse princípio aponta para a necessidade, em casos concretos, de se equilibrar o interesse de um indivíduo ou grupo e o interesse da coletividade. Isto é, reconhece-se que tal indivíduo ou grupo tem um direito, mas autoriza-se avaliar se a con-

---

[5] Disponível em: <https://drauziovarella.com.br/videos-3/coluna/sistema-de-saude-no-brasil/>.

[6] Disponível em: <www1.folha.uol.com.br/cotidiano/2016/09/1817519-entenda-a-judicializacao-da-saude-e-debate-do-stf-sobre-acesso-a-remedios.shtml>.

secução desse direito, naquela situação específica, irá gerar um ônus demasiado grave para o restante da população.

O Comitê dos Direitos Econômicos, Sociais e Culturais da ONU, em sua Recomendação Geral nº 14 sobre o direito ao mais alto padrão de saúde, adotada em 2000, estabelece quatro condições para a efetivação do direito à saúde: (a) disponibilidade – de unidades, bens e serviços de saúde pública, de cuidados com a saúde em funcionamento e de programas de saúde em quantidade suficiente, o que inclui questões determinantes para a saúde, como acesso à água potável e ao saneamento básico, aos serviços básicos de saúde, a hospitais e clínicas, a medicamentos, a profissionais da área treinados e com remuneração adequada; (b) acessibilidade — unidades, bens e serviços de saúde devem ser acessíveis, do ponto de vista físico, econômico (a preços razoáveis), de informação e com respeito à não discriminação a todos dentro da jurisdição dos Estados; (c) aceitabilidade – unidades, bens e serviços devem respeitar a ética médica e ser culturalmente apropriados, assim como sensíveis às necessidades de gênero e relativas ao ciclo de vida; e (d) qualidade – unidades, bens e serviços de saúde devem ser científica e clinicamente apropriados.

Um direito social como o direito à saúde depende de atuação planejada do Estado, baseada em disposições orçamentárias, ou seja, nos recursos que o governo tenha previsto para os gastos em políticas públicas em saúde. Ele exige uma administração eficiente por parte dos governantes e uma fiscalização constante por parte de toda a população. Não se trata de garantir o meu direito somente, mas de garantir que todos os cidadãos brasileiros possam ter acesso universal à saúde. Esse direito transcende a mera dimensão individual e precisa ser pensado com base na coletividade, nos recursos financeiros disponíveis para sua implementação e nas prioridades que se desejam eleger.

Você sabia...

... que o Programa Brasileiro de Combate à Aids, do Ministério da Saúde, é um dos melhores do mundo e reconhecido internacionalmente, como pelo prêmio na categoria Direitos Humanos e Cultura da Paz, concedido pela Organização das Nações Unidas para a Educação, a Ciência e a Cultura (Unesco) em 2001? As ações do Programa de Combate à Aids, voltadas não apenas à assistência e ao fornecimento de todos os medicamentos utilizados pelos portadores do vírus HIV, para que tenham acesso ao "coquetel" antirretroviral, mas também à prevenção e ao controle de epidemia, encontram eco no que se costuma chamar de nova ética universal compartilhada, de acordo com a própria Unesco, por trazer valores humanitários que podem servir às novas gerações.

RECAPITULANDO

O acesso gratuito à saúde é um direito de todos os cidadãos brasileiros. A concretização desse direito exige atuação intensa do governo, atuação financiada por todos nós por meio do pagamento de impostos. Cabe ao Estado escolher a maneira mais adequada para investir o dinheiro dos impostos em saúde, criando as políticas públicas nessa área, e cabe aos cidadãos controlar as políticas públicas em matéria de saúde.

Testando seus conhecimentos

Atividades

Monitorando a aprendizagem

Em um supermercado de uma cidade brasileira, uma mulher conversa com a operadora do caixa enquanto suas compras, incluindo vários produtos *diet* vão sendo registradas:

— Nossa, meu marido tem sofrido com o diabetes... Além de deixar de comer várias coisas de que gosta, precisa tomar insulina todo dia. Ainda bem que a gente pega o remédio no postinho daqui da cidade.

— Puxa, que doença terrível! — replica a funcionária do supermercado.

Em uma fila de outro caixa, um homem escuta a conversa e resolve se intrometer:

— Mas por que pegar a insulina do postinho? A senhora sabia que, se entrasse com um processo na justiça, conseguiria a melhor insulina que temos hoje disponível no mercado? Seu marido tomaria menos doses do remédio e conseguiria um tratamento muito mais eficaz... essa insulina distribuída pelo governo é bem ruinzinha, minha senhora! Entra na justiça que vocês terão um remédio bem melhor!

— Verdade? Replica a mulher terminando de pagar suas compras. Mas dá certo esse processo na justiça? Me conte como se faz...

E os dois saem do supermercado conversando a respeito desse possível processo na justiça, dos remédios que são atualmente distribuídos pelo governo e das maneiras mais eficazes de tratamento contra a diabetes.

Para você, parece correto que a mulher de nossa história deixe de pegar o remédio no posto de saúde e tente obter do Estado um remédio mais avançado e melhor por meio de uma ação no Judiciário? É possível fazermos tudo o que está ao nosso alcance para alcançarmos bem-estar físico e mental?

Assimilando conceitos

Leia o texto a seguir.

Judiciário, democracia, políticas públicas

[...] a prestação do serviço depende da real existência dos meios: não existindo escolas, hospitais e servidores capazes e em número suficiente para prestar o serviço, o que fazer? Prestá-lo a quem tiver tido a oportunidade e a sorte de obter uma decisão judicial e abandonar a imensa maioria à fila de espera? Seria isto viável de fato e de direito, se o serviço público deve pautar-se pela sua universalidade, impessoalidade e pelo atendimento a quem dele mais precisar e cronologicamente anteceder os outros? Começam, pois, a surgir dificuldades enormes quando se trata de defender com instrumentos individuais um direito social.

LOPES, José Reinaldo de Lima. Judiciário, democracia, políticas públicas. In: BAPTISTA, L. D. et al. *Direito e comércio internacional*: tendências e perspectivas – estudos em homenagem ao professor Irineu Strenger. São Paulo: LTR, 1994. p. 560-578.

O direito à saúde é um direito social, tal como estabelece o artigo 6º de nossa Constituição. Dessa forma, cada um de nós deve ter a possibilidade de usufruir desse direito, ao mesmo tempo que todos os demais cidadãos também devem ver concretizado o seu direito à saúde. Com base no texto lido nesta atividade, você acha que um direito social pode ou não ser defendido por meio de ações individuais na justiça? Justifique sua resposta.

Olhares sobre a sociedade

Analise as informações constantes na tabela 1, a seguir, que mostra os gastos com saúde em vários países do mundo em 2011.

Tabela 1

Gastos com saúde e densidade médico/habitante, segundo países selecionados — Brasil, 2011					
Países	% PIB*	Gastos *per capita* anual com saúde ** (US$)	% Gastos públicos	% Gastos privados	Médico/habitante
Alemanha	11,40	4.129	77,88	22,20	3,64
Argentina	9,50	1.387	66,40	33,60	3,16
Brasil	9,00	943	45,70	50,30	1,95
Canadá	10,90	4.196	68,70	31,30	2,36
Chile	8,30	1.185	47,40	52,60	1,09
Cuba	11,30	480	92,70	7,30	6,39
Espanha	9,70	3.152	75,10	24,90	3,71
Estados Unidos	16,20	7.410	48,60	51,40	2,67
França	11,70	3.931	78,60	21,40	3,28
Índia	4,20	132	32,80	67,20	0,60
Itália	9,50	3.027	77,03	22,70	4,24
Japão	8,30	2.713	82,50	18,50	2,06
México	6,50	862	48,30	51,70	2,89
Portugal	11,00	2.703	73,70	26,30	3,76
Reino Unido	9,40	3.399	83,60	16,40	2,64
Suécia	9,80	3.690	78,60	16,60	3,73

Fonte: OMS, Global Health Observatory Data Repository, 2011; *Pesquisa Demografia Médica no Brasil*, 2011.
*% do PIB somando os gastos públicos e privados em saúde. **Gastos totais (público e privado). Disponível em:
<http://waldircardoso.wordpress.com/2013/01/29/reflexoes-sobre-a-situacao-atual-da-saude-no-brasil>.

Agora, considere os dados descritos na tabela 2, a seguir, que se referem ao crescimento do número de processos judiciais relacionados à temática da saúde no Brasil.

Tabela 2

[...] Comparativo entre os períodos de 2009, 2010 e 2011							
	2009	2010	2011	Aumento 2009/2010 (Qnt.)	Aumento 2009/2010 (%)	Aumento 2010/2011 (Qnt.)	Aumento 2010/2011 (%)
Processos novos	10.486	11.203	12.811	717	6%	1.608	15%

Observe o gráfico abaixo, que apresenta o montante investido pelo Ministério da Saúde, de 2005 a 2012, com aquisição de medicamentos, equipamentos e insumos concedidos em decisões judiciais.

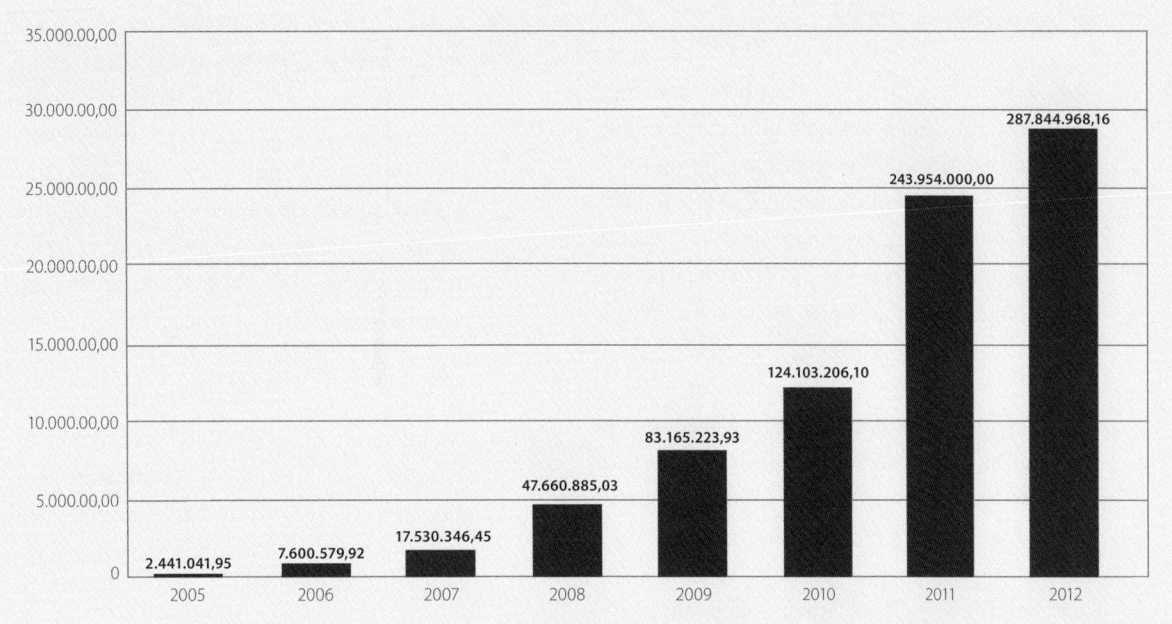

Ano	Valor (R$)
2005	2.441.041,95
2006	7.600.579,92
2007	17.530.346,45
2008	47.660.885,03
2009	83.165.223,93
2010	124.103.206,10
2011	243.954.000,00
2012	287.844.968,16

Fonte: <http://portalsaude.saude.gov.br/portalsaude/arquivos/Panorama.pdf>.

Como você explicaria esse aumento nos gastos despendidos pelo Ministério da Saúde com a aquisição de equipamentos, medicamentos e insumos concedidos em decisões judiciais? Com base nas duas tabelas e no gráfico, responda: Se o governo brasileiro investisse uma parcela maior de seu PIB na saúde, você acha que esses gastos diminuiriam? Justifique suas respostas.

Exercitando a imaginação em direitos humanos

O *site* www.guiadedireitos.org é parte do projeto NEV Cidadão, realizado pelo Núcleo de Estudos da Violência, da Universidade de São Paulo (NEV-USP), e pela Cátedra Gestão de Cidades (da Universidade Metodista de São Paulo), com o apoio da Fundação de Amparo à Pesquisa do Estado de São Paulo (Fapesp), com o objetivo de divulgar direitos humanos e mostrar como eles podem ser acessados e cobrados pela população.

Entre as informações prestadas a respeito do direito à saúde, é apresentada uma extensa lista de direitos que estão ligados ao direito à saúde:

- Ter acesso ao conjunto de ações e serviços necessários para a promoção, a proteção e a recuperação da sua saúde.
- Ter acesso gratuito aos medicamentos necessários para tratar e restabelecer sua saúde.
- Ter acesso ao atendimento ambulatorial em tempo razoável para não prejudicar sua saúde.
- Ter à disposição mecanismos ágeis que facilitem a marcação de consultas ambulatoriais e exames, seja por telefone, meios eletrônicos ou pessoalmente.
- Ter acesso a centrais de vagas ou a outro mecanismo que facilite a internação hospitalar,

sempre que houver indicação, evitando que, no caso de doença ou gravidez, você tenha que percorrer os estabelecimentos de saúde à procura de um leito.

- Ter direito, em caso de risco de vida ou lesão grave, a transporte e atendimento adequados em qualquer estabelecimento de saúde capaz de receber o caso, independentemente de seus recursos financeiros. Se necessária, a transferência somente poderá ocorrer quando seu quadro de saúde tiver estabilizado e houver segurança para você.

- Ser atendido, com atenção e respeito, de forma personalizada e com continuidade, em local e ambiente digno, limpo, seguro e adequado para o atendimento.

- Ser identificado e tratado pelo nome ou sobrenome e não por números, códigos ou de modo genérico, desrespeitoso ou preconceituoso.

- Ser acompanhado por pessoa indicada por você, se assim desejar, nas consultas, internações, exames pré-natais, durante trabalho de parto e no parto. No caso das crianças, elas devem ter no prontuário a relação de pessoas que poderão acompanhá-las integralmente durante o período de internação.

- Identificar as pessoas responsáveis direta e indiretamente por sua assistência, por meio de crachás visíveis, legíveis e que contenham o nome completo, a profissão e o cargo do profissional, assim como o nome da instituição.

- Ter autonomia e liberdade para tomar as decisões relacionadas à sua saúde e à sua vida; consentir ou recusar, de forma livre, voluntária e com adequada informação prévia, procedimentos diagnósticos, terapêuticos ou outros atos médicos a serem realizados.

- Se você não estiver em condição de expressar sua vontade, apenas as intervenções de urgência, necessárias para a preservação da vida ou prevenção de lesões irreparáveis poderão ser realizadas sem que seja consultada sua família ou pessoa próxima de confiança. Se, antes, você tiver manifestado por escrito sua vontade de aceitar ou recusar tratamento médico, essa decisão deverá ser respeitada.

- Ter liberdade de escolha do serviço ou profissional que prestará o atendimento em cada nível do sistema de saúde, respeitada a capacidade de atendimento de cada estabelecimento ou profissional.

- Ter, se desejar, uma segunda opinião ou parecer de outro profissional ou serviço sobre seu estado de saúde ou sobre procedimentos recomendados, em qualquer fase do tratamento, podendo, inclusive, trocar de médico, hospital ou instituição de saúde.

- Participar das reuniões dos conselhos de saúde; das plenárias das conferências de saúde; dos conselhos gestores das unidades e serviços de saúde e outras instâncias de controle social que discutem ou deliberam sobre diretrizes e políticas de saúde gerais e específicas.

- Ter acesso a informações claras e completas sobre os serviços de saúde existentes no seu município. Os dados devem incluir endereços, telefones, horários de funcionamento, mecanismos de marcação de consultas, exames, cirurgias, profissionais, especialidades médicas, equipamentos e ações disponíveis, bem como as limitações de cada serviço.

- Ter garantida a proteção de sua vida privada, o sigilo e a confidencialidade de todas as informações sobre seu estado de saúde, inclusive diagnóstico, prognóstico e tratamento, assim como todos os dados pessoais que o identifiquem, seja no armazenamento, registro e transmissão de informações, inclusive sangue, tecidos e outras substâncias que possam fornecer dados identificáveis. O sigilo deve ser mantido até mesmo depois da morte. Excepcionalmente, poderá ser quebrado após sua expressa autorização, por decisão judicial, ou diante de risco à saúde dos seus descendentes ou de terceiros.

- Ser informado claramente sobre os critérios de escolha e seleção ou programação de pacientes, quando houver limitação de capacidade de atendimento do serviço de saúde. A prioridade deve ser baseada em critérios médicos e de estado de saúde, sendo vetado o privilégio, nas unidades do SUS, a usuários particulares ou conveniados de planos e seguros saúde.

- Receber informações claras, objetivas, completas e compreensíveis sobre seu estado de saúde, hipóteses diagnósticas, exames solicitados e realizados, tratamentos ou procedimentos propostos, inclusive seus benefícios e riscos, urgência, duração e alternativas de solução. Devem ser detalhados os possíveis efeitos colaterais de medicamentos, exames e tratamentos a que será submetido. Suas dúvidas devem ser prontamente esclarecidas.

- Ter anotado no prontuário, em qualquer circunstância, todas as informações relevantes sobre sua saúde, de forma legível, clara e precisa, incluindo medicações com horários e dosagens utilizadas, risco de alergias e outros efeitos colaterais, registro de quantidade e procedência do sangue recebido, exames e procedimentos efetuados. Cópia do prontuário e quaisquer outras informações sobre o tratamento devem estar disponíveis, caso você solicite.

- Receber as receitas com o nome genérico dos medicamentos prescritos, datilografadas, digitadas ou escritas em letra legível, sem a utilização de códigos ou abreviaturas, com o nome, assinatura do profissional e número de registro no órgão de controle e regulamentação da profissão.

- Conhecer a procedência do sangue e dos hemoderivados e poder verificar, antes de recebê-los, o atestado de origem, sorologias efetuadas e prazo de validade.

- Ser prévia e expressamente informado quando o tratamento proposto for experimental ou fizer parte de pesquisa, o que deve seguir rigorosamente as normas de experimentos com seres humanos no país e ser aprovado pelo Comitê de Ética em Pesquisa (CEP) do hospital ou instituição.

- Não ser discriminado nem sofrer restrição ou negação de atendimento, nas ações e serviços de saúde, em função da idade, raça, gênero, orientação sexual, características genéticas, condições sociais ou econômicas, convicções culturais, políticas ou religiosas, do estado de saúde ou da condição de portador de patologia, deficiência ou lesão preexistente.

- Ter um mecanismo eficaz de apresentar sugestões, reclamações e denúncias sobre prestação de serviços de saúde inadequados e cobranças ilegais, por meio de instrumentos apropriados, seja no sistema público, conveniado ou privado.

- Recorrer aos órgãos de classe e conselhos de fiscalização profissional visando à denúncia e posterior instauração de processo ético-disciplinar diante de possível erro, omissão ou negligência de médicos e demais profissionais de saúde durante qualquer etapa do atendimento ou tratamento.

Disponível em: <www.guiadedireitos.org/index.php?option=com_content&view=article&id=10&Itemid=31>.

Com base no texto que você acabou de ler e considerando o contexto em que você vive, responda: Quais desses direitos você acha que são mais respeitados? Quais deles ainda demandam atuação estatal para serem cumpridos?

Sessão de cinema

- *Políticas de saúde no Brasil, um século de luta pelo direito à saúde*. Brasil (2006), direção: Renato Tapajós.
- *Clarita*. Brasil (2007), direção: Thereza Jessouron.
- *Amor*. França/Alemanha/Áustria (2012), direção: Michael Haneke.

11 Educação

Evolução

A Solução está na Educação.

Você que está lendo este livro já participou de debates e discussões sobre seu direito a ter direitos e, entre eles, o direito à educação. A essa altura, certamente já se deu conta de que o direito à educação não é apenas o direito de aprender a ler e a escrever com autonomia, embora se reconheça que ser alfabetizado e conhecer como funciona a própria língua constituam requisitos mínimos para o amplo desenvolvimento de uma pessoa.

> "Os limites de minha linguagem denotam os limites de meu mundo."
>
> WITTGENSTEIN, Ludwig. *Tractatus Logico-Philosophicus*. São Paulo: Companhia Editora Nacional, 1968. p. 111.

Na realidade, o direito à educação visa garantir o acesso a bens culturais que permitam à pessoa dialogar com o mundo e com a sociedade na qual está inserida de modo que possa transformá-la, agindo nela e sobre ela. O que limita a linguagem de que fala o filósofo Ludwig Wittgenstein limita o mundo de cada um, mas esse mundo de linguagem pode sempre ir além, fazendo-se poesia, dando lugar à criação. Nesse sentido, educar deve ser também oferecer a cada um de vocês a possibilidade de narrar, contar, cantar, arquitetar, construir, pintar, desenhar sua própria história.

Como apresentaremos a seguir, o direito à educação é, na maioria das vezes, entendido como direito a acesso ao ensino, comumente "personificado" no acesso a instituições de ensino, como creches, escolas e universidades. São importantes e significativas as conquistas obtidas nesse sentido, e graças a elas podemos nos preocupar hoje com o conceito de educação necessário para enfrentar os desafios de um país como o nosso.

A educação e o direito

Declaração Universal dos Direitos Humanos

Artigo XXVI

1. Toda pessoa tem direito à instrução. A instrução será gratuita, pelo menos nos graus elementares e fundamentais. A instrução elementar será obrigatória. A instrução técnico-profissional será acessível a todos, bem como a instrução superior, esta baseada no mérito.

2. A instrução será orientada no sentido do pleno desenvolvimento da personalidade humana e do fortalecimento do respeito pelos direitos humanos e pelas liberdades fundamentais. A instrução promoverá a compreensão, a tolerância e a amizade entre todas as nações e grupos raciais ou religiosos, e coadjuvará as atividades das Nações Unidas em prol da manutenção da paz.

3. Os pais têm prioridade de direito na escolha do gênero de instrução que será ministrada a seus filhos.

Organização das Nações Unidas (ONU), 1948.

A educação passou a ser reconhecida como um direito humano fundamental a partir da Declaração Universal de 1948. Além de estabelecer o seu caráter universal, ou seja, de que todas as pessoas, especialmente aquelas em idade de formação, têm direito à educação, estabeleceu os responsáveis pela realização deste direito, dando à família um papel central na escolha do gênero de educação a ser ministrado aos filhos.

Tão importante como estabelecer os sujeitos deste direito e os responsáveis pela sua implementação, a Declaração definiu que a educação deve ser orientada ao "pleno desenvolvimento da personalidade humana". Este é certamente um objetivo complexo. Afinal, o que é o desenvolvimento da personalidade?

Para o grande filósofo e pedagogo Jean Piaget, a transformação do indivíduo em pessoa está diretamente associada a dois processos. A educação intelectual, ligada à aquisição de uma série de capacidades, conhecimentos, técnicas e habilidades, que permitam a inserção no mundo do trabalho, da ciência e da cultura; e o direito à educação, por outro lado, ligado à formação de uma pessoa capaz de viver em sociedade.

Como se pode conferir no texto da Declaração, a educação deve promover a compreensão, a tolerância e o respeito pelos direitos humanos. Assim, o processo educacional também deve favorecer que cada pessoa seja capaz de reconhecer as demais pessoas como sujeitos dos mesmos direitos que reivindicam para si. E num mundo onde cada um, reciprocamente, reconheça os direitos dos outros, também está implicitamente reconhecendo as obrigações decorrentes desses direitos.

Em síntese, o direito à educação, como um direito humano, impõe ao Estado, à sociedade e à família, que assegurem aos jovens uma formação que os capacite intelectual e tecnicamente, habilitando-os para os desafios da vida adulta, mas também moralmente, para que se transformem em pessoas autônomas, capazes de escolher seus próprios caminhos, de tomar suas decisões difíceis, reconhecendo, no entanto, que todos os demais membros da sociedade também são seres autônomos, dotados dos mesmos direitos e que, portanto, merecem igual respeito e consideração.

Constituição Federal de 1988

Art. 205 – A educação, direito de todos e dever do Estado e da família, será promovida e incentivada com a colaboração da sociedade, visando ao pleno desenvolvimento da pessoa, seu preparo para o exercício da cidadania e sua qualificação para o trabalho.

Art. 206 – O ensino será ministrado com base nos seguintes princípios:

I – igualdade de condições para o acesso e permanência na escola;

II – liberdade de aprender, ensinar, pesquisar e divulgar o pensamento, a arte e o saber;

III – pluralismo de ideias e de concepções pedagógicas, e coexistência de instituições públicas e privadas de ensino;

IV – gratuidade do ensino público em estabelecimentos oficiais;

V – valorização dos profissionais da educação escolar, garantidos, na forma da lei, planos de carreira, com ingresso exclusivamente por concurso público de provas e títulos, aos das redes públicas;

VI – gestão democrática do ensino público, na forma da lei;

VII – garantia de padrão de qualidade.

Art. 208 – O dever do Estado com a educação será efetivado mediante a garantia de:
[...]
IV – educação infantil, em creche e pré-escola, às crianças até 5 (cinco) anos de idade;

V – acesso aos níveis mais elevados do ensino, da pesquisa e da criação artística, segundo a capacidade de cada um;

[...]

§1º O acesso ao ensino obrigatório e gratuito é direito público subjetivo.

Disponível em: <www.planalto.gov.br.ccivil_03/constituicao/constituicao.htm>.

O direito à educação compreende o acesso a uma educação pública, gratuita e de qualidade a todas as pessoas. Ele engloba diversos outros direitos aos quais se relaciona: a liberdade de aprender, ensinar, pesquisar e divulgar o pensamento, o pluralismo de ideias e tantos outros essenciais à construção de uma sociedade democrática. Dessa forma, podemos dizer que são características intrínsecas ao direito à educação sua universalidade, a garantia de um padrão de qualidade e seu caráter de prática para a formação de cidadãos livres.

Além da Constituição de 1988, há diversas outras leis que tratam dos direitos à educação, como a Lei de Diretrizes e Bases da Educação (LDB) (lei nº 9.394, de 20 de dezembro de 1996) e o Estatuto da Criança e do Adolescente (ECA) (lei nº 8.069, de 13 de julho de 1990), por exemplo. Interessante notar o caráter amplo do conceito de educação trazido pela maioria dessas leis, como podemos verificar no artigo 1º da LDB: "A educação abrange os processos formativos que se desenvolvem na vida familiar, na convivência humana, no trabalho, nas instituições de ensino e pesquisa, nos movimentos sociais e nas organizações da sociedade civil e nas manifestações culturais".

A efetivação do direito à educação em toda a sua potência compreende desafios maiores num país como o Brasil, se comparado com outros países: dimensões continentais, heterogeneidade populacional, desigualdade social, pobreza, deficiências de infraestrutura, complexidade da formação de professores. Sem falar dos direitos necessários para que se possa exercer plenamente o direito à educação — como o direito ao transporte até a instituição de ensino, à creche, ao ensino especializado para deficientes, ao benefício de programas de auxílio ao estudante etc.

> **ⓘ Você sabia...**
>
> ... que existe a obrigatoriedade da formação de professores na Língua Brasileira de Sinais (Libras), como também a capacitação para lecionarem para deficientes visuais? Ela tem como objetivo garantir o acesso de todos à educação.

Além das características próprias do Brasil, a revolução tecnológica alterou rapidamente os pilares nos quais se desenvolveu a estrutura de ensino-aprendizagem ao longo de séculos. O acesso ilimitado e imediato à informação por meio da internet, a multiplicação de fontes de saber especializado e de áreas do conhecimento (algumas até então inexistentes), cursos *on-line* e tantas outras ferramentas relativizaram o papel da educação formal em instituição de ensino na forma como conhecíamos. A própria valoração do conhecimento sofre inversões constantes em um mundo marcado pela substituição permanente de pontos de referência como a escola e o professor. Nesse contexto, muitas vezes, coloca-se a questão: o que ensinar? Como pode a escola responder a todas essas solicitações? Que tipo de educação estamos oferecendo?

Educação como dever de todos

De quem é a responsabilidade de garantir qualidade de ensino no século XXI?

É claro que uma resposta a essa indagação não é simples. Para dar conta dos desafios atuais, há a necessidade de uma ação articulada do governo em conjunto com a **sociedade civil organizada**, educadores, pais e alunos para a concretização de uma educação de qualidade.

O artigo 205 da Constituição previu, desde 1988, esforços conjuntos de todos os atores envolvidos nessa tarefa. Hoje, há esforços do governo e da iniciativa privada que buscam avançar no objetivo de fornecer uma educação de qualidade para todos e de alcançar novos patamares qualitativos, apesar de todas as dificuldades enunciadas anteriormente.

O artigo 212, por sua vez, foi um marco na garantia dos direitos à educação — ele destaca a reserva de pelo menos 18% da receita resultante de impostos da União e 25% no caso dos estados, Distrito Federal e municípios para serem aplicados em educação. Com a crise financeira, este importante marco foi afetado pela aprovação da emenda 95 de 2016.

Embora ainda haja mecanismos que protegem o orçamento da educação, a mobilização da sociedade será essencial para que a cada ano sejam investidos recursos suficientes para atender às demandas na área da educação.

> **Você sabia...**
>
> ... que os pais têm obrigação de matricular os filhos na escola? Eles não podem proibir nem impedir que as crianças tenham acesso à educação formal.
>
> Art. 6º – É dever dos pais ou responsáveis efetuar a matrícula das crianças na Educação Básica a partir dos 4 anos de idade.
>
> Lei nº 12.796, de 4 de abril de 2013.
> Disponível em: <www.planalto.gov.br/ccivil_03/_ato2011-2014/2013/lei/l12796.htm>.

Educação e igualdade de oportunidades

Como tratado ao longo deste capítulo, o acesso à educação de qualidade é fundamental não apenas para que as pessoas possam ter uma vida digna, mas também para que as sociedades possam ter um desenvolvimento mais sustentável.

Um dos problemas centrais do direito à educação no Brasil é sua distribuição pouco equitativa. A desigualdade no acesso à educação gera desequilíbrios que se sedimentam geração a geração. Aqueles que frequentam melhores escolas e têm mais acesso a bens culturais, têm mais oportunidades de ir a boas universidades e alcançar melhores empregos. Seus filhos partirão de um patamar mais elevado e assim vai se consolidando um ciclo vicioso de desigualdade e exclusão.

Por isso é tão importante dar prioridade para a educação pública de qualidade. Ela é o único meio de que a cada geração sejam oferecidas oportunidades mais justas a cada criança, para que possam alcançar bem-estar e satisfação na vida. Em trinta anos de democracia, muito caminhamos, hoje a educação fundamental é quase universal. No entanto, a sua qualidade ainda é muito desigual. Esta desigualdade é regional, mas também pode se manifestar dentro de uma mesma região. Nas periferias sociais, o acesso à educação e a outros bens culturais é muito precário, prejudicando milhões de jovens todos os anos.

Mas não são apenas as questões econômicas e sociais que afetam a igualdade educacional. Um problema também presente na grande maioria dos países é a dificuldade de garantir o acesso à educação de qualidade às crianças e aos jovens portadores de necessidades especiais. É fundamental que o sistema educacional seja capaz de construir projetos pedagógicos que deem conta da inclusão dos milhões de jovens que apresentam essa condição.

Efetivação do direito

Para compreendermos melhor como se daria a efetivação do direito à educação, vamos tratar de um direito concreto, o direito à creche.

No caso do direito à creche, especificamente, uma pessoa que não encontrar vaga para deixar sua criança em creche pública poderia requerer ao Estado que suprisse essa necessidade com a criação de nova vaga pública ou mesmo com o pagamento de estadia em estabelecimento privado. Em casos mais graves, aqueles em que um grande número de pessoas se sentisse lesado pela ausência de estabelecimento num município, por exemplo, as consequências poderiam ser ainda maiores para a administração pública.

Em caso de violação ao direito à educação, o sujeito de direito seria aquele a quem a lei conferisse legitimidade para buscar fazer valer esse direito. Por ser esse um direito fundamental, muitas vezes o titular pode ser a própria pessoa, o Ministério Público ou a Defensoria Pública a atuar na promoção dos direitos da comunidade.

Sujeito de direito	Comando	Destinatário do comando	Mecanismo de imposição
• todas as pessoas	• Constituição Federal e outras leis	• Governo e órgãos da administração	• procedimentos administrativos e judiciários

Podemos explicitar o esquema da seguinte forma:
- A Constituição garante a todos o direito à educação — isso inclui o direito a creches e pré-escolas;
- Se as autoridades não cumprem seu dever, a pessoa pode fazer valer esse direito.

Plano Nacional de Educação (PNE)

O projeto de lei que cria o Plano Nacional de Educação (PNE) para vigorar de 2011 a 2020, foi enviado pelo governo federal ao Congresso em 15 de dezembro de 2010. O novo PNE apresenta dez diretrizes objetivas e 20 metas, seguidas das estratégias específicas de concretização. O texto prevê formas de a sociedade monitorar e cobrar cada uma das conquistas previstas. As metas seguem o modelo de visão sistêmica da educação estabelecido em 2007 com a criação do Plano de Desenvolvimento da Educação (PDE). Tanto as metas quanto as estratégias premiam iniciativas para todos os níveis, modalidades e etapas educacionais. Além disso, há estratégias específicas para a inclusão de minorias como alunos com deficiência, indígenas, quilombolas, estudantes do campo e alunos em regime de liberdade assistida.

Universalização e ampliação do acesso e atendimento em todos os níveis educacionais são metas mencionadas ao longo do projeto, bem como o incentivo à formação inicial e continuada de professores e profissionais da educação em geral, avaliação e acompanhamento periódico e individualizado de todos os envolvidos na educação do país — estudantes, professores, gestores e demais profissionais —, estímulo e expansão do estágio. O projeto estabelece ainda estratégias para alcançar a universalização do ensino de quatro a 17 anos, prevista na Emenda Constitucional nº 59 de 2009.

A expansão da oferta de matrículas gratuitas em entidades particulares de ensino e do financiamento estudantil também está contemplada, bem como o investimento na expansão e na reestruturação das redes físicas e em equipamentos educacionais — transporte, livros, laboratórios de informática, redes de internet de alta velocidade e novas tecnologias.

O projeto confere força de lei às aferições do Índice de Desenvolvimento da Educação Básica (Ideb) — criado em 2007, no âmbito do PDE — para escolas, municípios, estados e país. Hoje, a média brasileira está em 4,6 nos anos iniciais do Ensino Fundamental (primeiro ao quinto ano). A meta é chegar a 6 (em uma escala até 10) em 2021. Outra norma prevista no projeto é confronto dos resultados do Ideb com a média dos resultados em matemática, leitura e ciências obtidos nas provas do Programa Internacional de Avaliação de Alunos (Pisa). Em 2009, a média foi de 395 pontos. A expectativa é chegar a 473 em 2021.

O novo plano dá relevo à elaboração de currículos básicos e avançados em todos os níveis de ensino e à diversificação de conteúdos curriculares, e prevê a correção de fluxo e o combate à defasagem idade-série. São estabelecidas metas claras para o aumento da taxa de alfabetização e da escolaridade média da população.

Entre outras propostas mencionadas no texto estão a busca ativa de pessoas em idade escolar que não estejam matriculadas em instituição de ensino e monitoramento do acesso e da permanência na escola de beneficiários de programas de transferência de renda e do programa de prestação continuada (BPC), destinado a pessoas com deficiência. O documento determina a ampliação progressiva do investimento público em educação até atingir o mínimo de 7% do produto interno bruto (PIB) do país, com revisão desse percentual em 2015.

Disponível em: <http://portal.mec.gov.br/index.php?option=com_content&id=16478&Itemid=1107>.

Apresentando Paulo Freire

Paulo Reglus Neves Freire foi um filósofo e educador brasileiro, viveu entre 1921 e 1997, e é considerado um dos pensadores mais notáveis da pedagogia mundial. Sua prática didática fundamentava-se na crença de que o educando assimilaria o objeto de estudo fazendo uso de uma prática dialética com a realidade, em contraposição à educação por ele denominada educação bancária, tecnicista e alienante: o educando criaria sua própria educação, fazendo ele próprio o caminho, e não seguindo um já previamente construído; libertando-se de chavões alienantes, o educando seguiria e criaria o rumo do seu aprendizado.

Paulo Freire destacou-se por seu trabalho na área da educação popular, voltada tanto para a escolarização como para a formação da consciência política. Autor de *Pedagogia do oprimido*, um método de alfabetização dialético, ele se diferenciou do "vanguardismo" dos intelectuais de esquerda tradicionais e sempre defendeu o diálogo com as pessoas simples, não só como método, mas como um modo de ser realmente democrático. Em 13 de abril de 2012 foi sancionada a lei nº 12.612, que declara o educador Paulo Freire Patrono da Educação Brasileira.

O pedagogo Paulo Freire, em sua casa. São Paulo, SP, 18 de abril de 1994. Segundo Freire, "Não há saber mais ou menos. Há saberes diferentes".

A sociedade civil e as bandeiras da educação

O Brasil tem inúmeros desafios para que a educação atenda às necessidades de pleno desenvolvimento da personalidade de nossos jovens, fortalecendo o desenvolvimento sustentável de nossa sociedade, assim como nossa democracia. Movimentos, organizações, acadêmicos e estudantes, em suas manifestações, apontam que mudanças são urgentes e necessárias.

O movimento Todos pela Educação, por exemplo, aponta para cinco bandeiras que deveriam pautar as decisões no âmbito da política educacional brasileira. Evidente que essas bandeiras não dão conta de todos os desafios e que muitas outras ideias podem e devem ser levadas em consideração para a melhoria da educação no país. Mesmo assim, conhecê-las e discuti-las é um bom começo. Veja abaixo uma síntese dessas ideais:

1. Melhoria da formação e carreira do professor

Hoje apenas 48,3% dos professores do Ensino Médio no Brasil possuem licenciatura na área em que atuam. No Ensino Fundamental essa porcentagem ainda é menor, não ultrapassando os 32%. Outro problema é a baixa remuneração. Em 2013 um professor da Educação Básica recebia em média 57% do rendimento de profissionais com o mesmo nível de escolaridade, segundo dados da Pesquisa Nacional por Amostra de Domicílios (Pnad).

2. Definição dos direitos de aprendizagem

Temos hoje algumas formas de verificar o desempenho de alunos e escolas (o Índice Brasileiro da Educação Básica – Ideb), porém não foram estabelecidos os direitos de aprendizagem, ou seja, as expectativas de aprendizagem por série ou por ciclo. Assim, os exames exigem algo não previamente alinhado pela comunidade escolar.

É preciso, portanto, estabelecer esses direitos para que cada aluno e cada escola saiba o que precisam responder.

3. Uso pedagógico das avaliações

As avaliações hoje existentes poderiam ser melhor utilizadas para ajudar na correção dos rumos da educação. As informações produzidas por essas avaliações constituem um riquíssimo material para que governos, escolas e professores aprimorem suas atividades, de forma a avançar na garantia de uma educação de qualidade, dando especial ênfase ao combate às desigualdades, que são constantemente reveladas nesses processos.

4. Ampliação da oferta de Educação Integral

A jornada mínima diária obrigatória nas escolas hoje é de apenas quatro horas. Em razão das contingências e dificuldades, os alunos ficam expostos a um tempo ainda mais curto de atividade educacional.

Assim, seria fundamental ampliar a exposição dos alunos ao ensino. Nas áreas de maior vulnerabilidade é preciso almejar a Educação Integral, com o objetivo de equalizar as oportunidades educacionais.

RECAPITULANDO

A qualidade na educação exige um esforço conjunto do governo, da sociedade civil organizada, dos educadores, de pais e alunos na concretização de uma educação de qualidade. Não apenas o artigo 205 da Constituição prevê os esforços conjuntos de todos os atores envolvidos nessa tarefa, mas é possível identificar, mais do que nunca, o surgimento de parcerias concretas entre as partes em todos os níveis da administração pública. A constatação do trabalho conjunto e os objetivos de longo prazo fixados nos projetos entre poder público e sociedade ressaltam aspectos de esperança e novos patamares qualitativos apesar de todas as dificuldades que se possam enunciar.

Testando seus conhecimentos

Atividades

Monitorando a aprendizagem

1) Em 17 de fevereiro de 1968, Clarice Lispector publica um texto intitulado "Carta ao Ministro da Educação". Busque o texto e responda às questões:

   a) Qual é o tema principal da crônica "Carta ao Ministro da Educação"? Indique os três principais argumentos utilizados pela autora para sustentar a sua tese.

   b) O texto, de 1968, publicado pouco depois do golpe militar, traz questões ainda atuais relacionadas à educação superior brasileira. Elabore dissertação com base no trecho apresentado, relacionando-o com o Programa Universidade para Todos (Prouni) e o Fundo de Financiamento Estudantil (Fies).

2) Rubem Alves, em crônica intitulada "Universidade", apresenta sua opinião sobre a formação dos jovens e questões relacionadas à sociedade na qual ele está inserido, conforme excerto a seguir:

   > Houve um tempo em que universidade era só um lugar para se (de)formarem profissionais. Ali entravam moços, cheios de sonhos, e saíam unidades de saber competente: engenheiros, dentistas, médicos... E, quando os filhos recebiam seus diplomas, os pais se preparavam para morrer — missão cumprida, os filhos sobreviveriam, conseguiriam um emprego. O que estava em jogo era a sobrevivência individual de cada um.
   >
   > Mas agora sobrevivência individual é coisa muito pequena: a própria sobrevivência do país está em jogo — e até mesmo a sobrevivência da humanidade. É tolice ser um profissional competente, se o barco em que se navega está afundando. A competência tem de ser maior, muito maior...

   a) Reflita sobre o segundo parágrafo e discuta com seus colegas sobre ele por 15 minutos.

   b) Anote as principais ideias que surgiram para explicar o sentido da frase: "A competência tem de ser maior, muito maior...".

Assimilando conceitos

1) Segundo informações apresentadas no documentário *Pro dia nascer feliz*, em 1962 havia 14 milhões de pessoas em idade escolar, e apenas metade frequentava aulas. Quarenta anos depois, em 2004, esse percentual subiu para mais de 97%, de acordo com o censo MEC-Inep de 2004, embora 40% das pessoas não tenham terminado o Ensino Fundamental. Dados mais recentes do MEC-Inep confirmam o acesso quase universal da população em idade escolar a instituições de ensino. Comente o significado desse percentual próximo de 100% para a garantia ao direito à educação. É possível dizer que o direito à educação já foi consolidado?

   Ainda segundo o documentário *Pro dia nascer feliz*, de um total de cerca de 210 mil escolas no Brasil, 13,7 mil não têm banheiros e 1,9 mil não têm água. Sobre a falta de infraestrutura, Gustavo Ioshpe afirma que "estudos mostram que esse tipo de investimento em infraestrutura básica é uma das maneiras mais rápidas e baratas de se obter uma melhora no desempenho do aluno". Indique solução de fácil execução para um problema de infraestrutura de sua escola.

2) Comente as charges a seguir em um parágrafo.

Charge A

ROGER PENWILL

Charge B

GRUMP - Orlandeli

— TIVE UMA IDEIA. VOU PEDIR AJUDA AO MEU SOBRINHO PARA ENTENDER O TAL ACORDO.

— PRA ESSA MOLECADA É MOLEZA. ESTÃO APRENDENDO AGORA. NÃO TEM OS VÍCIOS DA GENTE, QUE JÁ USA AS ANTIGAS REGRAS FAZ TEMPO.

— Olá, sobrinho. Beleza? Por acaso você está por dentro das regras do acordo ortográfico?

Tec Tec Tec Tec Tec Tec Tec Tec Tec Tec

— Falaaaaaa Tiunnnmm!! Blz???!!!! :-) Axo q Naumm eh dificium naumm!!!!! Passa aki em Ksaaaaaaa Q nois aprendihh juntuuuuu!!!!!! :P hsuahuhuhshauhushuahushuah

— MELHOR PENSAR EM OUTRA COISA.

3] Tendo como pano de fundo a questão do alfabetismo funcional, dê sua opinião sobre as discussões acerca do novo Acordo Ortográfico da Língua Portuguesa, que entrou plenamente em vigor em todos os países de língua portuguesa em 31 de dezembro de 2015, e seu significado na vida de um estudante de Ensino Médio como o sobrinho do Grump.

Olhares sobre a sociedade

Divida a classe em grupos e distribua a leitura dos textos, promovendo em seguida a apresentação dos temas tratados em cada um.

Professora de núcleo rural desenvolve material didático adaptado

Brasília — No quadro-negro da sala de aula da professora Elieth Portilho estão fotos de pássaros e frutas do Cerrado. As cartilhas falam de temas rurais e práticas do campo e foram elaboradas pela professora e os alunos. É com esse material que ela alfabetiza as crianças no Centro de Ensino Fundamental Pipiripau 2, localizado em um núcleo rural em Brasília.

Neta e filha de professoras de educação no campo, Elieth Portilho não teve dúvidas em seguir a mesma profissão. Apesar da certeza, ao longo da carreira foi questionada sobre a opção. Fazer um mestrado e estudar tanto para dar aula no campo?, foi a pergunta que ela ouviu algumas vezes. Mesmo com as indagações, o ânimo da professora só aumentou.

"São problemas diferenciados dos da zona urbana. Aqui há questões culturais, sociais, ambientais diferentes. Então, é preciso um estudo muito grande e comecei a mergulhar e a buscar porque essa inquietação não tem fim. Comecei a estudar o material, a pesquisar, buscar pessoas que escrevem sobre o Cerrado, fui aos assentamentos visitar as famílias e conhecer a realidade deles", contou.

Essa "inquietação" por falar a mesma língua dos alunos e conquistar o interesse deles para o estudo fez a professora desenvolver o material didático adaptado. "Como trabalhar tão apegada ao livro didático com uma realidade tão complexa?", perguntava. Parte dos 15 alunos da professora Eliete mora em assentamentos e as famílias vivem da agricultura. Entraram em cena, então, visitas de campo com os alunos para conhecer de perto aquilo que se estuda em sala de aula. Para a leitura, poesias com nomes de pássaros e plantas do Cerrado e receitas com frutas que nascem no quintal de casa.

"O que sinto é que meus alunos conseguiram compreender muito mais quando larguei um pouco o livro didático e passei a ir para o campo. Eles têm mais entusiasmo, mais alegria", conta.

Além das indagações sobre a escolha de ensinar no meio rural, a professora Elieth também enfrentou críticas ao método de ensino que adota. Há quem considere que ela está preparando os alunos para continuar no campo quando deveria formá-los para viver na cidade. "Alguns dizem que é uma perpetuação da pobreza, que a pessoa tem que ir para a cidade.

Mas e se ela quiser continuar no campo? Se meu aluno aprender a ler e interpretar dentro desse contexto, em qualquer lugar ele vai ter sucesso", conclui.

Ela lembra que está previsto na Lei de Diretrizes e Bases da Educação a possibilidade de fazer ajustes ao material de ensino para atender à realidade social e cultural do meio onde o professor atua.

Além dos desafios de didática, a professora conta que a educação no meio rural enfrenta outras dificuldades e uma delas é o deslocamento. Durante um tempo, os estudantes iam para a aula de carroça e a pé, enfrentando chuva e sol, e já chegavam à escola cansados e suados, o que dificultava o aprendizado. Após um período de reivindicações, eles passaram a ter ônibus escolar para o deslocamento, acrescenta Elieth.

Em mais de 20 anos de magistério, a professora chegou a atuar em escola da área urbana, mas percebeu que seu caminho estava mesmo no campo. "As pessoas têm um preconceito: você vai fazer mestrado para continuar em uma escolinha do campo?, perguntam. Aí é que temos que estudar para recuperar essa perda histórica de exclusão da escola do campo, que sempre foi relegada", defende.

Disponível em: <www.cartacapital.com.br/educacao/professora-de-nucleo-rural-desenvolve-material-didatico-adaptado-5981.html>.

Educação é direito mais importante que cidadãos podem exigir do Estado, diz presidente do STF em aula magna na UnB

Sexta-feira, 5 de abril de 2013.

No dia 5 de abril de 2013, o [ex-]presidente do Supremo Tribunal Federal (STF), ministro Joaquim Barbosa, ao proferir aula magna para os novos estudantes da Universidade de Brasília (UnB), ressaltou que a educação é o direito mais importante que os cidadãos podem exigir do Estado, afirmação que ganhou destaque na seção de notícias do site do STF naquele dia:

"A educação é, sem dúvida, a mais importante prestação que o ser humano, isto é, o cidadão, tem direito a reivindicar do Estado. É por meio dela que adquirimos os conhecimentos necessários para transformar nossas vidas e a vida de toda comunidade na qual nos inserimos", disse o presidente do STF.

O ministro defendeu que a educação deve ser ministrada em um ambiente de absoluta liberdade, mas também com diversidade dos corpos docente e discente. Ele ressaltou que, sem acesso à educação, a pessoa fica destituída dos meios de dar sua contribuição qualitativa para a sociedade.

"É por meio da educação que podemos atingir aquele ideal que me parece ser comum a todo ser humano consciente de seus direitos e deveres, ou seja, o de ter à sua disposição os meios indispensáveis à satisfação de sua necessidade constante de busca pela felicidade e pelo bem-estar individual e o bem-estar coletivo", afirmou o ministro.

O presidente do STF, que concluiu o mestrado na UnB há 30 anos, destacou a importância da educação interdisciplinar oferecida pela instituição, que veio a ser uma das marcas de seu percurso profissional e acadêmico e de sua formação intelectual, e incentivou os alunos a aproveitarem todas as oportunidades oferecidas pela universidade, como cursos de extensão, palestras, conferências e o acervo da Biblioteca Central. "Leiam muito, leiam tudo, leiam a Constituição. É assim que todos vocês podem adquirir o sentimento constitucional. Precisamos criar um sentimento constitucional em nosso país", disse.

O ministro também acentuou que a atualização constante é um desafio para profissionais de todas as áreas, tanto no campo das ciências exatas quanto no domínio das humanidades. "É que o mundo que vivemos hoje, dinâmico, veloz em termos de transformações, cheio de situações novas e surpreendentes, leva-nos constantemente à busca de novos aperfeiçoamentos e de novos caminhos de investigação científica permanente", frisou.

O ministro destacou que a educação é um mecanismo de inclusão que fornece os instrumentos indispensáveis à concretização da igualdade material, da igualdade de oportunidades, mas que também sinaliza aos jovens, que em breve terão o controle da condução dos interesses maiores do país, o caminho certo que deverão trilhar e as condutas corretas a cuja observância não poderão escapar.

"É a educação, e somente a ela, que incumbe a tarefa revolucionária de inculcar em vocês jovens universitários os valores indispensáveis à compreensão acerca da necessidade de construirmos uma sociedade que seja cada vez mais justa, mais igualitária e baseada no ideal máximo de respeito ao próximo e dedicação cada vez maior à consolidação de nossas instituições democráticas."

Disponível em: <http://stf.jus.br/portal/cms/verNoticiaDetalhe.asp?idConteudo=235137>.

Exercitando a imaginação em direitos humanos

O documentário *Pro dia nascer feliz* explora questões sobre a vida pessoal dos alunos que vão além de sua vida escolar. Embora haja comportamentos comuns entre os estudantes da mesma faixa etária, as diferenças sociais revelam preocupações muito diferentes sobre questões fundamentais na vida de um ser humano: amor e carências, fé e desilusões, sentidos e automatismos. Discuta com seus colegas sobre as ideias de direitos humanos de cada um dos grupos apresentados no documentário com base nas falas dos alunos que participaram do filme.

Sessão de cinema

- *Another brick in the wall*. Reino Unido (1982), direção: Alan Parker.
- *Pro dia nascer feliz*. Brasil (2006), direção: João Jardim.
- *A língua das mariposas*. Espanha (1999), direção: José Luis Cuerda.
- *Central do Brasil*. Brasil (1998), direção: Walter Salles.
- *Má educação*. Espanha (2003), direção: Pedro Almodóvar.
- *O carteiro e o poeta*. Itália (1994), direção: Michael Radford.

12 Moradia

A moradia é mais do que o espaço físico onde nos abrigamos. É o espaço da intimidade, das vivências de relações entre familiares ou amigos. O nosso espaço. Nela temos a liberdade de viver só e com os mais próximos, e de receber as pessoas de quem gostamos.

> **ⓘ Você sabia...**
>
> ... que a ONU declarou, em 1948, que a moradia é um direito humano que deve ser exercido por todos os cidadãos? Após essa data, vários tratados internacionais reafirmaram que os Estados têm a obrigação de promover e proteger esse direito. Apesar de haver atualmente mais de 12 textos diferentes da ONU reconhecendo o direito à moradia, a sua implementação é ainda um grande desafio.

A Constituição Brasileira de 1988 reconheceu a moradia como direito social em seu artigo 6º, não restando nenhuma dúvida de que é um direito de todos e deve ser promovido e assegurado pelo Estado. No entanto, será que quando se fala em direito à moradia podemos entender que se trata de uma casa qualquer?

Escombros, lixo e entulho pelas ruas de Xerém, em Duque de Caxias, na Baixada Fluminense, RJ, em 9 de janeiro de 2013.

Vista aérea de alagamento na localidade de Santa Rita, zona rural de Teresópolis, na região serrana do Rio de Janeiro, RJ, em 17 de janeiro de 2011. Muitas famílias ficaram isoladas em áreas rurais com deslizamentos em estradas e o acesso só era possível com aeronaves.

Quatro paredes e um teto, apenas, é o que entendem a ONU e a nossa Constituição por direito de todo cidadão? Se assim for, o barraco em uma favela em que corre esgoto a céu aberto, a casa construída na encosta de morro e desprovida de segurança e infraestrutura, o cortiço onde se aglomeram 20, 30 famílias com banheiro comum a 50, 60 pessoas... tudo isso pode ser considerado moradia, e o Estado pode dizer que está promovendo e protegendo esse direito social.

O que é moradia digna?

O direito à moradia garantido pela Constituição não significa simplesmente o direito a um teto. Na Declaração Universal dos Direitos Humanos da ONU está posto que todo cidadão tem direito a uma moradia digna, isto é, morar de forma digna é mais do que ter um teto. É, para todas as pessoas, o direito de ter acesso a um lar e a uma comunidade segura, de modo que consigam viver em paz, com saúde física e mental. Por isso, a moradia digna deve incluir: segurança da posse, disponibilidade de serviços de infraestrutura e equipamentos públicos, custo acessível, habitabilidade, priorização de grupos vulneráveis e não discriminação, localização adequada e adequação cultural.

As ocupações ilegais e irregulares, presentes na maioria dos municípios brasileiros, põem às claras uma triste realidade social: a da falta de moradia. Todavia, o problema não é apenas a falta de imóveis para morar, mas também a ausência da segurança de posse que, por sua vez, favorece a péssima qualidade de construção das moradias já existentes, especialmente as das áreas ilegais.

Tomemos como exemplo a situação de moradores de uma favela devastada pelo fogo: lembrando que a posse tem uma função social, é muito provável que os tribunais consintam que os moradores dessa favela possam permanecer em algum prédio desocupado e abandonado — seja ele público ou particular — até que o governo municipal, estadual ou federal encontre um local adequado para esses desabrigados reconstruírem suas vidas de forma digna e justa.

O acesso informal ao solo e, consequentemente, à moradia constitui-se em problema social que se agrava fortemente pela falta ou pelos obstáculos que se interpõem à implementação de políticas habitacionais adequadas para atender a população mais carente. Muitos estudiosos da questão da moradia popular afirmam que o principal agente da exclusão territorial e da degradação ambiental é a segregação espacial, que traz consigo uma lista interminável de problemas sociais e econômicos, levando à exclusão e à desigualdade social.

> **ⓘ Você sabia...**
>
> ... que existe uma diferença entre posse e propriedade? O proprietário é o dono de um bem, isto é, ele pode usar, aproveitar e dispor desse bem dentro dos limites da lei. Posse é o controle efetivo de um bem. Quem tem a posse, tem o direito de usar, fruir do bem, mas não pode vendê-lo, por exemplo. A lei brasileira prevê a função social da propriedade, isto é, os direitos do proprietário não podem ferir o direito da maioria.

Há uma tensão constante entre ter o direito de posse de uma moradia e poder exercê-lo de fato. Isto é, não basta que o direito de posse seja reconhecido em termos constitucionais para que os cidadãos possam dispor de uma moradia caso não a tenham. Para ilustrar melhor essa questão, continuemos pensando em pessoas que perdem seus barracos nas favelas porque o fogo os destruiu completamente. Se estiverem em grandes cidades, serão atendidas pela polícia e pela defesa civil que vai encaminhá-las a algum abrigo provisório (uma escola em férias, um galpão desocupado ou um salão de alguma instituição religiosa). Ali, é possível que recebam o mínimo de condições materiais para que possam sobreviver por alguns dias. Alguns dias que podem virar meses, dado que os órgãos da justiça são morosos, os governos locais podem alegar falta de verbas para a construção de moradias, os cidadãos atingidos podem desconhecer seus direitos e, por isso, assumirem uma atitude passiva diante do problema. Para agravar ainda mais a situação, a burocracia também é lenta na preparação de documentos tanto dos desabrigados quanto dos órgãos públicos encarregados de encaminhar a questão, e assim poderíamos citar muitos outros fatores e obstáculos para o não exercício do direito de posse.

No caso das áreas rurais, o não exercício do direito de posse é mais grave ainda, pois incide não apenas na falta da moradia, mas também, e principalmente, na impossibilidade de trabalhar. Afinal, os habitantes das áreas rurais vivem do trabalho da terra.

E o que dizer então dos moradores de rua? Nesse caso, tudo que há de humano lhes foi negado: a intimidade, o descanso, a dignidade. A situação deles demonstra claramente o quanto ainda é preciso concretizar em relação às políticas destinadas à habitação popular e exigir dos órgãos competentes, como o Poder Judiciário, que as políticas já elaboradas sejam urgentemente executadas, para que o direito à moradia digna seja uma realidade para todos os brasileiros.

Quando começam as baixas temperaturas na cidade de São Paulo, o Serviço Franciscano de Solidariedade (Sefras), que faz parte do convento São Francisco, no centro da capital paulista, alimenta cerca de 300 moradores de rua no almoço e acolhe em média 100 deles por noite. São Paulo, SP, 17 de junho de 2016.

Disponibilidade de serviços, infraestrutura e equipamentos públicos constituem mais um requisito da moradia adequada, exigindo que a região tenha escolas, hospitais e outros serviços de saúde, supermercados, farmácias, transporte coletivo, segurança etc. É preciso também que haja água encanada, redes de esgoto, coleta de lixo, parques e áreas verdes, centros culturais e outros equipamentos de lazer.

Pagar por uma moradia digna sob a forma de aluguel ou compra (parcelada ou não) implica que famílias, indivíduos ou comunidades invistam uma parte de sua renda mensal sem que outros itens das necessidades básicas como alimentação, vestuário, produtos e serviços de cultura e lazer, saúde etc. deixem de ser plenamente satisfeitos. Quando a família consegue isso, diz-se que a moradia tem um custo acessível.

Uma casa digna deve apresentar um padrão de habitabilidade que inclua: boa proteção contra o frio, calor, chuva, vento, umidade; deve contar ainda com uma estrutura física capaz de proteger os moradores de ameaças de incêndio, desmoronamento, inundação e qualquer outro fator que coloque em risco a saúde e a vida das pessoas que nela habitam.

É de fundamental importância que as políticas públicas de habitação e as leis priorizem os grupos vulneráveis de modo que os incluam na sociedade sem discriminação e, na questão da moradia, possibilitando-lhes o acesso a ela. São grupos vulneráveis os moradores de rua, os de favelas, os aposentados por invalidez sem outra renda, além de outros. A não discriminação não se refere apenas à discriminação étnica, mas também às mulheres, uma vez que se sabe que seus salários são ainda mais baixos do que os salários dos homens, além de sofrerem outros tipos de discriminação social. Além delas, os moradores de rua formam outro grupo prioritário. Não basta colocá-los em abrigos. Eles precisam resgatar sua dignidade e, por isso, são os mais carentes de educação para o trabalho, de atenção especial do Estado que, no caso brasileiro, assegura no parágrafo 5º da Constituição Federal que "todos são iguais perante a lei [...] garantindo-se [a todos] a inviolabilidade do direito à vida, à liberdade, à igualdade, à segurança...".

Casa dos índios guarani-kaiowá feita de cascas de árvore com telhado de sapê. Aldeia de Amambai, MS, 2012.

Casas de barro na aldeia da etnia guarani. Salto do Jacuí, RS, 2015.

Reocupação de terra na aldeia Curussu Ambá. Amambai, MS, 2012.

Outra característica da moradia digna é a localização adequada, ou seja, ela deve estar situada em lugares que contemplem todos os itens já expostos, principalmente os citados: segurança de posse, disponibilidade de serviços, infraestrutura e equipamentos públicos, habitabilidade. Além disso, morar relativamente perto do trabalho tem a ver com o uso racional do tempo para o descanso, tão importante para a saúde dos indivíduos. A construção de moradias dignas deve evitar regiões propensas a desmoronamentos e outras intempéries da natureza.

Identidade e diversidade dos moradores são fatores a serem considerados quando se pensa na forma e nos materiais para a construção da moradia digna. É muito diferente construir casa adequada para os indígenas que ainda restam no Brasil, com uma cultura própria, assim como para os que têm um modo de morar muito diverso do nosso. Dar atenção às culturas diferentes significa levar em conta a adequação cultural.

A justiça do estado do Rio de Janeiro ainda discute o futuro das famílias do Quilombo das Guerreiras, zona portuária da capital fluminense. Com quase sete anos de existência, o local reúne aproximadamente 120 pessoas (cerca de 50 famílias) em um prédio da Companhia Docas do Rio de Janeiro, que estava abandonado há cerca de 20 anos. Rio de Janeiro, RJ, 2013.

Obstáculos ao acesso à moradia digna

Quantos indivíduos, quantas famílias você conhece que moram em casas que preenchem pelo menos 50% dos requisitos de uma moradia digna? É muito provável que você conheça poucas, ou, quem sabe, nenhuma casa que preencha essas condições. Afinal, moradia digna não se resume a apenas uma casa. Como já foi visto, de nada adianta ter uma boa casa em uma região desprovida de transporte coletivo, de segurança, de saneamento básico, de equipamentos públicos de boa qualidade etc. Nesse sentido, a moradia digna não é problema apenas dos mais pobres, embora para eles as deficiências sejam muito mais acentuadas. Os indivíduos mais privilegiados também são atingidos na questão da moradia adequada. Com muita frequência temos informações relativas a assaltos, sequestros e mortes de pessoas que moram em bairros nobres das grandes cidades.

Bilhões de pessoas vivem em condições inadequadas de moradia no mundo, incluindo aquelas que residem em países ricos. Quando esse tema entra em pauta, a questão mais apontada pelos governos é o *deficit* de habitações acompanhado de promessas ou providências no sentido de suprir o número de moradias. De fato, o problema existe e as suas causas podem ser encontradas em múltiplos fatores: pobreza extrema, poucas construções de interesse social, migração urbana (forçada e não planejada), especulação no mercado imobiliário e de terras, além de desastres naturais.

O não exercício do direito à moradia adequada deve-se a um conjunto de fatores que, na dinâmica da sociedade, são inseparáveis. Por isso, uma lista desses fatores pode nos servir apenas para facilitar a compreensão do problema.

Podemos dizer que a falta de moradia não é o único empecilho à moradia digna. Mais de um terço da população mundial, segundo o UN-Habitat, vive em assentamentos precários e favelas sem serviços básicos, o que significa não só a falta de moradia adequada, mas também de outros direitos civis, políticos, sociais, econômicos e culturais.

Outra causa é o processo de enobrecimento das cidades. Isto é, muitas pessoas de baixa renda e que pagam baixos aluguéis moram em prédios ou casas das regiões centrais de grandes cidades. Com o passar do tempo, essas casas vão se deteriorando e as autoridades governamentais resolvem investir na revitalização desses centros citadinos. O problema na passagem do "empobrecimento" para o "enobrecimento" das áreas é que as demolições e/ou reutilizações desses espaços têm como consequência uma revalorização das regiões centrais, o que encarece os aluguéis ou deixa sem casa os que ocupavam construções destinadas à demolição para reutilização do espaço. A população que aí residia — geralmente por causa da proximidade com o local de trabalho — é obrigada a ir morar em regiões longínquas sem infraestrutura urbana, em favelas ou, até mesmo, nas ruas.

A revitalização de espaços urbanos deteriorados é uma medida positiva para a melhoria das cidades. Todavia, é preciso que essa revitalização seja acompanhada de políticas habitacionais, cujas diretrizes básicas tenham como preocupação central a realocação dos moradores do espaço a ser revitalizado em regiões servidas de vias públicas adequadas, de transporte coletivo suficiente, de equipamentos públicos diversos e de boa qualidade. As moradias não devem se reduzir a quatro paredes e um teto.

Moradia digna e planejamento urbano

A questão subjacente a problemas habitacionais como esse causado pela revitalização das cidades é a do planejamento urbano. No Brasil, esse planejamento só começou a ser incorporado às políticas públicas, ainda que de forma tímida, na década de 1970. Mesmo assim, quem levou vantagem nos anos 1980 e 1990 com o planejamento não foi a sociedade em geral, mas os grupos empresariais ligados aos grandes interesses imobiliários. O planejamento urbano pautado na construção de moradias adequadas, ou mais adequadas, passou ao segundo plano.

Um bom exemplo disso é o estudo que realizou o economista e sociólogo Paul Singer. Nesse trabalho, ele mostra como se deu o processo de formação das periferias das cidades, particularmente as periferias da cidade de São Paulo nos anos 1950-1960. Em síntese, a ocupação das periferias ocorreu assim: os moradores foram expulsos de regiões mais centrais em decorrência do alto custo dos aluguéis em relação aos salários e do encarecimento do valor de compra de imóveis nessas regiões, assim como o aumento da migração, especialmente a migração interna do Norte e Nordeste para o Sudeste do país. Esses fatores levaram os migrantes e a população mais carente em geral a procurar moradia em regiões bem mais afastadas do centro. As terras e os imóveis eram bem mais baratos, mas essas regiões eram totalmente desprovidas de transporte, água encanada, esgoto, luz elétrica, atendimento de saúde, escola, hospitais e outros serviços essenciais. Os moradores, então, se organizavam em associações, conseguiam levar alguns serviços públicos básicos para essas regiões, e os empreendedores imobiliários, assim que as vilas ou os bairros apresentassem um mínimo de infraestrutura urbana, tratavam logo de aumentar o preço de terrenos e casas tanto nesses locais como nas regiões intermediárias entre o centro e aquelas em processo de urbanização.

Desse modo, quanto mais distantes do centro, menos valorizados eram os terrenos e as moradias; por outro lado, em função desse mesmo processo, bairros que, ao final dos primeiros 50 anos do século XX, eram desvalorizados, passaram a ser valorizados, e a população mais pobre foi sendo "empurrada" para mais para longe, perpetuando sua condição de sempre ser privada dos serviços públicos básicos.

É bom que se destaque a importância da participação da população na conquista por moradia no Brasil. As políticas públicas na área social e a legislação são aspectos da vida em sociedade em que as reivindicações da população tiveram e têm papel importante e nem sempre explícito. Ou seja, de modo geral, tem-se a impressão de que a construção de casas populares e de conjuntos habitacionais, e a própria evolução do sistema financeiro de habitação, que hoje está concentrado na Caixa Econômica Federal, são apenas ideias de governos e legisladores colocadas em prática sem a participação dos cidadãos.

Não é bem assim. Os movimentos por moradia têm uma longa história no conjunto dos movimentos sociais. Hoje, não somente se organizam para reivindicar, mas também têm participação ativa até na determinação do valor no repasse de verbas para compras de terras cujo objetivo é a construção de casas e de conjuntos habitacionais populares. Como afirmou a representante do movimento de moradia no Estado de São Paulo, em 2013, "vamos nos reunir com a CDHU — Companhia de Desenvolvimento e Habitação Urbana – porque não concordamos com o repasse de 4 milhões de reais que esta empresa decidiu que a Caixa Econômica deve repassar para a compra de um terreno [na Zona Leste da capital paulista]. Queremos menos. No ano passado, um terreno como este foi comprado por 940 mil reais". Disponível em: <www.ebc.com.br/noticias/economia/2013/11/movimentos-sociais-fazem-ato-por-moradia-no-centro-de-são-paulo>.

Por que essa representante exigiu, em nome do movimento, que a CDHU solicitasse menor repasse da Caixa? Porque quanto menor o repasse, menor o preço dos imóveis ali construídos. Isso indica o grau de desenvolvimento, ou seja, de poder que o movimento em questão dispõe.

Veja o convite endereçado aos moradores da Favela do Moinho, para que participassem da primeira audiência pública popular, no centro de São Paulo. Organizados, reivindicam participação ativa na luta por seus direitos. O grupo mantém uma página em uma rede social: facebook.com/moinhoresiste.

Cartaz "Sarau moinho vive".

A questão da política pública de acesso à terra

A Constituição de 1988 trata das questões da política agrícola e da reforma agrária nos artigos 984 ao 991. Essa legislação faz referência à desapropriação da terra por interesse social, para fins de reforma agrária; aos critérios para desapropriação de terras; ao planejamento e à execução da política agrícola na forma de lei; à destinação de terras públicas e devolutas; à distribuição de títulos de domínio ou de concessão de uso das terras; à aquisição ou arrendamento de propriedade rural por pessoa (física ou jurídica) estrangeira; e ao direito de aquisição de propriedade da terra (até 50 hectares) pelo uso e aproveitamento, depois de determinado tempo. São esses os artigos constitucionais que pautam o diálogo dos movimentos sociais com os órgãos públicos e os aparatos judiciais e policiais no que concerne à questão da política agrícola.

Os despejos forçados constituem impedimento ao exercício do direito à moradia adequada. Embora a comunidade internacional tenha declarado, há mais de uma década, que os despejos forçados estão entre as piores violações dos direitos humanos, eles continuam a ocorrer em todas as partes do mundo. Uma resposta positiva a esse problema inclui legislação que proteja os direitos humanos e seja rigorosamente cumprida, além de políticas habitacionais destinadas a dar conta do problema.

É muito comum, no caso do Brasil, que as posições políticas dos moradores se concentrem nos extremos da conquista da moradia. Isto é, ou ela é percebida como uma dádiva dos governos, ou melhor, de governantes, ou é entendida como luta fundada em princípios ideológicos e partidários. Entendida como dádiva ou como conquista exclusiva de política partidária, a luta por moradia perde seu principal sentido do ponto de vista constitucional: a moradia adequada é um direito de todo cidadão e é dever do Estado promover e proteger esse direito.

A Constituição Brasileira faz referência explícita ao direito à moradia, isto é, esse direito possui importância reconhecida em nossa lei mais importante. Além disso, o Brasil é Estado-membro das Nações Unidas e com ela tem assinado todos os tratados e convenções relativos à moradia digna.

ⓘ Você sabia...

... que, tal como na Declaração Universal dos Direitos Humanos, o Pacto Internacional sobre Direitos Econômicos, Sociais e Culturais e o Protocolo de San Salvador, que se complementam, com os tratados e as convenções, como instrumentos de proteção internacional dos direitos humanos, o direito à moradia está previsto na Declaração sobre Assentamentos Humanos de Vancouver (1976), na Agenda 21 (1992), e é reconhecido como um direito humano na Agenda Habitat, adotada pela Conferência das Nações Unidas sobre Assentamentos Humanos, Habitat II, realizada em Istambul em junho de 1996?

No início do século 20, a cidade de São Paulo prosperava pela riqueza do café e da nascente indústria. Foi quando começou a ganhar ares de metrópole, com a edificação de imponentes edifícios públicos e palacetes residenciais. Nos chamados bairros nobres, surgiram luxuosas mansões, vilas, casarões em estilo europeu cercados por amplos jardins. Algumas dessas residências tiveram grande importância na vida social e cultural da cidade. [Uma delas], a Vila Itororó, surgiu no bairro da Bela Vista, ocupando os terrenos alagadiços do Vale do Itororó, onde hoje passa a Avenida 23 de Maio. Seu idealizador, [o] imigrante português Francisco de Castro, [queria construir] no local um palácio. [Ele comprou o terreno e o material de demolição do Teatro São José e construiu o palacete].

[Ângelo Iacocca], na função de repórter do jornal *Aqui São Paulo*, tabloide semanal criado por Samuel Wainer, foi escalado para entrevistar os arquitetos-autores de um projeto para revitalizar a Vila Itororó. Ao longo desses 35 anos, a Vila foi totalmente descaracterizada pela construção de 'anexos' ilegais nas casas e pela total deterioração do palacete. No entanto, após o tombamento do imóvel e a [conflituosa e desordenada] retirada dos moradores do local, o entrave quanto ao início das obras de restauro continua, apesar das promessas oficiais.

IACOCCA, Ângelo. O entrave da Vila Itororó. *Folha de S.Paulo*, 20 abr. 2013. Adaptado.

RECAPITULANDO

As características da moradia adequada são: segurança da posse; disponibilidade de serviços; infraestrutura e equipamentos públicos; custo acessível; habitabilidade; priorização de grupos vulneráveis e não discriminação; localização adequada e adequação cultural.

Passados 65 anos da formulação desse direito, ainda estamos em processo de implementação da moradia adequada não apenas nos países pobres ou em desenvolvimento, mas também nos países ricos. Hoje, um terço da população mundial vive em condições precárias de habitação.

Geralmente, o problema da moradia digna apresenta-se relacionado tão somente à falta de habitação. Entretanto, não se trata apenas de falta de moradia, mas de questões ligadas aos assentamentos precários e às favelas; às consequências nefastas da revitalização das cidades, quando realizada sem planejamento urbano, priorizando os interesses de grupos empresariais e não os da sociedade; à participação dos cidadãos na luta pela moradia; aos despejos forçados.

A legislação aborda as especificidades da moradia urbana e a questão da política e reforma agrária. Se os moradores das áreas urbanas enfrentam sérias dificuldades na conquista da moradia, os das áreas rurais dependem da terra não somente para morar, mas também para trabalhar.

A lentidão e os entraves no processo de implementação desse direito podem obscurecer a educação política da sociedade e, portanto, colocar obstáculos à conquista do direito à moradia adequada. Ou seja, ora esse direito pode ser entendido como dádiva das autoridades governamentais, ora pode se concentrar em outros interesses de grupos político-partidários, desmerecendo a importância da sociedade na luta pela concretização do direito à moradia digna.

A Constituição Brasileira faz referência explícita ao direito à moradia, isto é, esse direito tem sua importância reconhecida em nossa lei superior. Além disso, o Brasil é Estado-membro das Nações Unidas e com ela tem assinado tratados e convenções relativos à moradia digna. Por isso, podemos considerar o direito à moradia digna positivado no Brasil, isto é, legitimado em nosso país.

Testando seus conhecimentos

Atividades

Monitorando a aprendizagem

Faça um levantamento na rua em que você mora sobre:

- quais são os tipos mais comuns de moradia;
- quantas casas há nessa rua;
- quantos são proprietários e quantos pagam aluguel;
- se há pessoas que vivem na rua, isto é, há pessoas que não têm casa e dormem e andam sempre ali;
- se a rua é provida de saneamento básico, tem esgoto e água encanada;
- se há serviços na rua ou perto dela (farmácia, hospital, escola, posto de saúde, centro esportivo público, cinema, centro cultural público etc.).

Discuta com os colegas e o professor sobre a melhor maneira de apresentar os dados que você coletou para a classe.

Assimilando conceitos

a) Como se pode definir a moradia digna?
b) A nossa Constituição faz referência direta ao direito à moradia? Justifique sua resposta.
c) Faça uma pesquisa sobre a ideia de "desapropriação por interesse social".

Olhares sobre a sociedade

Pesquise as letras das músicas "Terra de ninguém", de Marcos Valle e Paulo Sérgio Valle, e "O cio da terra", de Chico Buarque e Milton Nascimento. Sob a orientação do seu professor, redija uma dissertação com base no conteúdo das canções.

Exercitando a imaginação em direitos humanos

Sem água potável e sem destinação segura de dejetos, a população fica sujeita a doenças, como a diarreia. Não é por acaso que saneamento básico é inerente à ideia de moradia digna. (*Folha de S.Paulo*, 22 set. 2013.)

Explique com suas próprias palavras o parágrafo retirado de reportagem da *Folha de S.Paulo*.

Sessão de cinema

- *Rua São Paulo*. Brasil (2002), direção: Daniel Massaranduba e Guilherme Ribeiro.

13 Participação política

A participação política é um direito de todo cidadão

Todos nós desejamos poder decidir a forma como vivemos e determinar livremente os rumos de nossas vidas. Entendemos que é parte integral de nossa realização como seres humanos escolher nossos objetivos de vida, nosso caminho para a felicidade. Essas escolhas, entretanto, não se dão em isolamento, pois não vivemos sozinhos. Há decisões que afetam a vidas de todos aqueles que vivem em nossa sociedade, a todos aqueles que habitam a *pólis* (este era o nome pelo qual os antigos gregos denominavam suas cidades-Estado. Desde então, ele tem sido utilizado para designar as comunidades políticas). Elas são, portanto, decisões *políticas* e podem tanto ampliar como limitar nossas possibilidades de atingir aquela realização que desejamos. Por isto, é fundamental que todos possam participar ativamente do processo de construção dessas decisões. Em outros termos, é fundamental que todos tenham direito à *participação política* plena.

A Declaração Universal dos Direitos Humanos da ONU consagrou esse direito em seu artigo 21:

> **Declaração Universal dos Direitos Humanos**
>
> I. Todo homem tem o direito de tomar parte no governo de seu país diretamente ou por meio de representantes livremente escolhidos;
>
> II. Todo homem tem igual direito de acesso ao serviço público de seu país;
>
> III. A vontade do povo será a base da autoridade do seu governo; esta vontade será expressa em eleições periódicas e legítimas, por sufrágio universal [que consiste em dar o direito a voto a toda a população adulta de um estado, independentemente de raça, sexo, religião etc.], por voto secreto ou processo equivalente que assegure a liberdade de voto.
>
> Disponível em: <www.dudh.org.br/declaracao>.

A Constituição Brasileira de 1988 afirma no artigo 14, do capítulo referente aos Direitos Políticos, que: "A soberania popular será exercida pelo sufrágio universal e pelo voto direto e secreto, com valor igual para todos, e, nos termos da lei".

É possível observar que tanto a Declaração Universal dos Direitos Humanos quanto a Constituição brasileira fazem referência a mecanismos para garantir que todos possam tomar parte (no sentido de *participação*) no governo da *pólis*, seja direta, seja indiretamente. Isto não é um acaso. O direito à participação política é uma das características essenciais àquilo que chamamos de *cidadania*, que pode ser definida, em sentido amplo, como aquele "*conjunto dinâmico de direitos e obrigações que determina o grau de inclusão do sujeito nas diversas esferas da con-*

vivência social".[1] Ele, portanto, inclui, mas vai muito além do direito de votar e ser votado para algum cargo público.

É fácil entender o porquê: se ser cidadão é estar incluído na comunidade política, então é impossível ser cidadão pleno sem participar das decisões sobre o rumo dessa mesma comunidade: Quem participa de um grupo, nele está incluído, e quem está incluído, participa. Esta vinculação entre inclusão e participação é muito importante. Ela indica que a participação política comporta não apenas uma dimensão de *direitos*, mas também a de obrigações. Como cidadãos, temos simultaneamente o *direito* de fazer parte na vida política do país e o *dever* de, nesse quadro, oferecer nossa contribuição para a construção do bem comum. Participamos não apenas por nós mesmos, mas para buscar melhorar a vida de todos.

Por força dessa dupla dimensão, o direito à participação política fica sujeito, também, a um duplo risco: o da *impossibilidade* da participação e o da *indiferença* à participação. O primeiro é característico dos regimes totalitários; o segundo, pode surgir nos regimes democráticos.

A história recente do Brasil ilustra, tristemente, o primeiro caso. O Governo Militar que se instalou no país em 1964, suprimiu ditatorialmente o direito à plena participação política. Como nas democracias essa participação se expressa, sobretudo, pela possibilidade de votar e de ser votado, o governo aboliu as eleições diretas para presidente da República, em 1965, e para governadores e prefeitos (1966). Mas como esse direito não se esgota na possibilidade de votar e ser votado, o regime autoritário decidiu também proibir outras formas de participação.

O Ato Institucional nº 5, de 13 de dezembro de 1968, é uma das ilustrações mais evidentes do incômodo que as ditaduras têm com a participação política de seus cidadãos. Veja, por exemplo, o que determina o artigo nº 5 desse texto lamentável:

> Art. 5º – A suspensão dos direitos políticos, com base neste Ato, importa, simultaneamente, em:
> I – cessação de privilégio de foro por prerrogativa de função;
> II – suspensão do direito de votar e de ser votado nas eleições sindicais;
> III – proibição de atividades ou manifestação sobre assunto de natureza política;
> IV – aplicação, quando necessária, das seguintes medidas de segurança:
>   a) liberdade vigiada;
>   b) proibição de frequentar determinados lugares;
>   c) domicílio determinado;
> § 1º – O ato que decretar a suspensão dos direitos políticos poderá fixar restrições ou proibições relativamente ao exercício de quaisquer outros direitos públicos ou privados.
> § 2º – As medidas de segurança de que trata o item IV deste artigo serão aplicadas pelo Ministro de Estado da Justiça, defesa a apreciação de seu ato pelo Poder Judiciário.[2]

---

[2] Disponível em: <http://legis.senado.gov.br/legislacao/ListaPublicacoes.action?id=194620>.

---

[1] VILHENA, Oscar. *Direitos Fundamentais: uma leitura da jurisprudência do STF*. São Paulo: FGV/Malheiros, 2006, p. 611.

Votar, ser votado, discutir livremente a política, ir aos lugares que se deseja, exercer outros direitos e poder ter suas causas examinadas pelo Judiciário: o coração da participação política foi fuzilado pela ditadura militar. Muitas outras medidas, como a censura à imprensa, às artes e o fechamento de partidos políticos confirmaram essa recusa da ditadura em permitir que cada cidadão pudesse dizer o que achava melhor para o país, em permitir que os brasileiros debatessem o futuro do Brasil.

Esse período triste iria durar por muitos anos e só iria terminar pelo empenho e coragem de milhões e milhões de brasileiros que, de diversas maneiras, lutaram para retomarem seu direito à participação política. Em 1984, a campanha das *Diretas Já*, que reivindicava a volta às eleições diretas para a presidência, levou às ruas multidões imensas e vibrantes. Embora não tenha sido vitorioso naquele momento, o movimento ajudou a construir o caminho que levou à redemocratização, com a promulgação da Constituição em 1988 e eleições livres e diretas em 1989. O Brasil reconquistara o direito à participação política.

De lá para cá, a democracia brasileira se consolidou e aperfeiçoou. Há sempre muito a aprimorar, mas é muito positivo ver que as eleições, para todos os níveis de governo, ocorrem regularmente, que a censura autoritária à imprensa e às artes foi abolida, que o Judiciário pode examinar as causas que lhe são trazidas pelos cidadãos. Esse quadro positivo faz com que surja, entretanto, o outro tipo de risco que se apontou acima: o da *indiferença* à participação política.

Muitos brasileiros têm demonstrado forte desconfiança nas instituições democráticas: em pesquisa recente, apenas 11% dos entrevistados dizem confiar na Presidência da República, 10% no Congresso Nacional e 7% nos Partidos Políticos.[3] Essa desconfiança tende a levar ao afastamento dos canais tradicionais de participação política. Esse processo arrisca, com o tempo, a enfraquecer os canais estabelecidos no processo de reconstrução de nossa democracia e a empobrecer a qualidade de nossa participação efetiva na tomada de decisões coletivas.

Se os canais tradicionais enfrentam essa dificuldade – e não apenas no Brasil – possibilidades de participação antes desconhecidas vão surgindo por força das novas tecnologias. De fato, em quase todo o mundo, as mudanças que têm caracterizado a vida contemporânea vêm abrindo novas oportunidades e novos desafios para a participação política. A internet, por exemplo, nos permite saber imediatamente de eventos que ocorrem em lugares muitos distantes do globo e as redes sociais nos permitem opinar e, algumas vezes, agir sobre eles. Campanhas mundiais sobre temas como a conservação ambiental ou o destino de refugiados e imigrantes têm movimentado bilhões de internautas ao redor do planeta. O mundo inteiro está se tornando a nossa *pólis* e queremos participar de seu governo.

Com frequência, essas movimentações maciças nas redes sociais, isto é, no mundo virtual, servem como base e resultam em manifestações muito importantes no mundo real. Um exemplo dessa nova forma de construir a participação política se deu no Brasil em 2013, quando protestos de rua, reunindo milhões de pessoas, foram organizados em grande parte a partir dessas redes. Nos anos se-

---

[3] Disponível em: <http://bibliotecadigital.fgv.br/dspace/bitstream/handle/10438/17204/Relatorio-ICJBrasil_1_sem_2016.pdf?sequence=1&isAllowed=y>.

guintes, os principais eventos políticos afetando a vida dos brasileiros foram debatidos intensamente nas diversas mídias sociais. A tendência é que esse tipo de ação política se intensifique, à medida que vamos nos percebendo cada vez mais como cidadãos digitais.

As novas tecnologias abriram, assim, novos espaços, formas e possibilidades de participação política. Mas elas nos confrontam, também, novos desafios. Como têm apontado vários estudiosos, a cultura da internet tem muitas vezes se traduzido em uma tendência ao individualismo e ao imediatismo, e à dificuldade de dialogar e aceitar posturas diferentes. Eles dizem que essa cultura nos expõe ao risco de transportar, para a vida pública, a mesma lógica que temos em nossos grupos nas redes sociais: se uma pessoa nos incomoda com uma crítica ou opinião diferente, logo encerramos nosso contato com ela.

Este movimento de exclusão dos que nos incomodam pode facilmente levar a posturas de intolerância e preconceito. Ele é incompatível com a ideia de participação política na medida em que esta implica, necessariamente, o diálogo com a diversidade e com a diferença. Participar é ter parte, fazer parte, sem querer impor-se como todo. As novas tecnologias potencializam enormemente tanto nossa condição de construir coletivamente soluções para os problemas comuns, como nossa tentação de nos isolarmos da diversidade do mundo. Aproveitar essas novas oportunidades, evitando as armadilhas que elas nos trazem, é um dos grandes desafios que temos hoje para aprimorar o exercício de nosso direito à participação política.

RECAPITULANDO

O direito à participação política é o direito de tomar parte, ativamente, nos processos de tomadas de decisão que dizem respeito às formas de construir e organizar a vida em sociedade e de promover o bem comum. A participação política é um direito de todo cidadão. Esse direito foi reconhecido pela Declaração dos Direitos Humanos da ONU e, no Brasil mais recente, pela Constituição de 1988. É importante notar que a participação política comporta não apenas uma dimensão de *direitos*, mas também a de *obrigações*. Temos simultaneamente o direito de fazer parte na vida política do país e o dever de, nesse quadro, oferecer nossa contribuição para a construção de uma vida melhor para todos. Essa dupla dimensão (direito e dever), faz com que o direito à participação política fique sujeito a dois riscos complementares: o da impossibilidade da participação e o da indiferença à participação. O primeiro é característico das ditaduras, como foi o caso do Brasil durante o Regime Militar. O segundo é um desafio para as democracias, como é o caso do Brasil de hoje. As novas tecnologias abriram novas possibilidades de participação política, ao mesmo tempo que trouxeram novos desafios. A participação tem como base o princípio de que toda participação deve ser a confirmação da dignidade humana e um instrumento para a construção do bem comum e de uma sociedade de todos e para todos.

O que é participação política?

Ubuntu, nas culturas sul-africanas, nas línguas *xhosa* e zulu, pode ser entendido como "eu sou porque nós somos". Ubuntu é reconhecido como uma forma de participação social em que cada indivíduo tem obrigações para com a comunidade que o apoia e que, também, reconhece sua diferença.

Você já deve ter ouvido falar no *software* livre ubuntu. Pois bem. No espírito da tradição do ubuntu, o que caracteriza esse sistema é que ele pode ser usado por qualquer pessoa sem pagamento de nenhuma taxa.

Veja a entrevista em que Nelson Mandela explica o ubuntu no endereço: <www.youtube.com/watch?v=9QnEaKZ_4kY>.

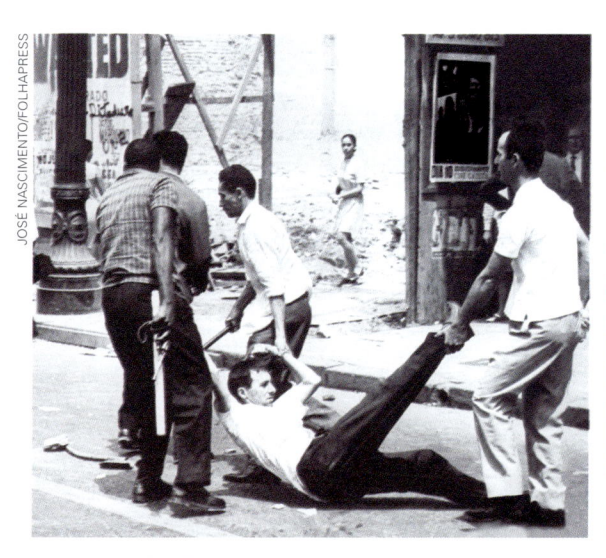

Testando seus conhecimentos

Atividades

Monitorando a aprendizagem

a) O seu colégio tem algum tipo de participação dos alunos nos problemas que surgem no dia a dia da realidade escolar? Justifique sua resposta.

b) Forme um grupo com cinco colegas da classe e discutam propostas para a resolução de três problemas que vocês consideram importantes na escola.

c) Que papel cabe a você, como cidadão brasileiro, na melhoria da segurança pública?

Assimilando conceitos

Com base no texto trabalhado neste capítulo, responda:

a) O que é participação política?

b) Indique dois fatores que podem impedir a participação política.

Olhares sobre a sociedade

Busque a letra da música *Apesar de você*, de Chico Buarque e disserte sobre o tema proposto pelo compositor.

Exercitando a imaginação em direitos humanos

Assista ao filme *Cabra marcado para morrer* e discuta com seus colegas a seguinte questão:

Por que Eduardo Coutinho só pôde filmar *Cabra marcado para morrer* nos anos 1980, se o início da filmagem se deu nos anos 1960?

Sessão de cinema

- *Corpo*. Brasil (2007), direção: Rossana Foglia e Rubens Rewald.

14

Meio ambiente

Vista do Xingu. MT, 2012.

Lixeiras identificadas para separação de lixo no passeio público. Curitiba, PR, 2011.

RIO+20
Conferência das
Nações Unidas
sobre
Desenvolvimento
Sustentável

Queimada na mata, na margem do rio Paraguai ao entardecer. Distrito de Porto Esperança, Corumbá, MS. 2012.

Catadores coletando lixo reciclável no aterro sanitário de Jardim Gramacho, também conhecido como Lixão do Gramacho. Duque de Caxias, RJ, 3 de junho de 2012.

Qual é a relação entre meio ambiente e direitos humanos?

Se lermos com atenção a Declaração Universal dos Direitos Humanos (DUDH) adotada pelas Nações Unidas em 1948, não encontraremos nenhum dispositivo que trate expressamente de meio ambiente.

Isso significa que não existe um direito humano ao meio ambiente?

Já tratamos anteriormente sobre o conceito de direitos humanos e vimos que a percepção sobre esses direitos foi se ampliando no decorrer da História. De fato, em 1948, a DUDH não abarcava a ideia atual de que o meio ambiente deve ser protegido e preservado de maneira sustentável e ecologicamente equilibrada.

Essa noção surge com a percepção de que alguns valores não podem ser protegidos apenas no plano individual e dizem respeito a uma coletividade que não pode ser determinada individualmente. Isso ocorre especialmente em meados do século XX, com fenômenos sociais e históricos como a forte industrialização e o aquecimento global.

Nesse processo fomos tomando consciência da centralidade de um meio ambiente saudável e sustentável para que possamos ter uma vida digna.

> Artigo 225º CF, – Todos têm direito ao meio ambiente ecologicamente equilibrado, bem de uso comum do povo e essencial à sadia qualidade de vida, impondo-se ao poder público e à coletividade o dever de defendê-lo e preservá-lo para as presentes e futuras gerações.
>
> BRASIL. Constituição da República Federativa do Brasil de 1988.

Para compreendermos o que significa "meio ambiente" é preciso pensar no mundo em que vivemos. Como lidamos com o lixo que produzimos diariamente? Reduzimos a produção de lixo, por exemplo, evitando o uso de materiais descartáveis? Reutilizamos os materiais, por exemplo, usando o verso em branco de uma folha já utilizada? Reciclamos materiais separando o lixo reciclável do lixo orgânico?

Pensando na região onde você vive, em seu bairro, por exemplo, há coleta seletiva de lixo? Há parques e áreas verdes? Esgoto a céu aberto e lixão? Na sua cidade inteira há rede de água tratada e esgoto? Qual a concentração de áreas verdes (florestas, parques etc.) em seu estado? Qual o nível de poluição do ar e da água em sua região? Não apenas na região em que vivemos, mas também além do nosso país e continente, é preciso ampliar nossa visão considerando o planeta como um todo.

O conceito de meio ambiente se refere a diversas questões, como: condições de clima, recursos naturais disponíveis, habitação, circulação, respiração, alimentação, saúde, lazer, trabalho, enfim, tudo o que nos cerca e nos dá condição de realizar funções e atividades vitais não apenas ligadas aos seres humanos, mas a todos os seres.

Pode-se dizer que meio ambiente é o conjunto de todo patrimônio natural (ar, água, solo, energia, fauna, flora, recursos minerais etc.),

> "É preciso pensar em novas tecnologias para que as pessoas continuem tendo trabalho sem causar danos ao meio ambiente. Os dois podem andar juntos, mas é preciso cuidado." André Carlos Conceição dos Santos, jovem agricultor de Lagoa Santa, em Ituberá (BA).
>
> Disponível em: <www.ondajovem.com.br>.

> "Os jovens estão preocupados em realizar ações a favor do meio ambiente e da vida mais sustentável, mas infelizmente ainda são vistos como irresponsáveis e não são levados a sério como deveriam." Regina Freire Arnaldo do Nascimento, ativista em Palmas (TO).
>
> Disponível em: <www.ondajovem.com.br>.

artificial (criações e alterações produzidas pelos seres humanos, como edificações, equipamentos etc.) e cultural (costumes, leis, religiões, criação artística, linguagem, conhecimentos) que possibilite o desenvolvimento equilibrado da vida em todas as suas formas. A lei brasileira inclui também a noção de meio ambiente do trabalho.

Logo, meio ambiente não se refere apenas à natureza, ao natural, mas também às questões sociais e culturais. Ou seja, quando falamos em meio ambiente, não estamos nos referindo apenas a florestas, matas e animais silvestres, mas também às condições de vida em uma cidade e suas implicações no modo de vida nesse meio. Estamos falando agora de coisas como a poluição do ar, da água, a poluição sonora, o conjunto arquitetônico (prédios e construções), a criação artística disponível e a possibilidade de vida equilibrada nesses ambientes.

O direito humano ao meio ambiente implica a proteção ao meio ambiente saudável e sustentável, o que é fundamental para o desenvolvimento equilibrado de todas as formas de vida, inclusive para futuras gerações.

Quem são os sujeitos titulares do direito ao meio ambiente?

O direito humano ao meio ambiente saudável e equilibrado é um direito denominado "difuso", ou seja, diz respeito a um número indeterminável de pessoas, sem que se possa separar qual "pedaço" pertence a cada uma. Se uma usina nuclear for destruída no Japão, o nível elevado de radioatividade não vai atingir somente a população daquele local, mas pode ter consequências no mundo inteiro. Um rio poluído prejudica o meio ambiente e pode atingir pessoas que sequer ouviram falar sobre esse rio.

Além disso, não se pode dividir o meio ambiente. O meio pertence a todos e a ninguém ao mesmo tempo — em outras palavras, não é possível fragmentá-lo para cada pessoa individualmente, o meio ambiente pertence a todas as pessoas, presentes e futuras.

As futuras gerações também são titulares desse direito, ou seja, não apenas as pessoas que existem hoje, mas também as que poderão vir a existir têm direito ao meio ambiente. Por isso, fala-se em preservação saudável para as presentes e futuras gerações.

Há uma discussão com relação aos animais e seres inanimados. São eles também titulares do direito ao meio ambiente? A verdade é que os direitos são vistos sob a ótica dos seres humanos, mas isso não significa necessariamente que somos o "centro do universo". O antropólogo Eduardo Viveiros de Castro, com base em suas pesquisas e vivências com povos ameríndios, chama a atenção para o fato de que: "se nós pensamos — como Darwin — que houve animais que se tornaram homens, para os índios, foram os humanos que se tornaram animais".

Nesse campo, é importante destacar que cada vez mais nos conscientizamos da necessidade de que as demais espécies sejam tratadas com respeito. Recentes decisões do supremo Tribunal Federal (STF), proibindo vaquejadas e a farra do boi, apontam para o fato de que animais não podem ser tratados com crueldade.

Em contraposição ao direito ao meio ambiente, podemos destacar quatro deveres: dever de respeitar o meio ambiente (não destruir e preservar), dever de proteger o meio ambiente (prevenir a degradação ambiental, impedir que seja destruído ou danificado), dever de implementar medidas para preservar o meio ambiente ecologicamente equilibrado (preservar o meio ambiente sustentável e, em caso de degradação ambiental, tomar todas as medidas necessárias para minimizar os danos e, se possível, reverter a situação), além disso, há também o dever de cooperar para a sua preservação.

Os destinatários desses deveres são todas as pessoas — físicas e jurídicas, nacionais, estrangeiras ou internacionais, ou seja, não apenas os indivíduos, mas também as empresas, os governos, as organizações etc. são responsáveis pela preservação do meio ambiente ecologicamente equilibrado e sustentável. Além disso, a coletividade e o poder público (seja município, estado ou União) também são destinatários do comando. Os danos ambientais podem ocorrer independentemente das fronteiras de um município, estado ou mesmo de um país. Por isso, as respostas a essas situações devem envolver diferentes atores, em diferentes níveis e atribuições.

> Muitas empresas são responsáveis por graves danos ambientais — por exemplo, um acidente envolvendo navio petroleiro que lança material químico ao mar, indústrias que lançam dejetos no ar ou na água, construções que "expulsam" os moradores originais da região etc. Muitas vezes são empresas, e não indivíduos, os principais violadores do direito ao meio ambiente. É o caso, por exemplo, do desastre no Golfo do México em 2010, com a explosão de uma plataforma arrendada pela empresa British Petroleum.

Os mecanismos de proteção do direito ao meio ambiente são diversos e podem ser requeridos por **via administrativa** ou **via judicial**, podem envolver mobilização social, elaboração e implementação de legislação e normativa adequada, educação ambiental etc.

> **ⓘ Você sabia...**
>
> ... que são alguns deveres do poder público:
> - defender e preservar o meio ambiente, para mantê-lo ecologicamente equilibrado;
> - preservar e restaurar os processos ecológicos essenciais, prover o manejo ecológico das espécies e dos ecossistemas;
> - controlar a produção, a comercialização e o emprego de técnicas, métodos e substâncias que comportem risco para a vida, a qualidade de vida e o meio ambiente;
> - prover proteção especial à fauna e à flora, às macrorregiões (Floresta Amazônica, Mata Atlântica, Pantanal, Caatinga, Cerrado, Pampas);
> - promover a Educação Ambiental em todos os níveis de ensino?

A Constituição Brasileira prevê que "todos têm direito ao meio ambiente ecologicamente equilibrado, bem de uso comum do povo e essencial à sadia qualidade de vida, impondo-se ao Poder Público e à coletividade o dever de defendê-lo e preservá-lo para as presentes e futuras gerações" (artigo 225).

A lei nº 6.938/1981 dispõe sobre a Política Nacional do Meio Ambiente, seus fins e mecanismos de formulação e aplicação. Em seu artigo 2º, essa lei estabelece que "a Política Nacional do Meio Ambiente tem por objetivo a preservação, melhoria e recuperação da qualidade ambiental propícia à vida, visando assegurar, no País, condições ao desenvolvimento socioeconômico, aos interesses da segurança nacional e à proteção da dignidade da vida humana [...]".

A Política Nacional do Meio Ambiente tem diversos princípios: princípio do meio ambiente equilibrado; princípio do acesso equitativo, justo e democrático aos recursos naturais; princípio do direito à sadia qualidade de vida; princípio da prevenção e precaução; princípio da participação popular, entre outros.

Alguns instrumentos dessa política são: licenciamento ambiental e avaliação de impactos ambientais (procedimento administrativo para estabelecer condições, restrições e medidas de controle ambiental para empreendimentos que podem causar degradação); padrões de qualidade ambiental (definição de limites de poluição aceitáveis para padrões de qualidade do ar, da água e para ruídos); zoneamento ambiental (planejamento e controle do uso, **parcelamento e ocupação do solo**, para evitar ocupação do espaço urbano e rural de forma desordenada); entre outros. Há também a criminalização de algumas condutas consideradas crimes ambientais.

Além disso, a população tem direito de receber informações dos órgãos públicos, ser consultada e participar dos processos de decisão referentes às políticas públicas, aos projetos ou às atividades que afetem sua vida. Assim, as comunidades afetadas ou que possam vir a ser afetadas por empreendimentos podem e devem exigir que sejam consultadas e que lhes seja dado acesso aos Estudos de Impacto Ambiental a serem realizados.

Direito ao meio ambiente sustentável no mundo

Em 1972 foi realizada em Estocolmo, na Suécia, a Conferência da ONU sobre Meio Ambiente Humano. A Declaração de Estocolmo estabelece o direito ao meio ambiente ecologicamente equilibrado como direito fundamental do indivíduo e cria o Programa das Nações Unidas para o Meio Ambiente (Pnuma), responsável por monitorar a ação internacional e nacional para promover a conservação do meio ambiente e o uso eficiente de recursos no contexto do desenvolvimento sustentável.

Declaração de Estocolmo sobre o Ambiente Humano

Princípio 1 — O homem tem o direito fundamental à liberdade, à igualdade e ao desfrute de condições de vida adequadas em um meio ambiente de qualidade tal que lhe permita levar uma vida digna e gozar de bem-estar, tendo a solene obrigação de proteger e melhorar o meio ambiente para as gerações presentes e futuras. [...]

Disponível em: <www.direitoshumanos.usp.br/index.php/Meio-Ambiente/declaracao-de-estocolmo-sobre-o-ambiente-humano.html>.

Diversos instrumentos garantem o direito humano ao meio ambiente, entre eles, a:

- Declaração do Rio de Janeiro sobre Meio Ambiente e Desenvolvimento;
- Convenção sobre Mudança do Clima.

Além disso, vários outros documentos internacionais buscam proteger o meio ambiente, inclusive determinando que se garanta o direito à informação sobre sua preservação como instrumento para organizações e cidadãos intervirem no processo de tomada de decisão sobre gestão ambiental.

Folha de S.Paulo, 3 fev. 2007.

Meio ambiente e desenvolvimento sustentável

O direito humano ao meio ambiente implica a noção de "desenvolvimento sustentável", ou seja, o desenvolvimento não pode ser apenas econômico sem levar em consideração o impacto causado no plano ambiental como um todo e seus efeitos sociais e culturais, como eventual exclusão de determinados grupos ao acesso a bens naturais. O desenvolvimento deve ser conjugado com a preservação do meio ambiente saudável e de modos de vida sustentáveis que atendam às necessidades e aos valores das sociedades, sem comprometer as condições de vida das gerações futuras. Em outras palavras, o desenvolvimento apenas econômico não pode desconsiderar o seu impacto sobre o meio ambiente.

> Desenvolvimento sustentável é o uso equilibrado dos recursos naturais, voltado para a melhoria da qualidade de vida da presente geração, garantindo as mesmas possibilidades para as gerações futuras.
>
> DhEsca – Plataforma Brasileira de Direitos Humanos, 2008.

A Declaração sobre o Direito ao Desenvolvimento, adotada pela ONU em 1986, estabelece em seu artigo 1º, parágrafo 1º, que:

> O direito ao desenvolvimento é um direito humano inalienável, em virtude do qual toda pessoa e todos os povos estão habilitados a participar do desenvolvimento econômico, social, cultural e político, a ele contribuir e dele desfrutar, no qual todos os direitos humanos e liberdades fundamentais possam ser plenamente realizados.

E o parágrafo 2º desse artigo acrescenta:

> O direito humano ao desenvolvimento também implica a plena realização do direito dos povos à autodeterminação que inclui, sujeito às disposições relevantes de ambos os Pactos Internacionais sobre Direitos Humanos, o exercício de seu direito inalienável à soberania plena sobre todas as suas riquezas e recursos naturais.
>
> Disponível em: <www.direitoshumanos.usp.br/index.php/Direito-ao-desenvolvimento/declaracao-sobre-o-direito-ao-desenvolvimento.html>.

O direito ao desenvolvimento inclui, como dimensões centrais, a participação e o acesso à informação, assim como justiça social e igual oportunidade a todos no acesso a recursos básicos e direitos fundamentais (como educação, saúde, alimentação, moradia, trabalho e distribuição de renda), programas e políticas nacionais e cooperação internacional para a sua plena realização.

Nesse sentido, direito ao desenvolvimento e direito ao meio ambiente são independentes. Não há que se falar em desenvolvimento sem respeito e proteção ao meio ambiente. Por isso, a noção de desenvolvimento sustentável é a que melhor se aplica ao direito ao meio ambiente.

Meio ambiente, povos indígenas e comunidades tradicionais

No contexto do desenvolvimento sustentável e proteção ao meio ambiente, é importante ter em mente a questão da **biodiversidade** e da diversidade cultural e social. A relação entre diferentes povos e culturas com o meio ambiente pode influenciar concepções diversas sobre esse tema.

A noção de desenvolvimento sustentável é bastante ampla e pode ter diferentes significados de acordo com o povo e a cultura a que está submetida. Por exemplo, para uma pessoa que mora numa grande metrópole, a relação com seu meio ambiente pode implicar uma noção de desenvolvimento sustentável que não será a mesma que para um membro de uma comunidade ribeirinha ou para um indígena.

Projeto **De Olho na Água**.

Alguns povos indígenas, por exemplo, têm uma relação sagrada com a terra ancestral e o uso dos recursos naturais, e isso deve ser levado em consideração quando se discute sobre desenvolvimento sustentável (para quem?), respeito e proteção ao meio ambiente.

Por isso é fundamental o processo de consulta pública aos afetados por um empreendimento que pode causar degradação ambiental, além da divulgação de informações relevantes sobre o assunto em questão.

Como já discutimos, o meio ambiente pertence a todos e a ninguém ao mesmo tempo, de modo que diferentes grupos e culturas, sem discriminação, devem ser contemplados nas medidas adotadas para implementar o direito.

Direitos em conflito: caso Belo Monte

Em 2009, o governo federal anunciou que retomaria o projeto de construção da Usina Hidrelétrica de Belo Monte, um complexo energético a ser implantado na parte final do rio Xingu, região conhecida como Volta Grande do Xingu, no Pará. O projeto prevê que a usina de Belo Monte será a maior hidrelétrica brasileira, responsável por aproximadamente 11 mil megawatts (MW) de capacidade instalada, configurando-se como um projeto de grande impacto no planejamento energético brasileiro. O custo inicial foi previsto em R$ 19,6 bilhões de reais, dos quais R$ 15 bilhões podem ser financiados pelo Banco Nacional de Desenvolvimento Econômico (BNDES), ou seja, com recursos públicos. Em 2011, esse valor foi reavaliado em R$ 25 bilhões de reais.

O projeto **De Olho na Água** começou com a educação ambiental, mobilizando os moradores de Icapuí (CE) e entidades parceiras. Além do saneamento básico de cinco comunidades (construção de cisternas e descontaminação), o projeto promoveu a preservação do bioma marinho, contribuindo ainda para a geração de renda dessas comunidades. Estação Ambiental Mangue Pequeno, localizada na praia da Requenguela, Icapuí, CE.

Disponível em: <www.deolhonaagura.org.br>.

Vista do canteiro de obras da barragem de Belo Monte, próximo a Altamira do Pará, PA, 2013.

Além dos custos elevados, a construção dessa usina envolve diversas dificuldades, como o impacto da obra nas comunidades locais e no meio ambiente, já que o projeto prevê a construção na região da Floresta Amazônica. O Ministério Público Federal (MPF) questionou a implantação dessa usina em relação a diversos pontos, como o processo de licenciamento ambiental para a realização da obra, a necessidade de ouvir as populações indígenas afetadas pelo projeto, entre outras questões.

A Comissão Interamericana de Direitos Humanos (CIDH), órgão da Organização dos Estados Americanos (OEA), notificou o governo brasileiro em duas ocasiões em razão de comunidades tradicionais da bacia do rio Xingu terem sido afetadas pela construção da usina. Em 2011, a CIDH determinou a suspensão imediata do processo de licenciamento ambiental até o cumprimento de algumas medidas, como a realização de consulta prévia às comunidades indígenas afetadas, a divulgação dos estudos de impacto ambiental para essas comunidades e a adoção de medidas para proteger a vida e a integridade de povos indígenas, prevenindo-se a disseminação de doenças.

Por outro lado, sem a produção de energia elétrica prevista na construção dessa usina, o governo brasileiro terá de recorrer a outras fontes energéticas, o que pode acarretar mais custos, tanto econômicos como ambientais. Diante de tal impasse, como conciliar o desenvolvimento econômico e a proteção ao meio ambiente?

RECAPITULANDO

O direito humano ao meio ambiente abrange a proteção ao meio ambiente saudável e sustentável, o que inclui diversas condições para o desenvolvimento equilibrado da vida em todas as suas formas. E por se tratar de um direito humano, sua realização é condição necessária para o exercício de outros direitos humanos.

Há diversas normas e diversos instrumentos previstos para proteger o meio ambiente e buscar reverter eventuais degradações ambientais. O direito humano ao meio ambiente pressupõe o desenvolvimento sustentável e o respeito à diversidade cultural, assim como o respeito e o exercício dos demais direitos humanos, como o direito à vida e à saúde, à liberdade de informação e à participação popular.

Testando seus conhecimentos

Atividades

Monitorando a aprendizagem

1) Selecione reportagens atuais em jornais/revistas sobre temas relacionados ao direito ao meio ambiente saudável. Escreva com suas próprias palavras o conceito de "direito ao meio ambiente sustentável", "ambiente ecologicamente equilibrado", "desenvolvimento sustentável", entre outros. Com base no material elaborado por seus colegas e por você, debatam as principais questões e os conflitos envolvidos, identificando os direitos e os atores principais.

2) Assista aos documentários *Ilha das Flores* (Brasil, 1989, direção: Jorge Furtado) e *Uma verdade inconveniente* (EUA, 2006, direção: Davis Guggenheim), e discuta com seus colegas sobre direito ao meio ambiente, desenvolvimento sustentável, direitos humanos e atitudes cotidianas. É possível promover o desenvolvimento sustentável e a proteção ao meio ambiente saudável? Como?

Assimilando conceitos

Esta atividade consiste em simular um júri para tratar dos temas desenvolvimento sustentável e proteção do meio ambiente.

Com base no relato sobre o projeto de construção da Usina Hidrelétrica de Belo Monte e as questões envolvidas, a classe será dividida em dois grupos: um grupo defenderá a construção da usina e outro grupo questionará o projeto e seus efeitos nos povos indígenas e no meio ambiente. Haverá um júri simulado em que cada grupo terá três momentos de fala com tempo definido: introdução (cinco minutos), debates (10 minutos) e conclusão (cinco minutos), para apresentação de argumentos, direitos e questões envolvidas. Ao final, jurados convidados pelo professor poderão julgar o caso com base na discussão travada em sala.

Olhares sobre a sociedade

Com base nos trechos a seguir, sobre megaeventos e empreendimentos de infraestrutura, debata com seus colegas sobre meio ambiente e desenvolvimento, identificando possíveis grupos afetados e instrumentos/meios de defesa legais. Discuta também sobre casos semelhantes na sua região.

Os jogos da Copa 2014 e as Olimpíadas 2016 foram usados como justificativas para passar por cima de procedimentos legais necessários à preservação ambiental e à garantia dos direitos ambientais das populações atingidas.

Além das pressões políticas a que estão submetidos, os órgãos ambientais alegam ainda a carência de pessoal técnico qualificado e infraestrutura adequada. Quando se trata de grandes obras públicas, envolvendo volumosos recursos e interesses de grandes empreiteiros e grupos privados, os procedimentos necessários às avaliações de relevância social e impactos são atropelados. Em nome da urgência tudo se justifica.

Visando facilitar o licenciamento ambiental de obras para os megaeventos esportivos, o governo federal criou o Grupo de Trabalho Meio Ambiente, teoricamente com a função de propor e articular ações de "sustentabilidade ambiental". Na prática, o grupo busca simplificar e acelerar procedimentos legais, criando exceções para o licenciamento de projetos que têm a ver com os megaeventos, considerados de "grande interesse público".

Outro mecanismo de exceção constantemente acionado é a substituição dos EIA-Rimas (Estudos de Impactos Ambientais/Relatórios de Impactos Ambientais) por Relatórios Ambientais Simplificados (RAS). Enquanto o EIA-Rima exige análises das alternativas e exame detalhado dos impactos físicos, bióticos e sociais (urbanos, socioeconômicos, culturais etc.), o RAS foi criado para simplificar estudos e diagnósticos e reduzir o tempo de tramitação do licenciamento de obras de pequeno porte e impactos. [...]

Em várias cidades, as câmaras municipais estão promovendo a alteração de índices urbanísticos e redefinindo limites de Áreas de Preservação Permanente (APPs), a despeito de manifestações públicas em contrário.

Em Porto Alegre, o Plano Diretor, resultado de intenso processo participativo, foi alterado permitindo a elevação de índices construtivos para empreendimentos hoteleiros, esportivos e turísticos associados à Copa 2014. Uma extensa área pública que abriga o Jockey Club passa por processo de privatização em regime de concessão para a construção de torres residenciais e comerciais, sem que tenham sido apresentados estudos ambientais e urbanísticos.

Segundo Raquel Rolnik, relatora da ONU para o direito à moradia adequada, o que acontece em Porto Alegre mostra, na verdade, que a Copa de 2014 está sendo usada como motivo para que se altere o regime urbanístico das cidades brasileiras sem critérios, sem estudos e sem os processos de discussão públicos e participativos necessários" (Raquel Rolnik em entrevista à *Carta Capital*).

[...]

Em Natal, as obras do estádio Arena das Dunas foram iniciadas poucos dias depois de dada a entrada no EIA-Rima para análise do órgão competente, ou seja, antes de passar por audiências públicas e sem que a licença houvesse sido concedida. O estádio existente foi demolido sem que houvesse sido sequer solicitado o alvará — cujo trâmite normal requer normalmente prazo de um ano. Nessa mesma intervenção, o Ministério Público instaurou inquérito para verificar irregularidades de licença ambiental para as obras de drenagem, realizadas por meio de RAS.

Os impactos dos projetos de mobilidade urbana para a Copa 2014, de iniciativa do Município de Natal e Governo do Estado, atingem Área de Preservação Permanente e Zona de Proteção Ambiental no Estuário de Potengi e no Parque das Dunas. As obras não respondem aos graves problemas de mobilidade urbana do município e não tiveram seus impactos discutidos publicamente. Em face de tais omissões, o Comitê Popular da Copa 2014 de Natal interpôs representação ao Ministério Público Estadual no sentido de correção de tal irregularidade. [...]

Os grandes investimentos em estádios e obras viárias vêm acompanhados de um discurso de sustentabilidade ambiental e economia verde, que insiste em propagandear o melhor aproveitamento dos recursos naturais nas edificações, o reaproveitamento de resíduos e a redução de desperdícios.

O discurso "verde" mascara a desconsideração dos impactos causados pelas obras, como no caso da Arena das Dunas (retratado anteriormente). O Estádio Nacional de Brasília, substituto para o estádio Mané Garrincha, recebeu o selo de Estádio Verde da megaempresa estadunidense Leed Platinum (da US Green Building Council), mas a obra não teve licenciamento ambiental e foi questionada pelo Ministério Público por contrariar a lei federal na mudança de normas de uso e ocupação do solo, pela ausência de Estudo de Impacto de Vizinhança e de Tráfego, e por não consultar o Instituto do Patrimônio Histórico e Artístico Nacional (Iphan), estando situada em área tombada. A despeito das burlas à legislação, o juiz do Tribunal de Justiça do Distrito Federal e Territórios concedeu liminar para continuidade das obras, para evitar desperdício de recursos públicos e "previsíveis prejuízos à nação brasileira em face de sua imagem perante a comunidade internacional ante o fiasco contra o qual é desejável prevenir".

Em Recife, a Cidade da Copa, [que na época estava] prevista para ocupar extensa área vazia, abrindo uma nova frente de expansão imobiliária, não teve adequado planejamento prévio e está com impactos ainda em estudo. O licenciamento ambiental ainda está em tramitação na Agência Estadual de Recursos Hídricos — CPRH. O início das obras do estádio, porém, já abre precedente, e torna praticamente irreversível a aprovação da Cidade da Copa, independentemente dos impactos identificados no licenciamento ou de qualquer questionamento quanto ao interesse público no investimento milionário.

Articulação Nacional de comitês populares da Copa. Dossiê *Megaeventos e violações de direitos humanos*: moradia — trabalho — informação, participação e representação popular — meio ambiente — acesso a serviços e bens públicos — mobilidade — segurança pública. 2. ed. jun. 2012. Disponível em: <www.portalpopulardacopa.org.br>.

Outros textos

- Cartilha *Direito humano ao meio ambiente*, produzido pela Plataforma DhEsca Brasil. Coleção Cartilhas de Direitos Humanos, 2009. v. 2. Disponível em: <www.dhescbrasil.org.br/index.php?option=com_docman&Itemid=157>.
- Conferência Rio + 20. Disponível em: <www.onu.org.br/rio20>.
- Ministério do Meio Ambiente. Disponível em: <www.mma.gov.br>.
- Plataforma DhEsca Brasil. Disponível em: <www.plataformadh.org.br>.
- Pnuma. Disponível em: <www.nacoesunidas.org.br/agencia/pnuma>.
- Relatoria Nacional para o Direito Humano ao Meio Ambiente.
  E-mail: meioambiente@dhescabrasil.org.br.
- Sobre terras e direitos indígenas. Disponível em: <www.youtube.com/watch?v=f4Euu4A-z-YM#t=42>.

Exercitando a imaginação em direitos humanos

Já há mais refugiados ambientais que refugiados de guerra

Paris — Os deslocamentos populacionais ligados a desastres climáticos e ambientais superaram os provocados por conflitos armados. O que parecia uma ficção reservada a filmes de grande espetáculo se tornou uma realidade durante a primeira década do século XXI.

Um relatório publicado em Genebra pela Organização Internacional de Migrações, OIM, juntamente com o Instituto de Desenvolvimento Sustentável e de Relações Internacionais, IDDRI, informa sobre este novo fenômeno que afeta todos os continentes. O relatório, *State of environmental migration 2010*, apresenta um quadro de cifras significativo: em 2008, 4,6 milhões de pessoas tiveram que se deslocar dentro de seus países em razão de um conflito armado enquanto outras 20 milhões tiveram que fazer o mesmo devido a uma catástrofe natural.

As cifras não pararam de aumentar: em 2009 houve 15 milhões de refugiados "ambientais" e em 2010 a cifra subiu para 38 milhões. Hoje, o deslocamento climático ou ambiental é a primeira causa das migrações humanas. Estas cifras podem ser contrastadas com o número de refugiados políticos que existe no mundo: 16 milhões de pessoas, 12 milhões sem contar os palestinos.

As destruições ambientais destacadas neste exaustivo trabalho não dizem respeito somente às que poderiam ser denominadas naturais e violentas, mas também aos processos mais lentos, que acabam modificando a relação do ser humano com o lugar onde vive. Um exemplo de deslocamento climático involuntário é o que ocorreu no Nepal, com a desaparição dos glaciares do Himalaia. Os glaciares foram derretendo, a água transbordou os chamados rios glaciais e isso acarretou em poderosas inundações que obrigaram as populações ao deslocamento.

Tsumamis, terremotos, inundações na Tailândia, China ou Filipinas, seca no Sudão, o acidente de Fukushima, tempestades na Europa, todos estes acidentes naturais violentos provocaram massivos deslocamentos. E o futuro não se anuncia melhor. O investigador do IDDRI e coordenador do relatório François Gemenne, prevê que "em 2011 as cifras sejam similares às de 2010". A degradação paulatina do meio ambiente provocada pelo homem tem também uma influência determinante neste fluxo migratório.

Um exemplo disso é o que ocorre no Brasil. O relatório da Organização Internacional de Migrações cita o exemplo do que ocorre no Norte do país. No Amazonas, o desmatamento trouxe consigo a ocupação das terras, mas depois, uma vez que os solos arrasados chegaram ao limite de sua capacidade, as populações que se instalaram ali não obtêm mais recursos e devem migrar.

Os deslocamentos ambientais têm um caráter mais dramático que as migrações econômicas. Em primeiro lugar, em muitos casos, os países que se encontram com esses problemas não são diretamente responsáveis pelas mudanças climáticas que induzem ao deslocamento populacional. Em segundo, ao contrário do que ocorre com os migrantes econômicos que partem em busca de uma vida melhor, os já quase refugiados ambientais não entendem o que acontece com eles e esperam sempre poder regressar a suas terras, o que é praticamente impossível.

Em ambos os contextos, um dos maiores desafios consiste em conseguir que os países diretamente responsáveis pelas mudanças climáticas e, por conseguinte, da migração ambiental, alimentem um fundo para ajudar os países vítimas de variações climáticas. O dispositivo já foi evocado durante a Conferência das Nações Unidas sobre o clima, celebrada em Cancún (México), em 2010. O artigo 14-F se refere às migrações e aos deslocamentos conectados com as mudanças climáticas e abrange um pacote de medidas que deveriam ser financiadas por um "Fundo Verde".

Entretanto, existe o artigo, mas o fundo está vazio. Os países ricos se comprometeram em contribuir com 100 bilhões de dólares por ano com tal fundo, mas recém [sic] a partir de 2020. A um ritmo de quase 40 milhões de migrantes ambientais por ano, dentro de oito anos [o presente texto é de 2012] haverá 320 milhões de refugiados sem assistência internacional alguma. A arquitetura jurídica internacional existente não ampara esses refugiados.

A convenção de Genebra sobre os refugiados, adotada em 1952, não contempla o esquema da migração ambiental, em especial porque esses refugiados se movem quase exclusivamente dentro das fronteiras de seus países. Em junho de 2011, o Alto Comissário das Nações Unidas para os refugiados, Antonio Guterres, havia interferido a fim de que se adotassem "novas medidas para enfrentar os deslocamentos de populações gerados por mudanças climáticas e catástrofes naturais".

Todos os especialistas se preparam para um futuro climático acidentado. François Gemenne adianta que "é preciso refletir agora sobre um contexto de forte aquecimento, o que vai implicar em uma nova distribuição das populações na superfície do globo. Existem zonas que deixarão de ser habitáveis e seus habitantes deverão migrar". Dois relatórios simultâneos sustentam a tese de que o amanhã será pior. Um, se trata de um estudo estatístico elaborado pelo Centro de Investigações de Epidemiologia do Desastre (Cred), da Universidade católica de Louvain (Bélgica), e que mostra como, desde 1970, os desastres vêm em constante aumento. O segundo trabalho é o relatório especial publicado pelo GIEC, o Grupo de Especialistas Intergovernamental sobre a Evolução do Clima. O GIEC prevê que os acidentes meteorológicos extremos aumentarão constantemente nos próximos anos.

O relatório *State of environmental migration 2010* analisou situações climáticas extremas, inclusive nos países ricos, neste caso, a França. O trabalho se concentrou muito especialmente nas crises climáticas que estouraram em 2010 no Paquistão (inundações), na Rússia (incêndios florestais), no Haiti e no Chile (terremotos) e na França (tempestades). O caso francês ilustra que nem sequer os países ricos estão ao resguardo dos deslocamentos de populações causados pelo clima. A tempestade Xinthia assolou a costa atlântica francesa entre 26 de fevereiro e primeiro de março de 2010. Seu passo deixou um saldo de 59 mortos e milhares de refugiados permanentes. Dada a exposição de várias zonas a possíveis tempestades futuras, o governo francês as decretou inabitáveis. Com isso, milhares de pessoas que viviam nestas zonas se viram obrigadas a deixar suas casas e suas terras para sempre.

Neste contexto preciso e após analisar os erros cometidos pelos poderes públicos franceses na gestão desta crise, a OIM destaca a importância da preparação das políticas públicas para administrar as catástrofes climáticas maiores. É lícito citar o desastre, ao mesmo tempo climático e político, que provocou o furacão Katrina, que golpeou Nova Orleans em 2005. 1.200.000 pessoas foram deslocadas e um terço dos habitantes nunca regressou a seus lares.

FEBBRO, Eduardo. *Carta Maior*. 27 jan. 2012. Disponível em: <www.cartamaior.com.br/?/Editoria/Meio-Ambiente/Ja-ha-mais-refugiados-ambientais-que-refugiados-de-guerra/3/18621>.

Com base no texto e na realidade de onde você vive, responda:

a) Como lidar com os problemas de meio ambiente na sua escola ou no seu bairro?
b) Você já buscou criar alguma iniciativa voltada a reduzir o impacto ambiental do lixo produzido em sua comunidade?
c) Como devemos nos relacionar com grandes empresas que geram fortes impactos ambientais em sua atividade econômica?
d) É possível enfrentar as questões ambientais apenas no âmbito local? Como resolver as questões globais de direito ao meio ambiente?"

Sessão de cinema

- *Ilha das Flores*. Brasil (1989), direção: Jorge Furtado.
- Uma *verdade inconveniente*. EUA (2006), direção: Davis Guggenheim.

15 Lazer

Na cultura, encontramos várias demonstrações das reivindicações de direitos. Por exemplo, a música "Comida", dos Titãs, é ilustrativa das necessidades humanas que devem ser suprimidas a fim de que os cidadãos se percebam como seres completos, ou seja, como seres respeitados em sua humanidade, dignidade, igualdade, liberdade etc. Ao mesmo tempo, essa música popular nos leva a pensar em sua vocação, por que não dizer, reivindicativa: "A gente não quer só"... a gente tem outras fomes.

É por isso que o direito ao lazer se constitui em mais um direito social, para assegurar que todos — independentemente de gênero, idade, classe social, orientação sexual, cor ou etnia — possam usufruir, criar e preservar a liberdade de sentir prazer. Esse prazer nasce da apreciação e/ou da prática das artes em geral (pintura, escultura, cinema, teatro, literatura etc.), do esporte, do descanso, da recreação.

É comum considerarmos o lazer uma atividade que se opõe ao trabalho e muitas vezes associamos lazer a repouso. Nesse sentido, lazer significaria somente, ao pé da letra, aquilo que é permitido, que é lícito (do verbo latino *licere*) fazer, ou simplesmente fazer algo a que não estamos obrigados. Mas o lazer vai além do descanso merecido. Encontramos lazer em atividades lúdicas, festas, passeios, praticando esportes, assistindo a programas de televisão, a vídeos, indo ao cinema, lendo um livro, indo a um museu.

O professor Antonio Candido, internacionalmente reconhecido por seus estudos no campo da Literatura e das Ciências Sociais, refere-se a alguns elementos do lazer para afirmá-los como constitutivos do aprendizado da humanização. Diz ele:

> **[A humanização é] o processo que confirma no homem aqueles traços que reputamos essenciais, como o exercício da reflexão, a aquisição do saber, a boa disposição para com o próximo, o afinamento das emoções, a capacidade de penetrar nos problemas da vida, o senso da beleza, a percepção da complexidade do mundo e dos seres, o cultivo do humor."
>
> CANDIDO, Antonio. *Vários escritos*. Rio de Janeiro: Ouro sobre Azul, 2013. p. 182.

Nos dias de hoje, esse aprendizado pode acontecer de forma muito organizada — como a visita a um museu, por exemplo — ou mesmo enquanto você anda pela rua, e pode parar para apreciar os grafites espalhados nas cidades. Todos esses traços apontados por Antonio Candido indicam que, além de saber interpretar com prazer uma pintura ou escultura clássica ou popular, é importante que você seja capaz de alegrar-se ou entristecer-se ao assistir a um filme ou a um vídeo que exige reflexão, rir com boas tirinhas de humor, deleitar-se com uma música clássica ou popular.

No sentido proposto por Antonio Candido, o direito ao lazer está diretamente ligado ao acesso a outros direitos sociais como a educação, por exemplo. Afinal, não se pode sentir prazer diante de um quadro de Portinari ou diante dos grafites d'Os Gêmeos se não tivermos noções básicas das diversas tendências clássicas e populares da pintura.

> Os Gêmeos, Otávio e Gustavo Pandolfo, expuseram seu trabalho na Galeria Fortes Vilaça, no bairro de Pinheiros (São Paulo), transformada por eles em uma gigantesca cabeça. Você pode vê-la por dentro assistindo ao vídeo disponível em: <www.youtube.com/watch?v=ptHMXbNatEw>.

Você sabia...

... que, durante a Semana de Arte Moderna em 1922, Manuel Bandeira declamou o poema *Os sapos* e foi vaiado pela plateia no Teatro Municipal em São Paulo? Nessa época, as pessoas não aceitavam a arte de Manuel Bandeira, hoje um poeta consagrado, principalmente porque ela se opunha ao que então era considerado literatura. Isso significa que a linguagem das artes — da literatura, da pintura, da música, do cinema e outras — precisa ser entendida, vivida, e, nesse sentido, é necessário educar todos os nossos sentidos para apreciá-la.

Arte

A cultura popular é desenvolvida pelos diversos grupos das sociedades no sentido de preservar o cultivo do belo que é próprio a cada um. Enquadram-se aqui as escolas de samba, a música negra estadunidense, as diferentes formas de expressão cultural de imigrantes no Brasil e em outros países.

Arte urbana e intervenção

Jovens decoram com grafites temáticos os muros do Conselho Estadual dos Direitos da Mulher, em lembrança ao Dia Internacional de Combate à Violência contra a Mulher. Rio de Janeiro, RJ, 2013.

O direito humano ao lazer

O direito ao lazer, também presente na Constituição Federal entre os direitos sociais no artigo 6º, engloba uma série de direitos dele decorrentes que se concretizam em garantias do Estado para que todos, na medida do possível, tenham acesso à educação, a áreas públicas de lazer, à cultura, ao esporte e a diversas outras possibilidades de se entreter e estimular aspectos culturais e lúdicos de sua personalidade. Pode-se dizer que o direito ao lazer e o direito à educação são complementares, uma vez que dá à pessoa acesso a bens culturais além daqueles providos pela educação formal.

Em outros dois artigos da Constituição Federal, nº 215 e nº 227, o direito ao lazer é protegido expressamente. No primeiro, como garantia ao pleno exercício dos direitos culturais e acesso às fontes da cultura nacional e suas manifestações; no segundo, como direito da criança, do adolescente e do jovem a ser assegurado pela família, pela sociedade e pelo Estado.

O direito ao lazer é de suma importância para que possam ser despertadas vocações artísticas, intelectuais e esportivas em todas as faixas etárias da população e também para a valorização das tradições culturais. Em contato com atividades não laborativas e fora de seu cotidiano, as pessoas tendem a descobrir novas possibilidades em suas vidas.

Como vimos, esse é um direito com várias facetas: se, do ponto de vista histórico, podemos localizar o início do direito ao lazer em conquistas dos trabalhadores, como o direito ao descanso — seja semanal, seja após as refeições —, no aspecto prático, diversas leis que todos nós conhecemos promovem o incentivo à cultura e ao esporte e são concretizações desses direitos, como é o caso da lei da meia-entrada para estudantes e idosos.

Políticas públicas de incentivo ao lazer

Nos últimos anos, podemos identificar uma tendência do Estado em desenvolver políticas de incentivos fiscais (reduções de impostos, por exemplo) em projetos que se direcionem à promoção de cultura, esporte, turismo e entretenimento. O exemplo mais conhecido de uso desses mecanismos é a lei nº 8.313, de 23 de dezembro de 1991, também conhecida como Lei Rouanet, que instituiu o Programa Nacional de Apoio à Cultura com a finalidade de captar recursos para o setor para, conforme estabelece em seu artigo 1º, contribuir para facilitar, a todos, os meios para o livre acesso às fontes da cultura e o pleno exercício dos direitos culturais.

Sob o ponto de vista econômico, o direito ao lazer revela-se como catalisador, estimulador de importante modalidade de negócios que trazem consigo uma das características mais valorizadas no novo milênio, a **sustentabilidade**. Podemos pensar no caso do turismo para entendermos os desdobramentos de uma iniciativa de lazer. Um polo de turismo bem estruturado pode gerar empregos e riquezas, e ao mesmo tempo educar, estimular a prática de atividades sadias e preservar o meio ambiente.

O Estatuto da Criança e do Adolescente (ECA), lei nº 8.069, de 13 de julho de 1990, também trata do direito ao lazer em seu artigo 4º, ao estabelecer que "É dever da família, da comunidade, da sociedade em geral e do poder público assegurar, com absoluta prioridade, a efetivação dos direitos referentes à vida, à saúde, à alimentação, à educação, ao esporte, ao lazer, à profissionalização, à cultura, à dignidade, ao respeito, à liberdade e à convivência familiar e comunitária".

De forma semelhante, o Estatuto do Idoso, lei nº 10.741, de 1º de outubro de 2003, estabelece que "É obrigação da família, da comunidade, da sociedade e do Poder Público assegurar ao idoso, com absoluta prioridade, a efetivação do direito à vida, à saúde, à alimentação, à educação, à cultura, ao esporte, ao lazer, ao trabalho, à cidadania, à liberdade, à dignidade, ao respeito e à convivência familiar e comunitária".

A Declaração Universal dos Direitos Humanos também reconhece o direito ao lazer em seu artigo 24: "Todo ser humano tem direito a repouso e lazer, inclusive à limitação razoável das horas de trabalho e férias periódicas remuneradas".

sustentabilidade é o termo utilizado para designar ações e atividades humanas relativas ao bom uso dos recursos naturais, no sentido de atender às necessidades das gerações presentes, mas sem comprometer a capacidade das gerações futuras de suprirem suas próprias necessidades.

Lei Rouanet

[...]

A Lei de Incentivo à Cultura, popularmente chamada de Lei Rouanet, é conhecida principalmente por sua política de incentivos fiscais. Esse mecanismo possibilita que cidadãos (pessoa física) e empresas (pessoa jurídica) apliquem parte do Imposto de Renda devido em ações culturais. Assim, além de ter benefícios fiscais sobre o valor do incentivo, esses apoiadores fortalecem iniciativas culturais que não se enquadram em programas do Ministério da Cultura (MinC).

Quem pode solicitar o apoio?

- Pessoas físicas que atuam na área cultural, como artistas, produtores e técnicos.
- Pessoas jurídicas de natureza cultural, como autarquias e fundações.
- Pessoas jurídicas privadas e de natureza cultural, com ou sem fins lucrativos, como cooperativas e organizações não governamentais.

A proposta cultural pode ser em diversos segmentos como teatro, dança, circo, música, literatura, artes plásticas e gráficas, gravuras, artesanato, patrimônio cultural (museu e acervo, por exemplo) e audiovisual (como programas de rádio e TV, *sites* e festivais nacionais).

A proposta deve ser aprovada pelo MinC e, se isso ocorrer, seu titular pode buscar recursos com cidadãos ou empresas. Estes últimos são chamados de incentivadores e têm parte ou o total do valor do apoio deduzido no Imposto de Renda devido.

Como o incentivo pode ser feito?

O incentivo a iniciativas culturais pode ser feito por meio de doação ou patrocínio. Somente pessoas físicas ou pessoas jurídicas sem fins lucrativos podem receber doações e, nessa modalidade, qualquer tipo de promoção do doador é proibida. No patrocínio, do qual qualquer proposta pode se beneficiar, é permitida a publicidade do apoio, com identificação do patrocinador, que também pode receber um percentual do produto resultante do projeto, como CDs, ingressos e revistas para distribuição gratuita.

[...]

Fundo Nacional de Cultura

Outro mecanismo da Lei Rouanet é o Fundo Nacional de Cultura (FNC), constituído de recursos destinados exclusivamente à execução de programas, projetos ou ações culturais.

Com os recursos do fundo, o MinC pode conceder prêmios, apoiar a realização de intercâmbios culturais e propostas que não se enquadram em programas específicos, mas que têm afinidade com as políticas da área cultural e são relevantes para o contexto em que irão se realizar (essas iniciativas são chamadas de propostas culturais de demanda espontânea).

Para receber apoio do FNC, as propostas de demanda espontânea são escolhidas por processos seletivos realizados pela Secretaria de Incentivo e Fomento à Cultura (Sefic). As iniciativas aprovadas celebram um convênio ou um contrato de repasse de verbas com o FNC.

Histórico

Os incentivos fiscais e o Fundo Nacional de Cultura são mecanismos do Programa Nacional de Apoio à Cultura (Pronac), instituído pela Lei de Incentivo à Cultura (lei nº 8.313), aprovada pelo Congresso Nacional em 1991.

O Pronac tem como objetivos facilitar os meios de acesso à cultura, estimular a regionalização da produção artístico-cultural brasileira, proteger as manifestações para garantir sua diversidade, priorizar o produto cultural originário do Brasil e desenvolver o respeito aos valores culturais de outros povos e outras nações.

Disponível em: <www.brasil.gov.br/cultura/2009/11/lei-rouanet>.

Efetivação do direito

Diversos direitos fundamentais concretizados e efetivados — Pressuposto

➡️ **Direito ao lazer**

Dependência de vários outros direitos para que possa ser usufruído, não basta a simples garantia

A figura demonstra a necessidade da existência de um conjunto de direitos para que o direito ao lazer possa existir e se desenvolver. Direitos fundamentais "complexos", como o de entender o sentido de obras de arte em parques públicos, o sentido de datas históricas ou as possibilidades dos versos de Fernando Pessoa ao bradar "navegar é preciso, viver não é preciso" não ocorrem por si, nem surgem com base em simples previsão normativa. O direito ao lazer traz consigo alguma complexidade.

Para compreendermos melhor como se daria a efetivação do direito ao lazer, podemos utilizar um direito concreto, por exemplo, o acesso a obras literárias.

O sujeito de direito continua sendo sempre a pessoa. Para a efetivação da tutela, contudo, o mecanismo de imposição poderá ser simples, como no caso de outros direitos (como vimos no caso do direito à creche, no capítulo Educação), ou complexo, como no caso do direito a ter meios de apreciar uma obra do pintor francês Henri Matisse.

Sujeito de direito ➡️ **Comando** ➡️ **Destinatário do comando** ➡️ **Mecanismos de imposição**

- Pessoa
- Constituição Federal e outras leis
- Governo, órgãos da administração e sociedade
- Procedimentos administrativos e judiciários

RECAPITULANDO

O direito ao lazer está diretamente ligado ao acesso a outros direitos sociais, como à educação, e engloba uma série de direitos dele decorrentes, que se concretizam em garantias do Estado para que todos, na medida do possível, tenham acesso a áreas públicas de lazer, à cultura, ao esporte e a diversas outras possibilidades de se entreter e estimular aspectos culturais e lúdicos de sua personalidade.

Para que o direito ao lazer possa ser concretizado e usufruído, é necessário que muitos outros direitos fundamentais tenham sido garantidos e seus objetivos atingidos, do contrário, a simples tutela de uma possibilidade de lazer é inócua.

Testando seus conhecimentos

Atividades

Monitorando a aprendizagem

1) Os versos "Bebida é água! Comida é pasto!" da canção *Comida*, dos Titãs, trazem, assim como toda a letra da música, a constatação de que os seres humanos têm necessidades que vão além da simples garantia de sobrevivência. Com base em sua perspectiva de aluno, estudioso dos direitos fundamentais, elabore uma dissertação inspirada nos seguintes versos: "Você tem sede de quê? Você tem fome de quê?...".

2) No que diz respeito ao desconto de 50% para estudantes e idosos em espetáculos culturais, à luz do artigo 215 da Constituição Federal, a seguir transcrito, explique se o fato de o desconto não ser para todas as pessoas fere o princípio da igualdade, apresentando pelo menos três argumentos para seu posicionamento.

> Art. 215. O Estado garantirá a todos o pleno exercício dos direitos culturais e acesso às fontes da cultura nacional, e apoiará e incentivará a valorização e a difusão das manifestações culturais.
>
> Disponível em: <www.planalto.gov.br/ccivil_03/constituicao/constituicao/.htm>.

3) O bibliógrafo José Mindlin utilizava como *ex-libris* (sua marca registrada) a frase do pensador francês Michel de Montaigne: "Não faço nada sem alegria". Mindlin amava ler e tinha nessa atividade muita alegria.

A educação e o acesso à leitura podem proporcionar uma mudança radical na vida e nas possibilidades das pessoas, desenvolvendo seu olhar para o belo, autonomia, capacidade crítica, novas possibilidades de elaborar sua existência e a do mundo que as circunda, e também ampliar indefinidamente suas possibilidades de lazer.

Diferentemente de Mindlin, muitas pessoas não sentem alegria na leitura. Pelo contrário, para muitos, a leitura é algo enfadonho e a última opção de lazer. Com base nessa afirmação, desenvolva o argumento de que o direito ao lazer necessita de uma série de outras garantias para que se efetive (ex.: não basta distribuir livros, se as pessoas não tiveram educação adequada para apreciar o texto; não basta construir centros culturais, se as pessoas não valorizam o que ali se apresenta).

Assimilando conceitos

Discuta com seus colegas a charge abaixo.

Olhares sobre a sociedade

Toquinho e Vinicius de Moraes imortalizaram sua paixão pelos bons momentos que passaram na praia de Itapuã, em Salvador, na canção "Tarde em Itapuã". Elabore uma paródia dessa canção, condicionando-a à efetivação de outros direitos fundamentais necessários à concretização de um direito ao lazer. Desenvolva seu texto no condicional "Seria bom...".

Exercitando a imaginação em direitos humanos

O direito ao lazer é parte daquilo que Antonio Candido chamou de processo de humanização, que confirma o homem naquilo que o diferencia de outros animais e, ao mesmo tempo, lhe é essencial. O refinamento das emoções e a capacidade de penetrar nos problemas da vida – percepções e sutilezas da alma afloram em momentos de lazer –, aqui entendidos em toda a amplidão do conceito. Por isso se diz que o direito ao lazer está intimamente ligado ao acesso a outros direitos sociais.

Ao elevarmos o direito ao lazer à categoria dos direitos humanos, estamos afirmando seu caráter especialíssimo para a existência humana. Discuta com seus colegas sobre suas percepções a respeito do tema antes e após o estudo deste capítulo.

Sessão de cinema

- *Tempos modernos*. EUA (1936), direção: Charles Chaplin.
- *Cocoon*. EUA (1985), direção: Ron Howard.
- *Shirley Valentine*. Inglaterra e EUA (1989), direção: Lewis Gilbert.

Parte 3

16 Direitos humanos, o caminho percorrido

A Declaração Universal dos Direitos Humanos surgiu há quase 70 anos como reação da comunidade internacional às atrocidades cometidas durante o período da II Grande Guerra. Dos cerca de 45 milhões de mortos, entre os anos de 1933 e 1945, mais da metade foi de nacionais, de diferentes etnias, liquidados pelos seus próprios Estados. Foram alemães de origem judaica, mortos pelo Estado alemão. Russos que resistiram a Stalin mortos pelo exército vermelho. Assim como ciganos, homossexuais e outros grupos minoritários, perseguidos pelos Estados nacionais. Essas barbáries só foram possíveis graças a um contexto de exacerbação do nacionalismo, da xenofobia, do supremacismo racial e de um enorme ceticismo em relação à democracia e ao estado de direito.

A proposição central da Declaração é de que toda pessoa, pelo simples fato de ser pessoa, deve ser tratada com dignidade. Não importa sua cor, religião, etnia, idade, condição social: todos devem ser tratados com igual respeito e consideração. Esse princípio evidentemente se contrapôs, desde sua adoção, ao modo como enormes contingentes da humanidade eram e ainda são tratados.

Em face dos valores éticos que reconheceu, como liberdade e igualdade, a Declaração Universal dos Direitos Humanos passou a servir de inspiração para inúmeros movimentos emancipatórios. As lutas anticolonialistas extraíram da Declaração o conceito de que todos os povos têm direito à autodeterminação. Da mesma forma, as barbáries cometidas por regimes autoritários e totalitários, de todos os matizes, foram denunciadas com base na gramática dos direitos humanos. As lutas contra a tortura e os desaparecimentos forçados na América Latina e no Leste Europeu durante os regimes ditatoriais, assim como pela redemocratização nessas regiões, foram influenciadas pelo discurso dos direitos humanos. Em igual medida, a promoção da igualdade de gênero, assim como a luta contra a segregação e a discriminação racial ao redor do mundo tiveram na Declaração uma fonte de inspiração.

O referido documento ofereceu fundamento, ainda, para que a democracia e as necessidades materiais básicas de todo ser humano fossem compreendidas como autênticos direitos, na medida em que demonstram essenciais à

> E VAMOS TRATAR DE RESPEITAR ESSES DIREITOS, TÁ? VAMOS VER SE NÃO FAZEM COM ELES O QUE FIZERAM COM OS DEZ MANDAMENTOS.

Quino

realização da dignidade e da autonomia da pessoa. Assim, os direitos à educação, à saúde, à moradia e às condições básicas de existência foram sendo incorporados à pauta dos direitos humanos. Da mesma forma o direito à participação nos destinos políticos da comunidade, à liberdade de expressão, de associação e de protesto tornaram-se constitutivas do que hoje se reconhece por direitos humanos.

Muitas das constituições concebidas a partir da Declaração Universal dos Direitos Humanos passaram a fazer expressa referência aos direitos ali estabelecidos ou simplesmente incorporaram em suas cartas de direitos grande parte dos direitos reconhecidos na Declaração. Nesse sentido, a Declaração passou a funcionar como um verdadeiro parâmetro com base no qual passamos a julgar a qualidade e a legitimidade dos regimes políticos e do modo como os Estados se comportam em relação àqueles que se encontram sobre sua jurisdição. Tornou-se uma espécie de régua moral, a partir da qual se pode dizer, com certa segurança, que o regime de segregação racial na África do Sul era injusto, que os bombardeios de populações civis no Vietnã, por tropas estadunidenses, foram inaceitáveis, que a repressão às liberdades nos países comunistas era inadmissível, que as ditaduras no Brasil e na Argentina eram ilegítimas, e que os massacres na Bósnia e em Ruanda constituíram atos de barbárie. Embora nunca tenham deixado de sofrer críticas e de ter diversas de suas ambições frustradas, pode-se dizer que os direitos humanos se constituíram numa das principais âncoras morais dessas últimas sete décadas.

Com o fim da Guerra Fria, houve um enorme otimismo em torno da ideia dos direitos humanos. Nos anos 1990 as Nações Unidas organizaram inúmeras conferências internacionais sobre clima, populações, mulheres, racismo, todas elas centradas na valorização da pessoa. Esse movimento fortaleceu agendas progressistas ao redor do mundo, que buscavam se contrapor a alguns dos efeitos perversos do processo de globalização. A própria adoção das Metas do Milênio constitui um esforço para diminuir o fosso de oportunidades existentes entre os habitantes deste conturbado e injusto planeta.

Essa onda de cosmopolitanismo ético fomentado pela Declaração vem sofrendo, nos últimos anos, fortes ataques, especialmente nas velhas democracias, que acreditávamos já consolidadas. Exemplo disso tem sido a Guerra ao Terror, liderada pelos Estados Unidos, como resposta aos ataques de 11 de setembro, quando os direitos humanos foram colocados em segundo plano. Uma nova retórica do ressentimento e de exclusão vem crescendo, pautada na volta do nacionalismo como ideologia, da xenofobia e do racismo, como prática, e também do ceticismo quanto a capacidade da democracia de resolver os problemas básicos da sociedade. Também em países emergentes como Rússia, China, Índia e Turquia, essa retórica refratária aos direitos humanos ganha força, agora, porém, de forma afinada com os novos rumos da política estadunidense e europeia. Isso para não falar no simples repúdio aos direitos humanos por parte de determinados grupos religiosos fundamentalistas, que fomentam ataques terroristas ao redor do mundo, ampliando o medo e a reação cada vez mais dura por parte dos Estados.

Felizmente na América Latina, com algumas exceções, as gerações mais novas têm lentamente ampliado sua adesão aos valores incorporados na Declaração. O que mais preocupa na região, especialmente em seus dois maiores países, México e Brasil, é um profundo declínio na confiança em relação à capacidade das instituições em cumprir suas promessas. Assim, embora sejamos um caldeirão de problemas, não fomos engolfados, ainda, pela raivosa maré que nega a centralidade dos direitos humanos.

Direitos humanos: um diálogo com seus críticos

Desde sua origem, os direitos humanos têm sido objeto de inúmeras críticas. Essas críticas são de distintas naturezas. Algumas são filosóficas, outras políticas, algumas mais amplas, outras extremamente paroquiais. Muitas dessas críticas se tornaram senso comum, sendo reproduzidas por setores avessos e eventualmente hostis aos direitos humanos em diversas partes do mundo. No Brasil, a crítica que ficou mais conhecida é a de que os direitos humanos se preocupam mais com os bandidos do que com as pessoas de bem. Também se diz que os direitos humanos constituem um ataque à soberania nacional. O presidente Putin, da Rússia, explicitou essa crítica, dificultando ao máximo o trabalho de organizações dessa área em seu país. Também é muito comum que os direitos humanos sejam atacados do ponto de vista político. Tanto grupos mais à direita, como militantes de esquerda radical, sempre tiveram certa desconfiança, por motivos distintos, obviamente. Para a direita, os direitos humanos fomentam a desordem e protegem os que ameaçam as tradições. Para a esquerda, eles enfatizam sobretudo, as liberdades burguesas, frustrando processos mais radicais de mudanças. Outra crítica muito intensa aos direitos humanos é que eles têm origem e reproduzem as ideias individualistas e liberais do Ocidente, não respeitosas com outras concepções de mundo, e com a enorme diversidade cultural e religiosa existente no planeta. Por último, tem crescido o argumento de que os direitos humanos são muito frágeis, são meros documentos retóricos incapazes de colocar limites a processos políticos, tecnológicos e, sobretudo, econômicos que determinam o modo como vivemos.

Direitos humanos, direito de bandido?

É muito comum encontrar pessoas que associam os direitos humanos com a defesa do crime ou dos criminosos. Esta associação não é fundada num simples equívoco, pois como os criminosos também são humanos, eles também têm direitos. Se houve algo de revolucionário trazido pela Declaração Universal de 1948, foi a ideia de universalidade dos direitos. Por universalidade entenda-se a proposição de que todas as pessoas, independentemente de sua condição racial, econômica, social, ou mesmo criminal, são sujeitas aos direitos humanos. Neste sentido, bandidos também têm direitos humanos.

A afirmação, no entanto, é falaciosa, quando busca forjar a ideia de que o movimento de direitos humanos apenas se preocupa com o direito dos presos e suspeitos, desprezando os direitos dos demais membros da comunidade.

Esta falácia, no Brasil, começou a ser difundida no início dos anos 1980, por intermédio de programas de rádio e tabloides policiais. Como os novos responsáveis pelo combate à criminalidade no início da transição para a democracia tinham sido fortes críticos da violência e do arbítrio perpetrado pelo Estado, houve uma campanha articulada pelos que tinham patrocinado a tortura e os desaparecimentos para deslegitimar os novos governantes que buscavam reformar as instituições e pôr fim a práticas violentas e arbitrárias por parte dos órgãos de segurança. Era fundamental para os que apoiaram o regime militar demonstrar que as novas lideranças democráticas não tinham nenhuma condição de conter a criminalidade e que somente eles eram capazes de impor ordem à sociedade. Mais do que isso, muitos grupos conservadores também não toleravam e ainda não toleram o potencial emancipatório do discurso de direitos humanos, que propõe que todas as pessoas, independentemente de sua etnia, gênero, condição social ou mesmo condição de suspeito ou condenado, devem ser merecedoras de igual respeito e consideração.

Outro objetivo desse discurso contrário aos direitos humanos, não apenas no Brasil, parece ter sido criar um conflito dentro das camadas menos privilegiadas da população, eximindo as elites de qualquer responsabilidade em relação à violência. Ao vilanizar os que cometem um crime, como se fosse um ato dissociado de fatores sociais, como a incapacidade e fragilidade das agências de aplicação da lei, o desemprego ou a falta de estrutura urbana, joga-se a população vítima da violência apenas contra o criminoso, ficando os governantes isentos de suas responsabilidades pela exclusão social ou pela omissão do Estado, que também impulsiona a criminalidade.

A crítica, no entanto, aponta para a necessidade do movimento de direitos humanos não se demonstrar insensível às vítimas de crimes, ou mesmo condescendente com aqueles que cometeram crimes, eventualmente bárbaros, contra à pessoa. A punição a quem comete um crime está estabelecida pela lei e essa deve ser cumprida. Para que a lei seja aplicada é necessário que o Estado apure os fatos, que a pessoa exerça o seu direito de defesa, e que após a conclusão do devido processo legal, sejam atribuídas as responsabilidades e impostas as penas.

Nesse sentido, é importante notar que boa parte das organizações de direitos humanos no Brasil passaram a entender que a impunidade sistêmica, constitui-se, em si, uma violação dos direitos humanos. O fato de um homicídio não ser apurado e os responsáveis não serem punidos significa que nenhuma ação efetiva do Estado está sendo tomada para reparar o dano ou para indicar que aquela prática não pode ser tolerada. Essa luta contra a impunidade, no entanto, deve estar pautada em critérios éticos e jurídicos, estabelecidos pela Constituição, pois toda vez que o Estado abandona os parâmetros da legalidade, ele passa a se confundir com o próprio criminoso, sob o pretexto de combatê-lo. E não há pior forma de crime do que aquele organizado pelo Estado.

Também é necessário lembrar que o movimento pelos direitos humanos tem uma agenda mais ampla do que apenas a questão dos direitos dos presos e dos suspeitos. Não seria incorreto dizer que hoje a maior parte das organizações que advogam pelos direitos humanos estão preocupadas com questões como o racismo, a exclusão social, o trabalho infantil, a educação, o acesso à terra ou à moradia, o direito à saúde, a desigualdade de gênero etc. O que há de comum entre todas essas demandas é a defesa dos grupos mais vulneráveis. Embora os direitos humanos sejam direitos de todos, é natural que as organizações não governamentais se dediquem à proteção daqueles que se encontram em posição de maior fragilidade dentro de uma sociedade, entre eles, os que estão sob a custódia do Estado.

Direitos humanos dificultam o trabalho das polícias

Durante muito tempo acreditou-se que havia uma incompatibilidade entre direitos humanos e segurança pública. Evidente que as diversas garantias atribuídas aos suspeitos e aos réus em um processo judicial tornam mais onerosos o trabalho daqueles que têm por missão responsabilizar os criminosos. A investigação tem que ser mais criteriosa, as provas têm que ser colhidas cuidadosamente, as prisões só devem ser feitas com ordem judicial ou em flagrante delito. Ao réu deve ser garantida a ampla defesa, o policiamento deve se pautar em regras determinadas, tendo como limite as diversas liberdades dos cidadãos. Tudo isto sob o escrutínio judicial. Essas restrições, no entanto, em vez de fragilizar o combate à violência, paradoxalmente, favorecem um sistema de segurança pública eficiente.

O trabalho da polícia está fundamentalmente estruturado em duas atividades: prevenção e repressão. Para que ambas as atividades possam ser minimamente eficazes, as polícias dependem de uma mesma coisa: informação. Por mais que os meios tecnológicos venham auxiliando o trabalho das polícias, o que verdadeiramente favorece a antecipação da atividade criminosa é a boa informação. Informação confiável e rapidamente transmitida àqueles que têm poder para tomar decisões é o instrumento mais eficaz à prevenção policial da criminalidade.

Da mesma forma, sem informação fidedigna, a polícia dificilmente inicia qualquer investigação. Sem que alguém que tenha visto uma pessoa rondando uma casa esteja disposta a dizer isso à polícia, de nada servem computadores, rádios ou perícia técnica. Esses instrumentos só entram em campo quando há alguma forma de suspeita, o que se dá por intermédio de informação. Boa informação.

De que forma as polícias podem ter acesso a esse elemento tão precioso na realização do seu trabalho? Um primeiro modo é por intermédio da coerção ou da extorsão: tortura, violência, ameaça, ou dos famosos "gansos", que são criminosos que vendem informações para as polícias. Essas informações, além de imoralmente conseguidas, normalmente são de baixa qualidade, pois as pessoas sob coerção tendem a falar aquilo que o algoz quer e não necessariamente a verdade. Por outro lado, a informação vinda de criminosos depende da garantia de que eles permanecerão impunes.

Uma segunda maneira de se obter informação é a voluntariedade. Quando a população confia em sua polícia, esta é procurada por quem tem alguma suspeita, ou por alguém que testemunhou algo e quer contribuir numa investigação. Quando a população teme ou desconfia da polícia, especialmente a população mais vulnerável, ocorre uma ruptura no fluxo de informações e, consequentemente, uma redução da eficácia policial.

Para que a população confie na polícia é necessário que esta respeite a população. Os termos desse respeito são dados pelas regras de direitos humanos e pelo padrão de honestidade dos policiais. Quando se sabe que a polícia viola sistematicamente os direitos de jovens, de negros e da população mais carente em geral, dificilmente esta população irá confiar na polícia quando forem vítimas, testemunhas e mesmo portadoras de alguma informação relevante para coibir o crime. Quando a polícia é desonesta, a população também fica temerosa de fornecer qualquer informação que pode lhe colocar em risco no futuro.

A percepção por parte da população de que a polícia respeita os direitos humanos, é honesta e trata as pessoas de forma justa é indispensável na construção de boas relações com a comunidade, sem o que não há bom fluxo de informações. Destaque-se que as polícias mais eficientes ao redor do mundo tendem a ser mais respeitosas com os direitos humanos. Nesse sentido, os direitos humanos, em vez de constituírem uma barreira à eficiência policial, oferecem a possibilidade para que o aparato de segurança se legitime face à população e, consequentemente, aumente sua eficiência, seja na prevenção, seja na apuração de responsabilidades por atos criminosos.

Direitos humanos ameaçam a soberania nacional

Não é incomum ouvirmos por parte de autoridades e de segmentos mais nacionalistas da população a queixa de que a ação do movimento de direitos humanos é parte de uma conspiração internacional, voltada a limitar nossa soberania; de que a Anistia Internacional, e outras entidades internacionais de defesa dos direitos humanos, não dispõem de qualquer legitimidade para monitorar o modo como as autoridades se relacionam com as pessoas que estão sob sua jurisdição; de que essa é uma questão que só diz respeito ao próprio país, não devendo suas autoridades resposta a ninguém no plano internacional.

Como já vimos, os direitos humanos, tal como hoje compreendidos, surgiram a partir das barbáries perpetradas pelos Estados durante a Segunda Guerra Mundial. Um dos aspectos mais perversos dessa catástrofe humanitária é que a maioria das vítimas foi morta pelos seus próprios Estados.

Campo de refugiados sírios em Suruc, Turquia, 2014.

Foram alemães mortos pela Alemanha, Russos mortos pela Rússia. É claro que esses nacionais exterminados pelo aparato bélico e de segurança de seus Estados compunham minorias discriminadas, em face de suas religiões, etnias ou posições políticas. O fato de que os Estados, que deveriam assegurar a integridade de seus cidadãos, se demonstraram seus principais algozes, deixou claro que os direitos humanos não podem ficar única e exclusivamente sob a responsabilidade de cada Estado. A violação dos direitos de um brasileiro ou de um alemão não deve ser apenas um problema para os seus compatriotas. Se partimos do pressuposto de que temos direitos pelo simples fato de sermos humanos, a violação dos direitos de qualquer pessoa deve ser um problema de todos. Trata-se de uma agressão à toda a humanidade. Portanto, é legítimo que pessoas de outras partes do mundo se preocupem com o que ocorre no Brasil, no Haiti, no Sudão, na Síria, na Alemanha ou na China.

Por outro lado, é necessário refletir um pouco sobre o significado de soberania e da sua abrangência. O conceito de soberania surge como uma doutrina de justificação do poder absoluto do Estado, não só face à comunidade internacional, mas também em relação a outros poderes domésticos. No início do século XVI era importante afirmar a autoridade do Estado face ao poder da Igreja ou dos impérios, assim como dos senhores feudais. Com o tempo, percebeu-se que a concentração absoluta do poder nas mãos do Estado também se constituía numa ameaça constante aos seus próprios súditos, tanto que, com as revoluções americana e francesa, a soberania começou a passar por um processo de domesticação, ou seja, buscou-se a sua limitação por intermédio das constituições e das declarações de direitos. Dessa forma, o exercício da soberania passou a somente ser considerado legítimo quando desempenhado em conformidade com a lei e com os direitos das pessoas. Como expresso na Declaração de Direitos de Virgínia, redigida por Thomas Jefferson, quando os governantes não mais respeitarem os direitos, devem ser destituídos. A soberania passa, assim, a estar a serviço das pessoas e não dos Estados. Com a democracia, completa-se a inversão do sentido da soberania, pois ela não mais é concebida como um atributo do príncipe, mas do cidadão. É o cidadão que detém o poder sobre sua própria vida, sendo o Estado responsável por promover e respeitar os direitos das pessoas.

Dessa forma, quando um Estado viola o direito de uma pessoa sob sua jurisdição, é ele que está descumprindo suas responsabilidades. Assim, é legítimo que o Estado seja objeto de críticas, inclusive por parte de organizações que não se encontram no seu território, sejam elas organizações da sociedade civil ou organizações multilaterais, como a ONU. Reagir à solidariedade internacional, em nome da soberania, apenas favorece aqueles que querem assegurar um ambiente de impunidade, para que possam tranquilamente impor sua vontade, ainda que em detrimento dos direitos humanos daqueles que se encontram sob sua jurisdição.

Nesta segunda década do milênio o mundo tem assistido, lamentavelmente, ao crescimento de uma forte onda de nacionalismo, muitas vezes acompanhada de sentimentos e ações xenófobas. Líderes mundiais, como Trump, nos Estados Unidos, Putin, na Rússia, Erdogan, na Turquia, demonstram-se, em muitas circunstâncias, hostis aos direitos humanos e àqueles que militam em seu favor. Usam uma velha e ultrapassada concepção de soberania como justificativa para oprimir e atacar aqueles que criam obstáculo à realização de seus objetivos políticos.

Os direitos humanos pregam a desordem

Desde que os franceses adotaram a sua Declaração dos Direitos do Homem e do Cidadão, em 1789, muitos setores das sociedades tradicionais ficaram assustados. A Declaração Francesa, logo em seus artigos iniciais, determinava a extinção de todos os títulos nobiliárquicos, assim como os privilégios. Todos deveriam ser tratados de forma igualitária perante a lei, assim como teriam garantidas diversas liberdades, como a de professar suas crenças religiosas e suas ideias políticas.

Evidente que ideias tão revolucionárias, num mundo marcado pela desigualdade de estamentos, de classes ou mesmo de castas, não poderiam ser bem recebidas. Para alguns autores importantes, como Edmund Burke[1], considerado um dos pais do conservadorismo moderno, os revolucionários franceses estavam completamente errados ao achar que seria possível organizar toda uma sociedade com base em ideias tão abstratas, como direitos iguais, liberdades gerais ou mesmo a reivindicação de que a soberania pertencia ao povo. Para ele, apenas as tradições, que lentamente vão se sedimentando ao longo da História, constituiriam a base segura para organizar uma nação. Declarações de direitos, como a feita pelos franceses, seriam necessariamente ineficazes, pois na medida em que se chocassem com as tradições, não conseguiriam impor a sua vontade. Pior do que isso, se muitas pessoas viessem a acreditar nas abstrações propostas pela Declaração, isso poderia fomentar a desordem, convulsionando aquilo que a História lentamente consolidou.

Este tipo de crítica conservadora é mais comum do que normalmente imaginamos. No Brasil, ela foi expressa ainda na Primeira República por Oliveira Vianna, ao criticar o idealismo de Rui Barbosa com a Constituição, que buscava estabelecer no Brasil um regime liberal[2]. Para o jurista, se não fizéssemos uma Constituição que levasse em conta a realidade dos grotões do Brasil, onde imperava o "familismo" e o coronelismo, essa Constituição jamais conseguiria ser eficaz. O mesmo tipo de crítica tem sido realizada com frequência contra documentos jurídicos que buscam corrigir as principais injustiças que marcam nossas sociedades. Veja o caso do Estatuto da Criança e do Adolescente. Desde sua adoção, os setores mais conservadores não deixaram de combater os direitos humanos das crianças e dos adolescentes, como se a sua proteção fosse responsável pelos piores males que acometem a sociedade brasileira. Não importa que a maioria dos crimes sejam praticados por adultos e que os jovens estejam muito mais vulneráveis a esses crimes. Quando se fala em reduzir a criminalidade, a primeira coisa que se diz é que se deve acabar com o Estatuto da Criança e do Adolescente.

Outro exemplo, ainda mais recente, foi a adoção da chamada lei da doméstica. Por essa lei, os trabalhadores domésticos passaram a se beneficiar dos mesmos direitos que os demais trabalhadores se beneficiam desde os anos 1940. Evidente que uma re-

---

[1] BURKE, Edmund. *Reflexões sobre a Revolução em França*. Brasília: UNB.
[2] VIANNA, Oliveira. *O Idealismo da Constituição*. Rio de Janeiro: Ed. Terra e Sol, 1927.

gra como essa, voltada a conferir ao trabalhador doméstico a mesma dignidade dos demais trabalhadores, impõe uma série de consequências para todos aqueles que se beneficiam do trabalho doméstico. Ao aumentar o custo desse tipo de trabalho, coloca-se em risco o conforto e o modo como muitas famílias se acostumaram a viver.

Os direitos humanos, ao estabelecerem que todas as pessoas são livres para fazer suas escolhas, inclusive quanto à religião que querem seguir, quando e com quem querem casar e mesmo se querem se casar, sobre o modo como querem construir suas vidas, como se vestir ou se expressar, também causam angústia àqueles que se acostumaram com certa ordem. É por isso que todos aqueles que detêm uma posição mais confortável em sociedades muito hierarquizadas se sentem eventualmente descontentes com os direitos humanos, pois o seu potencial emancipatório, que prega a autonomia, a liberdade e a igualdade, desestabiliza essas hierarquias, pondo em risco as posições de poder.

Direitos Humanos são coisas de burguês

Essa também não é uma crítica nova. Assim como os conservadores ficaram muito desconfiados com a Declaração Francesa dos Direitos do Homem e do Cidadão, de 1789, que ameaçava um mundo organizado pelas hierarquias e privilégios, a esquerda do século XIX, tendo à frente o jovem Karl Marx, também olhou com enorme desconfiança para aquela Declaração de Direitos, mas por motivos distintos[3].

Para Karl Marx, a Declaração Francesa reforçava o individualismo e o egoísmo inerente ao capitalismo, em detrimento daquilo que era mais importante para a coletividade. Tratavam a pessoa como um ser isolado do seu contexto. Marx, além disso, detectou um problema importante da lógica da Declaração. Embora conferisse direitos iguais aos indivíduos, nem todos esses direitos tinham a mesma natureza. Alguns direitos, como as liberdades de expressão ou de religião, poderiam ser exercidos por todos ao mesmo tempo, pois o exercício dessas liberdades por uma ou muitas pessoas não privariam os demais da possibilidade real de também as exercitarem. Pensemos em um país onde uma parcela da população é católica, outra protestante, uma terceira parcela é umbandistas, uma quarta, islâmica, e assim por diante. Se todos cumprirem as obrigações de respeitar o direito alheio de livremente escolherem e professarem suas religiões, cada membro dessa sociedade poderá tranquilamente exercer o seu direito à liberdade religiosa.

O mesmo não ocorre com o direito à propriedade, dirá Marx, pois na medida em que alguém exerce o seu direito à propriedade sobre um determinado bem, um pedaço de terra, uma ferramenta, todos os demais estão excluídos de usufruírem daquele bem. Assim, se alguém detiver a propriedade sobre uma grande parcela de um município, os demais cidadãos estarão excluídos do direito de também se beneficiarem daquela terra. Para Marx, essa característica excludente do direito da propriedade o diferenciava dos demais.

---

[3] MARX, Karl. *A Questão Judaica*. Tradução de Artur Morão. LusoSofia Press: 1989. Disponível em: <www.lusosofia.net/textos/marx_questao_judaica.pdf>.

Além disso, aqueles que não detivessem a propriedade da terra, ou das ferramentas e máquinas utilizadas na indústria, não poderiam prover o próprio sustento, sendo obrigados a vender a sua mão de obra, o seu trabalho aos proprietários. Nesse momento, a liberdade contratual, pela qual o operário vende o seu trabalho ao proprietário dos meios de produção, serviria, de fato, para que o operário alienasse parcela de sua liberdade. Daí ter surgido a crítica, até hoje reproduzida, de que os direitos humanos têm uma origem burguesa.

Essa aguda percepção de que os direitos poderiam estar servindo para encobrir uma forma de exploração do homem pelo homem, no período da Revolução Industrial, contribuiu enormemente para a formação do que se passou a chamar de classe trabalhadora. Aqueles que eram obrigados a alienar sua força de trabalho para conquistar o seu sustento começaram a se unir em sindicatos e partidos e exigir os seus direitos. Em muitos países, especialmente no norte da Europa, os trabalhadores alcançaram num primeiro momento o direito de votar, que antes era reservado aos que tinham propriedade e pagavam impostos. Por intermédio do direito ao voto, passaram a exigir diversos direitos essenciais ao bem-estar de suas famílias, como o direito à educação para seus filhos, direito a contratos de trabalho mais justos, direito à pensão em caso de doença ou aposentadoria. Foi assim, por meio desses embates, que muitos regimes foram ampliando os direitos à classe trabalhadora e limitando a sacralidade da propriedade. Em muitos países, a propriedade privada passou a ser um direito condicionado à realização de sua função social, ou seja, ela não é mais tratada como um direito absoluto, mas como um direito a ser exercido por seu titular na medida em que isso contribua de alguma forma (impostos, emprego, preservação do meio ambiente, etc.) com o bem-estar da sociedade.

Se o Estado tem que prover uma série de serviços aos trabalhadores e suas famílias e esses serviços dependem de recursos, a saída foi aumentar os impostos. Se o Parlamento passava leis limitando as horas da jornada de trabalho ou proibindo o trabalho infantil, a liberdade de contratar começou a ser limitada. Em face dessas mudanças, que ocorreram muito tempo depois de Marx, os direitos burgueses foram tendo sua natureza transformada. A propriedade deixou de ser um direito absoluto e os direitos que antes eram apenas individuais passaram a também ser políticos e sociais.

Quando as diversas nações se reuniram em São Francisco, em 1948, para discutir o conteúdo da Declaração Universal dos Direitos Humanos, que viria a ser adotada pela Assembleia Geral das Nações Unidas, em 10 de dezembro daquele mesmo ano, as coisas já eram muito diferentes do ambiente que gerou a Declaração Francesa de 1789. Já tínhamos assistido às revoluções comunistas, à criação do Estado de bem-estar social, ao corporativismo e mesmo ao fascismo. Assim, os direitos humanos, ainda que tenham uma origem individualista, ligada à Revolução Francesa e Americana, passaram a também proteger interesses sociais, adquirindo, assim, uma natureza mais ampla e híbrida. Quando olhamos a Declaração de 1948, assim como os tratados que a sucederam, vemos que além dos direitos civis, também foram reconhecidos direitos políticos e direitos sociais. Logo, a velha crítica de Marx, ainda que pertinente ao seu tempo, precisa necessariamente ser atualizada para dar conta do modo como os direitos humanos evoluíram e passaram a ser articulados no mundo contemporâneo.

Os direitos humanos não respeitam a diversidade cultural

Simultaneamente a essas críticas à direita e à esquerda, os direitos humanos, tal como expressos pela Declaração de 1948, também têm sido criticados pela sua pretensão universalista. Como já vimos, o conceito de universalismo está associado à ideia de que todas as pessoas, independentemente de qualquer característica ou contexto cultural ou religioso, são sujeitos dos direitos humanos expressos pela Declaração. Desta forma, não importa se você está no Japão ou na Amazônia, se é religioso ou ateu, os seus direitos não poderão ser violados. Essa ideia de universalismo está claramente ligada aos primados da ética iluminista, pela qual o homem, dotado de razão e livre arbítrio, passou ser percebido como o centro do universo, devendo, assim, ter sua dignidade protegida por uma série de direitos.

Para alguns autores,[4] essa centralidade do ser humano é menos o fruto do pensamento filosófico dos iluministas, mas sim a decorrência do aumento da empatia pelas pessoas mais simples trazida pela Literatura. No mundo antigo, as pessoas merecedoras de consideração eram apenas aquelas que tinham algum título de distinção. A própria ideia de dignidade estava associada a alguma posição especial ocupada pela pessoa ou pelo seu grupo. As pessoas ordinárias, pouco contavam. Seu sofrimento não gerava empatia. Teria sido apenas com os romances modernos, que narravam as desventuras das pessoas comuns, que o sentimento de compaixão pelo sofrimento ou pelas injustiças impostas a pessoas comuns passaram a contar. Se foi a Filosofia que influenciou a Literatura ou se foi esta que despertou na Filosofia a necessidade de repensar o papel do ser humano no Cosmo é menos relevante aqui. O que parece importar é que em determinado momento da História, a violência, o arbítrio e o sofrimento imposto às pessoas passaram a não mais ser tolerados.

Esta humanização das pessoas ordinárias não se deu, certamente, de uma só vez. Ela tem sido lenta e conquistada, na maioria das vezes, por intermédio de lutas e pressões. Muitos são os exemplos históricos de exclusão. Mulheres, escravos, crianças, estrangeiros e muitos outros grupos não estavam incluídos no conceito original de pessoa merecedora de tratamento digno e igualitário. A barbárie da escravidão e do colonialismo que conviveram com as declarações de direitos produzidas pelos iluministas são uma demonstração clara de que esses direitos, de fato, tinham uma concepção extremamente formal e condicionada àqueles a quem a cultura dominante, a cada momento, atribuía valor. Para incluir cada um desses grupos na esfera de proteção dos direitos foi necessário muita luta. A Guerra Civil estadunidense é representativa desse processo. Mulheres tiveram que protestar muito até conseguirem o voto e o direito de serem tratadas de maneira mais igualitária na vida civil.

A visão antropocêntrica do mundo, que inspirou a gramática dos direitos, ainda no século XVIII, e que também está nas origens da Declaração Universal de 1948, encontra-se muitas vezes em tensão com outras cosmovisões, centra-

---

[4] HUNT, Lynn. *A Invenção dos Direitos Humanos:* uma história. São Paulo: Cia das Letras, 2009.

das na divindade, na natureza, ou mesmo na comunidade. Para muitas culturas indígenas, orientais, profundamente religiosas ou mesmo comunitaristas, alguns pleitos dos direitos humanos se apresentam como extremamente individualistas e egoístas ao colocar em determinadas situações a vontade de uma pessoa, ou a sua dignidade, acima dos interesses da coletividade, ou mesmo da vontade de Deus.

Não há como negar a origem racionalista dos direitos humanos. Isso não significa que a ideia de direitos humanos também não tenha sido diretamente influenciada por preceitos religiosos, que demandam o respeito às pessoas, na medida em que fazem parte do povo de Deus. Os responsáveis pela redação da Declaração de 1948, buscavam superar algumas dessas críticas. Em primeiro lugar, adotaram o universalismo radical. Como podemos perceber ao lermos os artigos da Declaração, cada um deles ora começa com o pronome "todos", ora com o "ninguém": "todos têm direito a ..."; "ninguém pode ser privado de ...". Nesse sentido não mais admite a interpretação de que os direitos ali estabelecidos excluam grupos ou pessoas, em face de qualquer justificativa. Assim, ainda que se possa criticar a origem eurocêntrica da Declaração, o fato é que ela adotou uma ética radicalmente universalista, que a todos inclui.

No que se refere à crítica de que a Declaração retrata, sobretudo, os valores ocidentais, também não há o que ser negado. Importante destacar, no entanto, que ao estabelecer o direito à diversidade cultural e religiosa, assim como a autodeterminação, a Declaração buscou lançar uma ponte de diálogo entre a centralidade do ser humano e outras concepções de mundo nas quais a pessoa não está no centro. Se tomarmos a Declaração dos Direitos Humanos como um documento político e historicamente situado, que recebeu a adesão quase unânime das nações, fica mais fácil compreender o diálogo desses direitos com culturas onde originalmente eles são estranhos. Como salientam muitos antropólogos, inclusive, as culturas são dinâmicas e dialogam entre si. Não é desejável que uma cultura se imponha às demais, mas, em alguma medida, é inevitável que elas dialoguem entre si e que conceitos de uma passem a ser empregados em outras, especialmente por setores que se veem oprimidos dentro de suas próprias culturas. O caso mais comum é de mulheres que recorrem ao discurso de direitos humanos para denunciar a submissão ou a exclusão a que muitas vezes se encontram aprisionadas, por razões religiosas ou culturais.

Encontrar o devido termo entre o universalismo, que propõe que os direitos tenham a mais ampla aplicação, independentemente do contexto cultural, e o relativismo, que indica que os direitos devem ceder aos valores culturais locais, nem sempre é uma tarefa fácil. Importante dizer, no entanto, que esse debate é muitas vezes colocado de maneira caricatural. Na prática, as posições mais extremadas são marginais. O problema é real, assim como é real o esforço de muitos para buscar harmonizar essas demandas. Somente um universalista fundamentalista buscaria impor o padrão da Declaração a um grupo isolado, que pouco ou nenhum contato teve com o conjunto das ideias que organizam os direitos humanos. Por outro lado, é dificílimo aceitar que meninas possam ser privadas do direito à educação, ou serem mutiladas, em face dos padrões religiosos dominantes em suas comunidades. Mesmo para um relativista, é difícil aceitar e justificar a violência, especialmente quando quem é vítima desta violência pede ajuda. Uma das regras básicas para operar em caso de conflito entre as lógicas universalista e relativista é dar ouvidos e prioridade ao sentimento e à vontade daquele que se vê injustiçado.

Esse debate, no mais das vezes, é hiper-dimensionado por razões políticas. Mesmo países ocidentais, como o Reino Unido, muitas vezes usam o escudo do relativismo para reafirmar os seus interesses políticos. No debate sobre sua saída da União Europeia, por exemplo, um dos argumentos utilizados pelos que fizeram a campanha pela saída do bloco foi o de que a tradição inglesa de direitos não se conciliava com os direitos humanos, tal como articulados pela Convenção Europeia de Direitos Humanos. Mais do que isso, que os "direitos ingleses" deveriam proteger apenas os ingleses, não a uma enorme gama de imigrantes e estrangeiros. Da mesma maneira, com a ascensão do nacionalismo e do populismo, muitos movimentos e líderes ao redor do mundo estão questionando o universalismo dos direitos humanos, para que possam fazer prevalecer a sua peculiar forma de organizar as relações entre as pessoas e entre essas e o Estado.

Nesse contexto hostil, enormes são os desafios daqueles que se preocupam com os direitos humanos. Um deles é exercer a sua disposição para buscar conciliar o movimento pelo reforço das identidades nacionais, religiosas, de gênero e culturais com o princípio organizador dos direitos humanos, que impõe a proteção da dignidade das pessoas, de todas as pessoas. Diferentemente de muitas outras ideologias políticas radicais, crenças abrangentes e interpretações religiosas mais fundamentalistas, o discurso de direitos humanos, embora fundado no princípio da intangibilidade da dignidade humana, preza pela diversidade e protege a diferença. O direito à liberdade religiosa e à diversidade cultural são tão centrais aos direitos humanos como a proibição da tortura e da discriminação, como o direito à liberdade de expressão e manifestação, ou o direito ao devido processo legal, à educação e à saúde. O desafio, portanto, é demonstrar a sua adequação como um bom parâmetro de justiça para o convívio entre as pessoas, nações e culturas num mundo que preza cada vez mais pela diversidade.

Os direitos humanos são insuficientes para dar conta das injustiças do mundo contemporâneo

É cada vez mais comum encontrar autores e movimentos sociais criticando a natureza essencialmente jurídica e formal dos direitos humanos. Apontam que, por muitas décadas, muita energia foi despendida na criação de novos tratados e novas leis, proibindo a tortura, a discriminação, promovendo a igualdade de gêneros ou a integração das pessoas portadoras de necessidades especiais, porém, o fato de se fazer uma nova lei ou um novo tratado não transforma em realidade aquilo que se busca proteger ou promover. Criticam ainda que, ao ampliar suas ambições, incorporando novos temas à agenda de direitos humanos, esse discurso foi perdendo eficácia. Se no começo a preocupação dos direitos humanos era apenas limitar o arbítrio do Estado, quando se ampliou o seu escopo, estabelecendo como missão dos direitos humanos aprofundar a democracia, o bem-estar social das pessoas, o desenvolvimento da economia e da sociedade, o equilíbrio do meio ambiente, os desafios dos direitos humanos foram ficando quase inatingíveis.

Essas críticas não são totalmente destituídas de razão. De fato, ao longo das últimas décadas, muitos objetivos e metas sociais foram sendo acrescidos ao discurso de direitos humanos. Isso, porém, parece ter uma explicação. Com a expansão do processo de globalização e o fortalecimento do capitalismo de natureza financeira, muitas das organizações sociais e políticas – que surgiram como consequência do capitalismo industrial e que ao longo do século XX foram capazes de levar adiante as agendas progressistas e de justiça social – foram perdendo seu poder. Por outro lado, grupos que não se viram representados por décadas, como indígenas, mulheres, a comunidade LGBT e pessoas portadoras de necessidades especiais passaram a exigir mais respeito e consideração, utilizando a linguagem de direitos como ferramenta de ação. Da mesma forma, a consciência ambiental passou a mobilizar milhões de pessoas ao redor do mundo, muitas delas articulando suas reivindicações em termos de direitos humanos a um meio ambiente equilibrado. Hoje falamos com grande naturalidade da necessidade de se proteger os direitos humanos no ambiente digital, da necessidade de estabelecer parâmetros éticos para a Engenharia Genética e de criar critérios morais para que o desenvolvimento da Robótica não se dê em detrimento dos direitos humanos.

A coincidência entre a fragilização de atores sociais e políticos, que faziam demandas de justiça social mais abrangentes, tão relevantes na nossa História recente; a ampliação de grupos identitários, formulando suas demandas específicas em termos de direitos humanos; e o surgimento de novos desafios decorrentes da revolução tecnológica e informacional, criou uma enorme pressão sobre o discurso dos direitos humanos.

A utilização cada vez mais ampla e sistemática desse discurso, como uma substituição de outros discursos emancipatórios que perderam espaço nas últimas décadas, geram, por sua vez, uma forte e hostil reação contra os direitos humanos por parte de líderes populistas, de setores ressentidos da sociedade, de grupos mais tradicionais que, nas últimas décadas, viram o trabalho ser precarizado, a autoridade de sua cultura ser colocada em xeque, as hierarquias sociais que organizavam suas comunidades, desestabilizadas.

Exigir que os direitos humanos deem conta de toda uma demanda por justiça, desenvolvimento sustentável e equilíbrio ambiental, é exigir demais desse discurso e das instituições que lhe dão certa estrutura. A contribuição dos direitos humanos ao longo dessas últimas décadas foi, sobretudo, estabelecer uma âncora moral por meio da qual a injustiça e o arbítrio puderam ser denunciados. A gramática dos direitos, como sua radical preocupação com a dignidade e a desigualdade, tem servido como uma potente lente para que possamos nos atentar para a opressão, a violência, o descaso e a negligência com setores mais vulneráveis da população, que podem ser os mais pobres em determinadas sociedades, as mulheres em outras, uma minoria étnica ou religiosa em alguns países, ou os portadores de necessidades especiais em quase todos os lugares. O discurso de direitos humanos tem servido ainda, nestes muitos anos, para organizar a ação de jovens, ao redor do mundo, contra o que consideram arbitrário e injusto. Muitos daqueles que protestaram nas ruas e praças nas últimas décadas o fizeram em nome da democracia e de direitos. O que diferencia os que protestam em nome dos direitos humanos é que a sua ação deve ser compatível com esses mesmos direitos. Logo não podem empregar a violência ou pregar a exclusão. É por isso que a lógica dos direitos humanos é moralmente tão atraente, pois se constitui em uma ética na qual os meios devem sempre ser compatíveis com os fins.

Evidente que o discurso de direitos humanos, assim como os tratados e as leis por ele inspirados, terão enorme dificuldade de colocar em prática suas ambições. O objetivo de criar uma sociedade livre, onde as pessoas sejam autônomas, que não sejam submetidas ao arbítrio e nem às necessidades que violem sua dignidade, é muito ambicioso e dificílimo de ser alcançado. Essas transformações em muito ultrapassam as forças do discurso dos direitos humanos. Exigem mudanças na economia e na política. Exigem que as pessoas se organizem, proponham mudanças, lutem por elas por intermédio dos canais da democracia. O que os direitos humanos podem fazer é oferecer uma espécie de bússola que indique a direção da dignidade. E isso não é pouco.

RECAPITULANDO

Os direitos humanos não constituem uma dádiva da natureza ou um presente dos céus. São, antes de tudo, uma construção histórica e política voltada a impedir que as pessoas sejam tratadas como coisas. Ao estabelecer que toda a pessoa, independentemente de qualquer característica, deve ser tratada com igual respeito e consideração por todas as demais, o discurso dos direitos humanos se transformaram na principal âncora moral das últimas décadas. A partir da sua expressão, podemos dizer que determinados regimes políticos são ilegítimos e determinadas práticas sociais não são aceitáveis. Os direitos humanos, como qualquer outra ideologia, crença ou discurso político pode e deve ser objeto de críticas. Muitas dessas críticas são válidas e devem servir para que o próprio discurso de direitos humanos, e especialmente a sua prática, possam ser corrigidos. Outras críticas constituem apenas reações de setores da sociedade e de lideranças políticas que se veem contrariados por um discurso que propõe que todas as pessoas devem ser tratadas com igual respeito e consideração. Numa época de tamanha hostilidade aos valores da igualdade, da liberdade e da democracia, os direitos humanos se apresentam como uma ferramenta particularmente importante para garantir a dignidade das pessoas.

Testando seus conhecimentos

Atividades

Monitorando a aprendizagem

Os direitos humanos são uma das promessas principais do projeto da modernidade e, pelo menos na aparência, uma das que obteve maior grau de realização. Sinal disso será porventura o consenso, tanto prático como ideológico, em torno dos diretos humanos, um consenso que é virtualmente total nos países centrais. Como diz Manuel Atienza (1985: 165), a ideologia dos direitos humanos "marca os limites dentro dos quais pode mover-se a reflexão ética e política, um papel semelhante ao desempenhado pelo cristianismo na Europa medieval. E já antes Elias Diaz anotava que "apesar da fundamental diversidade entre as diferentes ideologias e concepções do mundo, é hoje extraordinariamente difícil encontrar alguém (indivíduo ou Estado) que, aberta ou explicitamente, se reconheça contrário aos direitos humanos assim genericamente considerados" (DIAZ, 1977).

SANTOS, Boaventura de Sousa. *Os direitos humanos na pós--modernidade*. jun. 1989. Disponível em: <https://estudogeral.sib.uc.pt/bitstream/10316/10919/1/Os%20direitos%20humanos%20na%20p%C3%B3s-modernidade.pdf>.

O trecho apresentado inicia o texto de Boaventura de Sousa Santos a respeito do projeto moderno de proteção aos direitos humanos. Em suas palavras, como você caracterizaria esse projeto? Como você explicaria a frase inicial de Boaventura: "Os direitos humanos são uma das promessas principais do projeto da modernidade"? Por que o autor fala em direitos humanos como uma "promessa"? Justifique sua resposta.

Assimilando conceitos

Em texto denominado "O potencial emancipatório e a irreversibilidade dos direitos humanos", o autor Gustavo Venturi nos apresenta uma série de questões sobre direitos humanos:

Em outras palavras, a noção de direitos humanos e o ideal de sua universalização são resquícios de uma utopia da modernidade, de um projeto não apenas inconcluso, mas já sem chance de realização? Ou estão na ordem do dia e constituem fatores importantes de propulsão de lutas emancipatórias, base para a difusão de demandas sociais, políticas e culturais internas de cada nação e de diretrizes para a regulação de conflitos internacionais? Pragmaticamente: é inútil ou cabe lutar pela defesa e universalização dos direitos humanos?

VENTURI, Gustavo. O potencial emancipatório e a irreversibilidade dos direitos humanos. In: *Direitos humanos*: percepções da opinião pública. Análises de pesquisa nacional. Brasília: SDH/PR, 2010. p. 10. Disponível em: <http://portal.mj.gov.br/sedh/biblioteca/livro_percepcoes/percepcoes.pdf>.

Como você responderia aos questionamentos apresentados pelo autor? Justifique sua resposta.

Olhares sobre a sociedade

Entenda a crise

Peritos ficarão na Síria por um ano para garantir destruição de armas

Brasília – A destruição do arsenal de armas químicas, na Síria, deve levar um ano, segundo estimativas dos peritos da Organização das Nações Unidas (ONU). Os cem peritos que trabalham nas ações ficarão na Síria para garantir a execução das atividades. Os peritos atuam em uma missão conjunta da ONU e da Organização para a Interdição das Armas Químicas.

As bases operacionais dos peritos ficarão em Damasco (capital) e no Chipre. O objetivo dos peritos é eliminar cerca de 1 mil toneladas de produtos tóxicos em cerca de 40 locais na Síria e destruir todas as instalações de produção de armas químicas no país.

A missão, formada por 20 especialistas, cumprirá três etapas de atividades, que serão concluídas em 30 de junho de 2014. A equipe está na Síria desde o dia 1º para destruir as armas químicas com a "plena cooperação" do governo local, como disse o secretário-geral das Nações Unidas, Ban Ki-moon.

*Com informações da agência pública de notícias de Portugal, Lusa.

Edição: Talita Cavalcante

Disponível em: <http://memoria.ebc.com.br/agenciabrasil/noticia/2013-10-08/peritos-ficarao-na-siria-por-um-ano-para-garantir-destruicao-de-armas>.

Crianças sírias recebendo brinquedos de voluntários da UNHCR Acnur, Agência da ONU para Refugiados, perto da cidade de Gevgelija, Macedônia, 2015.

A crise na Síria traz à tona o problema da proteção aos direitos humanos em meio a um conflito armado marcado por divergências políticas e religiosas, no contexto de um regime autoritário que domina o país desde 17 de julho de 2000. Discuta o conflito na Síria com seus colegas e reflita sobre as possibilidades de proteção aos direitos humanos dos envolvidos nessa realidade. Seria possível justificar uma intervenção da comunidade internacional para buscar proteger as vítimas do conflito armado? Os Estados Unidos poderiam assumir sozinhos essa responsabilidade? Que tipo de atuação seria justificada com base no discurso de direitos humanos?

📖 Outros textos

- CALDEIRA, Teresa Pires do Rio. *Direitos humanos ou "privilégios de bandidos"?* Desventuras da democratização brasileira. (Disponível em: <http://politicaedireitoshumanos.files.wordpress.com/2011/10/teresa-caldeiradireitos-humanos-ou-privilegios-de-bandidos.pdf>.)
- CARDIA, Nancy. *Direitos humanos:* ausência de cidadania e exclusão moral. (Disponível em: <http://politicaedireitoshumanos.files.wordpress.com/2011/10/nancy-cardia-direitos-humanos-ausc3aancia-de-cidadania-e-exclusc3a3o-social.pdf>.)
- DONNELLY, Jack. Direitos humanos internacionais: consequências não intencionais da guerra contra o terrorismo. *Contexto Internacional*, Rio de Janeiro, v. 25, n. 2, p. 333-361, jul./dez. 2003.
- MARX, Karl. *A questão judaica.* (Disponível em: <www.lusosofia.net/textos/marx_questao_judaica.pdf>).

⚖️ Exercitando a imaginação em direitos humanos

[Com base na pesquisa *Direitos Humanos: percepções da opinão pública – análises de pesquisa nacional,* realizada pela Secretaria de Direitos Humanos da Presidência da República (SDH/PR)], podemos construir um cenário a respeito de alguns aspectos significativos da percepção dos direitos humanos no país. Em primeiro lugar, a prioridade dada [pelos pesquisados] aos direitos sociais em relação à sua importância (46%) e respeito (46%). Entretanto, 22% dos participantes consideraram que são totalmente desrespeitados. Cabe aqui uma referência às políticas sociais – ou seja, a presença de serviços, equipamentos coletivos, programas e ações voltados para o exercício do direito à saúde, à educação, ao trabalho e à habitação – que, para os participantes da pesquisa, ainda estão adequados. Em segundo lugar, cabe destacar a importância (35%) e o respeito (36%) aos direitos civis, que para 16% são totalmente desrespeitados. Nesse caso, vale ressaltar as ações do aparato policial voltado para o combate à violência como um dos elementos violadores de direitos.

Quanto aos aspectos mais importantes para garantir direitos, causou certo impacto a predominância da esfera privada (apoio da família – 27%; esforço pessoal – 19%) como fatores predominantes em relação à esfera pública (política de governo – 19%; possibilidade de acesso à justiça – 17%) [...]. Nesse caso, pode-se observar que não há uma visibilidade explícita dos efeitos das políticas públicas na experiência pessoal dos pesquisados. Entretanto, ao tratar das instâncias administrativas de governo nas quais ocorre o aprendizado dos direitos, referendaram a esfera municipal (29%) como a de caráter mais educativo, seguida de perto pela federal (27%), o que demonstra, de certo modo, a capacidade de os programas federais se fazerem presentes no cotidiano dos moradores dos diferentes municípios do país [...].

Nos três blocos intitulados "Diretos humanos mais importantes para a vida das pessoas", destaca-se a presença majoritária do direito à vida (45%), à frente do de ir e vir (25%), da liberdade de expressão (12%) e da proteção diante da lei [...]. A ênfase no direito à vida revela, de alguma maneira, a importância que está sendo atribuída à vida em detrimento da riqueza material (exemplo: propriedade), conforme presente na Constituição de 1988. Isto revela certa mudança de valores que vem ocorrendo ao longo das últimas décadas, relacionada a programas de qualidade de vida incentivados no espaço do trabalho e da saúde pública. A pequena incidência do direito de liberdade de expressão parece estar associada à ampliação das liberdades fundamentais desde 1985, fazendo desse tópico uma reivindicação menos expressiva nos dias de hoje. Quanto à proteção diante da lei (10%), é importante reconhecer que novas instituições do Judiciário e do Executivo têm entrado em cena para defender interesses individuais ou de grupos sociais (exemplo: Ministério Público Federal e Estadual, defensorias públicas, ouvidorias de empresas e órgãos públicos, entre outros [...].)

Disponível em: <www.dhnet.org.br/dados/livros/dh/pesquisa_sedh_percepcoes_dh_op.pdf>.

O texto e o quadro que você acabou de ler foram retirados da pesquisa *Direitos humanos: percepções da opinião pública – análises de pesquisa nacional*, publicada em 2010 pela SDH/PR. O objetivo da pesquisa foi saber qual é o significado dos direitos humanos para o cidadão brasileiro. O texto resume os principais achados da pesquisa e o quadro nos mostra que, na opinião da grande maioria dos entrevistados, os direitos de presos e bandidos devem ser respeitados, o que contraria uma percepção geral de senso comum sobre os direitos humanos.

Considere os resultados da pesquisa e o contexto em que você vive. Se você pudesse elaborar um plano para que a situação de respeito a esses direitos no Brasil se transformasse, quais seriam as suas ideias? Explique como você montaria esse plano. Que tipo de medida você incluiria nele para buscar melhorar a proteção aos direitos humanos no Brasil? Justifique suas respostas.

Sessão de cinema

- *A guerra que você não vê*. Inglaterra e Irlanda do Norte (2010), direção: John Pilger.

OS DIREITOS DOS PRESOS E BANDIDOS DEVEM SER RESPEITADOS?
Por escolaridade e coabitação com pessoa em conflito com a lei

[estimulada e única, em %]

Base: Amostra A

- DEVEM SER RESPEITADOS: 70
- Totalmente: 30
- Em parte: 41
- NÃO DEVEM SER RESPEITADOS: 26
- NÃO SABE: 4

	Total	Escolaridade				Na residência tem: Em conflito com lei (menor e/ou adulto)	
		Até a 4ª série	De 4ª a 8ª série	Médio	Superior	Tem/tinha	Nunca teve
Peso		100%	22%	27%	38%	7%	93%
DEVEM SER RESPEITADOS	70	64	72	72	73	67	71
Totalmente	30	28	31	31	28	40	29
Em parte	41	37	41	41	45	27	42
NÃO DEVEM SER RESPEITADOS	26	27	23	27	25	32	25
Não sabe	4	8	4	1	2	1	4

P21. As pessoas presas não têm a liberdade de ir e vir que temos aqui fora. Na sua opinião, tirando essa falta de liberdade, os direitos humanos dos presos e bandidos devem ser respeitados ou não? (Se sim) Totalmente ou em parte?

Referências

Capítulo 1: O que é ter direitos?

BRASIL. Constituição da República Federativa do Brasil de 1988. 5 out. 1988.

VIEIRA, Fabiola Supino; MENDES, Andréa Cristina Rosa. Evolução dos gastos com medicamentos: crescimento que preocupa. In: Encontro da Associação Brasileira de Economia da Saúde, VIII, 2007, São Paulo. Disponível em: <http://abresbrasil.org.br/trabalhos/evolucao-dos-gastos-com-medicamentos-crescimento-que-preocupa.html>.

VIEIRA, Oscar Vilhena. A gramática dos direitos humanos. *Revista do Ilanud*, São Paulo, n. 17, p. 23-46, 2000.

____. *Direitos fundamentais*. Uma leitura da jurisprudência do STF. São Paulo: Malheiros, 2006. p. 19-35.

Capítulo 2: Como faço valer os meus direitos?

BRASIL. Constituição da República Federativa do Brasil de 1988. 5 out. 1988.

Sítios eletrônicos

Portal da Defensoria Pública de São Paulo. Disponível em: <www.defensoria.sp.gov.br/dpesp>.

Portal do Ministério Público do Estado de São Paulo. Disponível em: <www.mpsp.mp.br/portal/page/portal/home/home_interna>.

Portal do Procon de São Paulo. Disponível em: <www.procon.sp.gov.br>.

Portal do Tribunal de Justiça de São Paulo. Disponível em: <www.tjsp.jus.br>.

Todos esses órgãos existem em outros estados, com *sites* próprios. Veja o *site* da instituição do seu estado.

Capítulo 3: O que são direitos humanos?

BERLIN, Isaiah. Dois conceitos de liberdade. In: BERLIN, Isaiah. *Quatro ensaios sobre liberdade*. Tradução de Wamberto Hudson Ferreira. Brasília, DF: Editora Universidade de Brasília, 1997. Disponível em: <www.fflch.usp.br/dcp/assets/docs/PDF/Berlin_Edital.pdf>.

BRASIL. Constituição da República Federativa do Brasil de 1988. 5 out. 1988.

COMITÊ SOBRE A ELIMINAÇÃO DE TODAS AS FORMAS DE DISCRIMINAÇÃO CONTRA A MULHER (CEDAW). *Caso Alyne da Silva Pimentel*. Recomendação. Agosto de 2011.

ORGANIZAÇÃO DAS NAÇÕES UNIDAS. *Declaração Universal dos Direitos Humanos*. 10 dez. 1948.

Capítulo 4: Como faço valer os direitos humanos?

BRASIL. Constituição da República Federativa do Brasil de 1988. 5 out. 1988.

ORGANIZAÇÃO DAS NAÇÕES UNIDAS. Convenção Internacional sobre a Eliminação de todas as Formas de Discriminação Racial. 7 mar. 1966.

____. *Declaração Universal dos Direitos Humanos*. 10 dez. 1948.

____. *Pacto internacional dos direitos econômicos, sociais e culturais*. 19 dez. 1966.

____. *Pacto internacional sobre direitos civis e políticos*. 19 dez. 1966.

ORGANIZAÇÃO DOS ESTADOS AMERICANOS. Convenção Americana de Direitos Humanos (*Pacto de San José da Costa Rica*). 21 nov. 1969.

PIOVESAN, Flávia. *Direitos humanos e justiça internacional*. 4. ed. São Paulo: Saraiva, 2013.

PORTAL ANISTIA INTERNACIONAL. *Anistia Internacional lança relatório sobre a situação dos direitos humanos em 2012*. 22 maio 2013. Disponível em: <http://anistia.org.br/direitos-humanos/blog/anistia-internacional-lan%C3%A7a-relat%C3%B3rio-sobre-situa%C3%A7%C3%A3o-dos-direitos-humanos-em-2>.

WANG, Daniel Wei Liang. Escassez de recursos, custos dos direitos e reserva do possível na jurisprudência do Supremo Tribunal Federal. In: COUTINHO, Diogo R.; VOJVODIC, Adriana M. (Coord.). *Jurisprudência constitucional*: como decide o STF? São Paulo: Malheiros, 2008. p. 277-300.

Sítios eletrônicos

Portal Brasil. Disponível em: <www.brasil.gov.br>.

Portal do Alto Comissariado das Nações Unidas para os Direitos Humanos. Disponível em: <www.ohchr.org>.

Capítulo 5: Gênero

BARRETO, Andrea; ARAÚJO, Leila; PEREIRA, Maria Elisabete. *Gênero e diversidade na escola*: formação de professoras/es em gênero, sexualidade, orientação sexual e relações étnico-raciais. Livro de conteúdo, versão 2009. Rio de Janeiro: Cepesc, Brasília, DF: SPM, 2009.

BRASIL. Constituição da República Federativa do Brasil de 1988. 5 out. 1988.

____. Lei nº 11.340, de 7 de agosto de 2006 (Lei Maria da Penha). Pesquisa Ibope — Instituto Patrícia Galvão. *Mulheres na po-*

lítica. São Paulo: Instituto Patrícia Galvão — Comunicação e Mídia, 2009. p. 10. Disponível em: <http://agenciapatriciagalvao.org.br/wp-content/uploads/2009/08/pesq_mulherepol.pdf>.

ORGANIZAÇÃO DAS NAÇÕES UNIDAS. Convenção sobre Eliminação de Todas as Formas de Discriminação contra as Mulheres. Resolução 34/180 da Assembleia Geral da ONU. 18 dez. 1979.

Sítios eletrônicos

Portal Observatório da Igualdade de Gênero da América Latina e Caribe (Cepal). Disponível em: <www.cepal.org/oig/default.asp?idioma=PR>.

Capítulo 6: Igualdade étnico-racial

BRASIL. Lei nº 12.288, de 20 de julho de 2010 (Estatuto da Igualdade Racial).

FRIGERIO, Alejandro. *Capoeira*: de arte negra a esporte branco. Disponível em: <www.anpocs.org.br/portal/publicacoes/rbcs_00_10/rbcs10_05>.

LEMINSKI, Paulo. *Vida*: Cruz e Sousa, Bashô, Jesus e Trótski. São Paulo: Companhia das Letras, 2013.

Capítulo 7: Liberdade de expressão e de crença

BRACHT, Fabio. Estudante chama professora de gorda no Facebook e inicia mais um debate sobre liberdade de expressão e leis em relação à internet. *Gizmodo Brasil*, 3 fev. de 2011. Disponível em: <http://gizmodo.uol.com.br/estudante-chama-professora-de-gorda-no-facebook-e-inicia-mais-um-debate-sobre-liberdade-de-expressao-e-leis-em-relacao-a-internet>.

BRASIL. Constituição da República Federativa do Brasil de 1988. 5 out. 1988.

NEHER, Clarissa. Liberdade de imprensa ainda está ameaçada no Brasil. *Deutsche Welle*, 3 maio 2013. Disponível em: <www.dw.com/pt/liberdade-de-imprensa-ainda-está-ameaçada-no-brasil/a-16789121>.

VIEIRA, Oscar Vilhena. *Direitos fundamentais*. Uma leitura da jurisprudência do STF. São Paulo: Malheiros, 2006. p. 133-279.

Capítulo 8: Informação

BRASIL. Constituição da República Federativa do Brasil de 1988. 5 out. 1988.

____. Lei nº 12.527, de 18 de novembro de 2011 (Lei de Acesso à Informação).

____. Lei nº 12.528, de 18 de novembro de 2011. Institui a Comissão Nacional da Verdade.

ORGANIZAÇÃO DAS NAÇÕES UNIDAS. *Declaração Universal dos Direitos Humanos*. 10 dez. 1948.

____. *Pacto internacional sobre direitos civis e políticos*. 19 dez. 1966.

Sítios eletrônicos

Portal da Transparência. Disponível em: <www.portaltransparencia.gov.br/#>.

Capítulo 9: Segurança

BRASIL. Constituição da República Federativa do Brasil de 1988. 5 out. 1988.

DIAS NETO, Theodomiro. *Policiamento comunitário e controle sobre a polícia*: a experiência norte-americana. 2. ed. Rio de Janeiro: Lumen Juris, 2003.

____. Segurança urbana: o modelo da nova prevenção. *Revista dos Tribunais*. São Paulo: FGV, 2005.

ROUANET, Luiz Paulo. *Positivismo jurídico versus justiça social? Site* do Grupo de Pesquisa Ética e Justiça. Campinas, 1º mar. 2005. Disponível em: <http://grupoeticaejustica.wordpress.com/textos/positivismo-juridico-versus-justica-social>.

SANTA CATARINA. Secretaria de Estado da Segurança Pública. *Programa Polícia Comunitária*. Disponível em: <www.ssp.sc.gov.br/index.php?option=com_content&view=article&id=153&IteIte=133>.

VAZ, Faustino. A teoria da justiça de John Rawls. *Site Crítica*, 23 abr. 2006. Disponível em: <http://criticanarede.com/pol_justica.html>.

Sítios eletrônicos

BRASIL ESCOLA. *Filosofia*. Disponível em: <www.brasilescola.com/filosofia>.

INFOESCOLA. *Biografias*. Disponível em: <www.infoescola.com/biografias>.

Capítulo 10: Saúde

BRASIL. Constituição da República Federativa do Brasil de 1988. 5 out. 1988.

LOPES, José Reinaldo de Lima Lopes. *Direitos sociais*. Teoria e prática. São Paulo: Método, 2006.

PORTAL G1. *Saúde no Brasil evolui, mas ainda precisa melhorar qualidade, diz IBGE*. 29 nov. 2013. Disponível em: <http://g1.globo.com/ciencia-e-saude/noticia/2013/11/saude-no-brasil-evolui-mas-ainda-precisa-melhorar-qualidade-diz-ibge.html>.

Primeira conferência internacional sobre promoção da saúde. *Carta de Ottawa*. nov. 1986. Disponível em: <http://bvsms.saude.gov.br/bvs/publicacoes/carta_ottawa.pdf>.

Sítios eletrônicos

Portal Brasil. Disponível em: <www.brasil.gov.br>.

Portal Data SUS. Disponível em: <www.datasus.gov.br>.

Portal do Ministério da Saúde. Disponível em: <www.portal.saude.gov.br>.

Capítulo 11: Educação

ALVES, Rubem. *Conversas sobre educação*. Campinas: Verus, 2010. p. 73-74.

ANJOS, Lucas Aidar dos. *Direito à educação no STF*: conceito, limites e possibilidades. Monografia. São Paulo: Sociedade Brasileira de Direito Público, 2011. Disponível em: <www.sbdp.org.br/arquivos/monografia/185_Lucas%20Aidar.pdf>.

BRASIL. Constituição da República Federativa do Brasil de 1988. 5 out. 1988.

____. Lei nº 9.394, de 20 de dezembro de 2013 (Lei de Diretrizes e Bases da Educação).

____. Lei nº 12.796, de 4 de abril de 2013. Altera a Lei de Diretrizes e Bases da Educação.

FREIRE, Paulo. *Pedagogia do oprimido*. 17. ed. Rio de Janeiro: Paz e Terra, 1987.

IOSHPE, Gustavo. *O que o Brasil quer ser quando crescer?* E outros artigos sobre educação e desenvolvimento. São Paulo: Paralela, 2012.

LISPECTOR, Clarice. *A descoberta do mundo*. Rio de Janeiro: Rocco, 1999. p. 76-78.

Sítios eletrônicos

Portal do Ministério da Educação. Disponível em: <http://portal.mec.gov.br/index.php>.

Capítulo 12: Moradia

ALBUQUERQUE, Flávia. Movimentos sociais fazem ato por moradia no centro de São Paulo. *Agência Brasil*: Empresa Brasil de Comunicação (EBC). 7 nov. 2013. Disponível em: <http://memoria.ebc.com.br/agenciabrasil/noticia/2013-11-07/movimentos-sociais-fazem-ato-por-moradia-no-centro-de-sao-paulo>.

ALFONSIN, Betânia de Moraes. *Direito à moradia*. Instrumentos e experiências de regularização fundiária nas cidades brasileiras. Rio de Janeiro: Observatório de Políticas Públicas, 1997.

BRASIL. Constituição da República Federativa do Brasil de 1988. 5 out. 1988.

IACOCCA, Ângelo. O entrave da vila Itororó. *Folha de S.Paulo*, 20 abr. 2013.

ORGANIZAÇÃO DAS NAÇÕES UNIDAS. *Declaração Universal dos Direitos Humanos*. 10 dez. 1948.

SINGER, Paul. *Economia política da urbanização*. 14. ed. São Paulo: Contexto, 1998.

ROMANELLI, Luiz Cláudio. *O direito à moradia*. Três aproximações. Curitiba: Juruá, 2007.

SERRANO JR., Odoné. *Direito humano fundamental à moradia digna*. Exigibilidade, universalização e políticas públicas. Curitiba: Juruá, 2012.

Capítulo 13: Participação política

ARENDT, Hannah. *O que é política?* Fragmentos das "Obras Póstumas" (1992), compilados por Ursula Ludz. Rio de Janeiro: Bertrand Brasil, 1998.

BOBBIO, Norberto; MATTEUCCI, Nicola; FRANCOPASQUINO, Gian. *Dicionário de política*. Brasília, DF: Imprensa Oficial; Editora UnB, 2004.

BRASIL. Ato Institucional nº 1, de 9 de abril de 1964.

____. Ato Institucional nº 2, de 27 de outubro de 1965.

____. Ato Institucional nº 3, de 5 de fevereiro de 1966.

____. Ato Institucional nº 5, de 13 de dezembro de 1968.

____. Constituição da República Federativa do Brasil de 1988. 5 out. 1988.

DAGNINO, Evelina; PINTO, Regina Pahim (Org.). *Mobilização, participação e direitos*. São Paulo: Contexto, 2007. (Série Justiça e desenvolvimento).

ORGANIZAÇÃO DAS NAÇÕES UNIDAS. *Declaração Universal dos Direitos Humanos*. 10 dez. 1948.

SANTOS, Wanderley Guilherme dos. *Poder & política*. Crônicas do autoritarismo brasileiro. Rio de Janeiro: Forense, 1978.

Capítulo 14: Meio ambiente

BRASIL. Constituição da República Federativa do Brasil de 1988. 5 out. 1988.

____. Lei nº 6.938, de 31 de agosto de 1981 (Política Nacional do Meio Ambiente).

LESSA, Fátima. OEA notifica o Brasil pela segunda vez por Belo Monte. *Estadão on-line*, 16 abr. 2012. Disponível em: <http://economia.estadao.com.br/noticias/geral,oea-notifica-o-brasil-pela-segunda-vez-por-belo-monte,109399e>.

LISBOA, Marijane; BARROS, Juliana Neves. *Direito humano ao meio ambiente*. Curitiba: Plataforma DhEsca Brasil, 2009. (Coleção Cartilhas de Direitos Humanos, v. 2). Disponível em: <www.dhescbrasil.org.br/index.php?option=com_docman&Itemid=157>.

MACHADO, Ana Mara França; PEREIRA, Bruno Ramos; RAMOS, Luciana de Oliveira (Coord.). *Usina Hidrelétrica Belo Monte*: implicações institucionais, econômicas e socioambientais. Casoteca Direito GV, 2011. Disponível em: <http://direitogv.fgv.br/casoteca/usina-hidreletrica-belo-monte-implicacoes-institucionais-economicas-socioambientais>.

ORGANIZAÇÃO DAS NAÇÕES UNIDAS. *Convenção-Quadro das Nações Unidas sobre Mudança do Clima*. 9 maio 1992.

____. *Declaração de Estocolmo sobre o ambiente humano*. 5-16 jun. 1972.

____. *Declaração do Rio de Janeiro sobre meio ambiente e desenvolvimento*. 3-14 jun. 1992.

____. *Declaração Universal dos Direitos Humanos*. 10 dez. 1948.

Sítios eletrônicos

Portal De Olho na Água. Disponível em: <www.deolhonaagua.org.br/site>.

Portal Onda Jovem. Disponível em: <www.ondajovem.com.br>.

Capítulo 15: Lazer

BRASIL. Constituição da República Federativa do Brasil de 1988. 5 out. 1988.

____. Lei nº 10.741, de 10 de outubro de 2003 (Estatuto do Idoso).

____. Lei nº 8.069, de 13 de julho de 1990 (Estatuto da Criança e do Adolescente — ECA).

____. Lei nº 8.313, de 23 de dezembro de 1991 (Programa Nacional de Apoio à Cultura — Pronac).

CANDIDO, Antonio. O direito à literatura. In: ____. *Vários escritos*. São Paulo: Duas Cidades, 1995. p. 249.

DE MASI, Domenico. *O ócio criativo*. Rio de Janeiro: Sextante, 2000.

MAGNANI, José Guilherme Cantor; SOUZA, Bruna Mantese de. *Jovens na metrópole*: etnografias de circuitos de lazer, encontro e sociabilidade. São Paulo: Terceiro Nome, 2007.

ORGANIZAÇÃO DAS NAÇÕES UNIDAS. *Declaração Universal dos Direitos Humanos*. 10 dez. 1948.

Portal Brasil. *Lei Rouanet*. 13 de novembro de 2009. Disponível em: <www.brasil.gov.br/sobre/cultura/Regulamentacao-e-incentivo/lei-rouanet>.

Sítios eletrônicos

Portal Brasil. Disponível em: <www.brasil.gov.br>.

Capítulo 16: Direitos humanos, o caminho percorrido

BRASIL. Constituição da República Federativa do Brasil de 1988. 5 out. 1988.

CALDEIRA, Teresa Pires do Rio. Direitos humanos ou "privilégios de bandidos"? Desventuras da democratização brasileira. Revista *Novos Estudos*, n. 30, jul. 1991 Disponível em: <http://politicaedireitoshumanos.files.wordpress.com/2011/10/teresa-caldeira-direitos-humanos-ou-privilegios-de-bandidos.pdf>.

CARDIA, Nancy. *Direitos humanos*: ausência de cidadania e exclusão moral. São Paulo: Comissão de Justiça e Paz, 1995. Disponível em: <http://politicaedireitoshumanos.files.wordpress.com/2011/10/nancy-cardia-direitos-humanos-ausc3aancia-de-cidadania-e-exclusc3a3o-social.pdf>.

DONNELLY, Jack. Direitos humanos internacionais: consequências não intencionais da guerra contra o terrorismo. *Contexto Internacional*, Rio de Janeiro, v. 25, n. 2, p. 333-361, jul./dez. 2003.

MARX, Karl. *A questão judaica*. Tradução de Artur Morão. s.l.: LusoSofia Press, 1989. Disponível em: <www.lusosofia.net/textos/marx_questao_judaica.pdf>.

PIERUCCI, Antônio Flávio de Oliveira. *Ciladas da diferença*. 2. ed. São Paulo: Edusp, 2000.

SANTOS, Boaventura de Sousa. *Se Deus fosse um ativista dos direitos humanos*. Coimbra: Almedina, 2013.

____. Uma concepção multicultural dos direitos humanos. *Lua Nova. Revista de Cultura e Política*, São Paulo, n. 39, 1997. Disponível em: <www.scielo.br/pdf/ln/n39/a07n39.pdf>.

VIEIRA, Oscar Vilhena (Org.). *Direitos humanos, normativa internacional*. São Paulo: Max Limonard, 2001.

____. (Org.). *Direitos humanos, estado de direito e a construção da paz*. São Paulo: Quartier Latin, 2005. v. 1.

Sítios eletrônicos

Portal da Organização das Nações Unidas. Disponível em: <www.onu.org.br>.

Glossário

Autarquia: é uma entidade do Estado que possui personalidade jurídica própria (pessoa jurídica diferente dos órgãos da administração pública), o que significa ter receitas e patrimônio próprios. As autarquias executam atividades típicas do Estado que exigem maior flexibilidade de funcionamento. Exemplos: Universidade Federal de São Paulo (Unifesp) e Banco Central do Brasil. (Artigo 5º do Decreto-Lei nº 200, de 1967).

Biodiversidade: variedade de indivíduos, comunidades, populações, espécies e ecossistemas existentes em uma determinada região (Resolução Conama nº 012/94, artigo 1º).

Competência: é o poder de criar normas jurídicas ou efeitos jurídicos, segundo outras normas que determinam quem vai exercer esse poder e como. Exemplos: poder do juiz de decidir uma ação judicial (competência do juiz), poder do vereador de criar uma lei municipal (competência legislativa).

Contravenção penal: são as infrações penais previstas na Lei de Contravenções Penais (Decreto-Lei nº 3.688, de 1941). Diferenciam-se dos crimes do Código Penal porque a pena é de prisão simples, que é feita em regime aberto ou semiaberto, sendo mais brandas do que as penas dos crimes, que são detenção ou reclusão. Exemplo: carregar arma sem possuir porte de arma (artigo 19 da Lei de Contravenções Penais).

Crimes contra a humanidade: "[...] entende-se por 'crime contra a humanidade' qualquer um dos atos seguintes, quando cometido no quadro de um ataque, generalizado ou sistemático, contra qualquer população civil, havendo conhecimento desse ataque: a) Homicídio; b) Extermínio; c) Escravidão; d) Deportação ou transferência forçada de uma população; e) Prisão ou outra forma de privação da liberdade física grave, em violação das normas fundamentais de direito internacional; f) Tortura; g) Agressão sexual, escravatura sexual, prostituição forçada, gravidez forçada, esterilização forçada ou qualquer outra forma de violência no campo sexual de gravidade comparável; h) Perseguição de um grupo ou coletividade que possa ser identificado por motivos políticos, raciais, nacionais, étnicos, culturais, religiosos ou de gênero, tal como definido no parágrafo 3º, ou em função de outros critérios universalmente reconhecidos como inaceitáveis no direito internacional, relacionados com qualquer ato referido neste parágrafo ou com qualquer crime da competência do Tribunal; i) Desaparecimento forçado de pessoas; j) Crime de *apartheid*; k) Outros atos desumanos de caráter semelhante, que causem intencionalmente grande sofrimento, ou afetem gravemente a integridade física ou a saúde física ou mental" (artigo 7º, 1, do *Estatuto de Roma*, do Tribunal Penal Internacional).

Crimes contra a segurança nacional: são definidos como "crimes que lesam ou expõem a perigo de lesão: I — a integridade territorial e a soberania nacional; II — o regime representativo e democrático, a Federação e o Estado de Direito; III — a pessoa dos chefes dos Poderes da União" (artigo 1º da lei nº 7.170, de 1983).

Delitos (condutas delitivas): condutas descritas como crimes no Código Penal e em leis específicas. Não se confundem com contravenções penais (v. contravenção penal).

Desenvolvimento sustentável: "desenvolvimento que satisfaz as necessidades do presente, sem comprometer a capacidade das gerações vindouras de satisfazerem as suas próprias necessidades" (*Relatório Brundtland*, 1987).

Estabilidade no emprego: determinação para que os empregados não possam ser dispensados pelo empregador sem justa causa. Atualmente, há algumas situações que impedem que o empregado seja dispensado sem justa causa, tais como gravidez, participação em sindicato e acidente de trabalho. Disponível em: <http://g1.globo.com/concursos-e-emprego/noticia/2010/04/veja-quando-o-trabalhador-tem-estabilidade-no-emprego.html>.

Estado de direito: é o sistema institucional no qual o poder é limitado pela Ordem Jurídica vigente. Tanto o Estado quanto seus indivíduos — e os mandatários políticos eleitos pelo povo — estão submetidos ao direito. Nenhum indivíduo está acima da lei.

Estado de sítio: "é decretado quando o estado de defesa não resolveu a situação, quando o problema atinge todo o país, ou em casos de guerra" (*Blog Para entender Direito*. Para entender o que é estado de sítio, de defesa, de calamidade pública e situação de emergência. *Folha on-line*, 5 jan. 2012. Disponível em: <http://direito.folha.uol.com.br/1/post/2012/01/para-entender-o-que-estado-de-stio-de-defesa-de-calamidade-pblica-e-situao-de-emergncia.html>.

Fundação: é uma entidade do Estado que possui personalidade jurídica própria (pessoa jurídica diferente dos órgãos da administração pública), com receitas e patrimônio próprios. Diferencia-se das autarquias porque não tem fins lucrativos e porque segue as regras do direito privado para pessoas jurídicas, assim como sociedades anônimas, por exemplo. Exemplo: Fundação de Amparo à Pesquisa do Estado de São Paulo (Fapesp).

Fundo de garantia por tempo de serviço: "o Fundo de Garantia por Tempo de Serviço — FGTS — foi criado em 1967 pelo Governo Federal para proteger o trabalhador demitido sem justa causa. O FGTS é constituído de contas vinculadas, abertas em nome de cada trabalhador, quando o empregador efetua o primeiro depósito. O saldo da conta vinculada é formado pelos depósitos mensais efetivados pelo empregador, equivalentes a 8,0% do salário pago ao empregado, acrescido de atualização monetária e juros. Com o FGTS, o trabalhador tem a oportunidade de formar um patrimônio, que pode ser sacado em momentos especiais, como o da aquisição da casa própria ou da aposentadoria e em situações de dificuldades, que podem ocorrer com a demissão sem justa causa ou em caso de algumas doenças graves. O trabalhador pode utilizar os recursos do FGTS para a moradia nos casos de aquisição de imóvel novo ou usado, construção, liquidação ou amortização de dívida vinculada a contrato de financiamento habitacional" Caixa Econômica Federal. *O que é o FGTS?* Disponível em: <www.fgts.gov.br/trabalhador/index.asp>.

Genocídio: "entende-se por genocídio qualquer dos seguintes atos, cometidos com a intenção de destruir, no todo ou em parte, um grupo nacional, étnico, racial ou religioso, tais como: a) assassinato de membros do grupo; b) dano grave à integridade física ou mental de membros do grupo; c) submissão intencional do grupo a condições de existência que lhe ocasionem a destruição física total ou parcial; d) medidas destinadas a impedir os nascimentos no seio do grupo; e) transferência forçada de menores do grupo para outro grupo". Artigo 2º, *Convenção para a Prevenção e Repressão do Crime de Genocídio*, de 1948.

Habeas corpus: ação utilizada por qualquer cidadão "sempre que alguém sofrer ou se achar ameaçado de sofrer violência ou coação em sua liberdade de locomoção, por ilegalidade ou abuso de poder". Artigo 5º, LXVIII, da Constituição Federal de 1988.

Impostos: tributos cobrados pelo Estado sobre fatos que independem de qualquer atuação estatal em relação a quem deve pagá-lo. Exemplos: imposto de renda (fato é ganhar renda); imposto sobre serviços (fato é prestar serviços a alguém).

Ingressar em juízo: entrar com uma ação judicial.

Juizados especiais: são órgãos da Justiça Comum criados para conciliação e julgamento de causas de menor complexidade, tais como ações que envolvem pequenos valores (Juizados Especiais Cíveis), ações que envolvem crimes com penas não superiores a dois anos (Juizados Especiais Penais), entre outras (lei nº 9.099, de 1995).

Orçamento: "é instrumento de planejamento de qualquer entidade, seja pública ou privada, e representa o fluxo previsto dos ingressos e das aplicações de recursos em determinado período". Ministério do Planejamento, Orçamento e Gestão. *Manual técnico de orçamento — MTO 2014*. Brasília, DF, 2013. p. 17.

Organograma: "representação gráfica da estrutura de uma organização, empresa etc., mostrando a hierarquia e as relações entre as suas unidades". *Dicionário Aulete on-line*.

Parcelamento e ocupação do solo: parcelamento do solo é a divisão do solo urbano em terrenos específicos (lotes ou glebas); ocupação do solo é a finalidade para a qual é utilizado o terreno e a forma como ele é ocupado. Exemplo: terreno destinado a fins comerciais com prédio de 10 andares.

Prestação positiva: é o dever do Estado de agir em contraposição ao direito de uma pessoa, geralmente direitos sociais. Ao contrário dos direitos negativos, que exigem que o Estado não faça algo (não viole a liberdade de alguém), os direitos positivos exigem uma ação do Estado, por meio de políticas públicas. Exemplo: construção de creches, hospitais e equipamentos de lazer.

Relativismo cultural: "a concepção de direitos humanos é variável de acordo com as respectivas culturas. Os Estados nacionais e a comunidade internacional devem protegê-los, mas respeitando a autonomia dos povos em determinar suas próprias práticas culturais (Princípio da autodeterminação dos povos). Não se pode admitir a intervenção porque a concepção de direitos humanos é variável de acordo com a cultura. O que se entende de direito depende da cultura, os direitos são culturais" Disponível em: <http://academico.direito-rio.fgv.br/wiki/Universalidade_e_relatividade_cultural_dos_direitos_humanos:_conceitos>.

Sociedade civil organizada: "a sociedade civil designa todas as formas de ação social levadas a cabo por indivíduos ou grupos que não emanam do Estado nem são por ele determinadas. O termo de sociedade civil organizada aplica-se às estruturas organizativas cujos membros servem ao interesse geral por meio de um processo democrático, atuando como intermediários entre os poderes públicos e os cidadãos". Exemplos: ONGs. União Europeia. Disponível em: <http://europa.eu/legislation_summaries/glossary/civil_society_organisation_pt.htm>.

Tratado internacional: é um "acordo internacional concluído por escrito entre Estados e regido pelo Direito Internacional, quer conste de um instrumento único, quer de dois ou mais instrumentos conexos, qualquer que seja sua denominação específica" (artigo 2º, (1), (a), da *Convenção de Viena sobre o Direito dos Tratados*, de 1969).

Universalismo cultural: "os direitos humanos são universais e devem ser garantidos pelos estados nacionais e pela comunidade internacional em qualquer situação e contra qualquer agente violador". Para isso, os Estados devem fazer o necessário para garanti-los e, se não o fizerem, cabe à comunidade internacional garanti-los. Disponível em: <http://academico.direito-rio.fgv.br/wiki/Universalidade_e_relatividade_cultural_dos_direitos_humanos:_conceitos>.

Via administrativa: recursos e reclamações feitos pelos cidadãos no âmbito da administração pública. Exemplo: recurso contra aplicação de multa de trânsito é feito pela via administrativa.

Via judicial: ações feitas pelos cidadãos e pelos advogados no âmbito do Poder Judiciário. Exemplo: ação judicial de alimentos para os filhos.

Vigorar: ter força vinculante, ou seja, obrigatoriedade para os destinatários. Exemplos: a lei vigora a partir de hoje (tem força vinculante); o tratado vigora após a incorporação (tem força vinculante).